GÉNIE
DE LA LAÏCITÉ

DU MÊME AUTEUR

Éloge du blasphème, Grasset, 2015

Inna, Grasset, 2014.

Libre chercheur, Flammarion, 2013 (avec Étienne-Émile Baulieu).

Quand la gauche a du courage. *Chroniques résolument laïques, progressistes et républicaines*, Grasset, 2012.

La vie secrète de Marine Le Pen, Grasset-Drugstore, 2012 (avec Jean-Christophe Chauzy).

Marine Le Pen, Grasset, 2011 (avec Fiammetta Venner) ; Le Livre de Poche, 2012.

Libres de le dire, Flammarion, 2010 (avec Taslima Nasreen).

Les interdits religieux, Dalloz, 2010 (avec F. Venner).

La dernière utopie. *Menaces sur l'universalisme*, Grasset, 2009.

La tentation obscurantiste, Grasset, 2005 ; Le Livre de Poche, 2008.

Les nouveaux soldats du pape. *Légion du Christ, Opus Dei, traditionalistes*, Panama, 2008 ; Le Livre de Poche, 2010 (avec F. Venner).

Le choc des préjugés. *L'impasse des postures sécuritaires et victimaires*, Calmann-Lévy, 2007.

Charlie blasphème, Charlie Hebdo Éditions, 2006.

Face au boycott, Dunod, 2005.

Frère Tariq. *Discours, stratégie et méthode de Tariq Ramadan*, Grasset, 2004 ; Le Livre de Poche, 2010.

Tirs croisés. *La laïcité à l'épreuve des intégrismes juif, chrétien et musulman*, Calmann-Lévy, 2003 ; Le Livre de Poche, 2005 (avec F. Venner).

Foi contre choix. *La droite religieuse et le mouvement prolife aux États-Unis*, Golias, 2001.

Les Anti-Pacs, *ou la dernière croisade homophobe*, Prochoix, 1999 (avec F. Venner).

Le guide des sponsors du Front national et de ses amis, Raymond Castells, 1997 (avec F. Venner).

Pour suivre Caroline Fourest : http://carolinefourest.wordpress.com

CAROLINE FOUREST

GÉNIE DE LA LAÏCITÉ

BERNARD GRASSET
PARIS

Photo de la couverture : © JF Paga / Grasset.

ISBN : 978-2-246-70981-7

INTRODUCTION

La laïcité passionne, soude et parfois déchire. On en débat aux terrasses des cafés en sang, au cœur de salles de rédaction sous haute protection, sur le pavé des rues menacées de tous les continents, dans toutes les familles, de toutes les religions. Comment pourrait-il en être autrement ?

Le totalitarisme qui menace le siècle se réclame de Dieu, à tout bout de champ. Sous le drapeau vert-brun de l'islamisme, il tempête, viole, esclavagise, décapite et tue aveuglément. Pas une semaine ne passe sans qu'on apprenne un attentat-suicide, un enlèvement d'écolières, un massacre à la kalachnikov ou un attentat à la bombe. En Europe, en Irak, au Nigeria, au Pakistan, au Bangladesh, en Afghanistan, en Libye, en Égypte… Et bien sûr en Syrie, écartelée entre un tyran et un État terroriste. Sa monstruosité théocratique nous rappelle l'ardente nécessité de séparer le temporel du sacré. Pourtant, le mélange intégriste continue d'être à la mode. La colère entraîne la passion. Le fanatisme excite la religiosité.

On cherche du réconfort après un deuil. Or nous sommes en deuil perpétuel. Nos réseaux sociaux ressemblent à des cimetières, notre vie virtuelle à une lente procession mortuaire, où l'on se dit tour à tour *Charlie*, Paris, Copenhague, Tunis, Bamako, Garissa, Jakarta, Tel-Aviv, Bruxelles, Orlando, Istanbul... Au milieu du rituel morbide du comptage précis des morts, passé le triste suspense de la revendication (Daech ou Al-Qaïda ?), le débat pour savoir s'il s'agit d'un attentat terroriste, d'une fusillade haineuse ou de l'acte d'un fou (le cumul des tares n'étant pas interdit), de drôles de conversations surgissent et prennent un tour plus douloureux qu'avant.

Les terroristes auraient bien tort de ne pas frapper nos îlots de paix. Plus ils tuent, plus des démocrates leur trouvent des excuses, quand ils ne se mettent pas à blâmer leurs victimes. Le fanatisme a saigné presque tous les recoins du monde, à commencer par les pays musulmans, depuis près de quarante ans. Mais bizarrement, c'est, au choix, la liberté d'expression, nos guerres défensives ou la laïcité que des Occidentaux adorent mettre en procès. Par peur du racisme ou par peur tout court. Parce qu'il est moins dangereux de tonner contre d'autres démocrates que contre des tueurs. Au risque d'alimenter une propagande victimaire destinée à tuer.

La radicalisation se nourrit de cette inversion de responsabilités. On aurait pu penser que la furie djihadiste sonnerait le réveil de la raison. C'est le contraire.

La folie appelle la folie. En France, après l'égorgement d'un prêtre par un fanatique islamiste, des hommes d'Église n'ont trouvé rien de mieux à blâmer que la laïcité ou le mariage pour tous… Une déraison qui sévit aussi à l'université.

L'attentat contre *Charlie*, celui de l'Hyper Cacher, du Bataclan, des terrasses de Paris ou de la promenade des Anglais à Nice, et tant d'autres, n'ont pas fait taire les faux prophètes. Ceux qui nous annoncent depuis des années le retour du religieux comme une source de réenchantement du monde, le « laïcisme » comme une menace et le danger intégriste comme une maladie imaginaire, sortie de cerveaux « islamophobes ». Le terrorisme ? La faute de la société. Avoir peur ? Un fantasme. Les mêmes l'ont promis : aucun djihadiste ne reviendrait de Syrie pour frapper la France… Ces aveugles volontaires ne sont pas si nombreux mais visibles, à la tête de laboratoires de recherche prestigieux, parfois privés et achetés, adorés des pages lisses d'une certaine presse terrorisée à l'idée de penser. Leur grille de lecture s'est révélée cruellement fausse. Mais aucun mea-culpa n'est venu. Les clercs non voyants ne s'excusent jamais. Pas plus qu'ils ne renient les injures et les calomnies lancées à la figure de ceux qui ont vu. Mieux, ils redoublent d'effort et de rage contre la laïcité et ses éclaireurs. Pourquoi se gêner.

La vie intellectuelle est un univers cruel. Dans la savane aussi, il existe des girafes et des autruches. Les girafes alertent et montrent le danger. Les autruches préfèrent se terrer la tête dans le sable. Mais la nature n'est pas sadique. Il ne viendrait pas à l'idée d'une autruche de faire la leçon aux girafes ou de les accuser d'être « liono-phobes »... Dans le monde civilisé du débat d'idées, celui qui s'est élancé trop tôt pour alerter doit avoir le cuir bien épais. En vingt ans de travaux sur l'intégrisme religieux et l'extrémisme, je crois avoir tout entendu (islamophobe, menteuse...) pour avoir simplement dit et écrit que le radicalisme religieux montait, pouvait avoir plusieurs visages, et parfois rusait pour faire reculer nos défenses.

J'ai cru, naïvement, que l'attentat contre mes amis de *Charlie Hebdo* sonnerait la fin du déni. C'est en partie vrai, mais en partie seulement. La chasse aux éclaireurs se poursuit, comme si de rien n'était, avec une violence et une mauvaise foi parfois décuplées. Entre menaces et protection, le plus épuisant reste de lutter contre la morgue de gens bien à l'abri. Je pense à celle qui frappe un imam menacé de mort pour s'être prononcé contre l'antisémitisme et le voile intégral. À celle qui poursuit ce journaliste d'investigation, lui aussi menacé et constamment sali, alors qu'il est l'un des meilleurs spécialistes de l'islamisme. Quand des universitaires n'exigent pas d'un romancier algérien, lui aussi menacé, de se taire parce qu'il ose dénoncer le machisme des pays où il vit. C'est, à chaque fois, les mêmes cabales, les mêmes procès d'intention, l'invention de mensonges supposés pour avoir dit la vérité... sur l'intégrisme et ses dangers.

Le rituel est bien rodé. Après chaque attentat, le drame entraîne la sidération. Les mauvais esprits se taisent pendant quelques heures. Une courte fenêtre de lucidité, toujours plus brève, pendant laquelle il est acquis que la source de tant de violence vient de l'idéologie fanatique, et qu'il faut donc y résister. Puis les semaines passent et il faut raconter une nouvelle histoire, trouver une échappatoire, une colère à notre portée. C'est alors qu'on entend tout et n'importe quoi au sujet de la laïcité. Entre ceux qui la transforment en arme de destruction massive et ceux qui veulent la sacrifier, tout céder, par peur des amalgames.

Il se dit alors que la laïcité serait vieille et dépassée car inadaptée à l'islam, arrivé en France après la loi de 1905. Comme si la séparation, pensée pour tous les cultes, devait s'adapter à chaque religion, et non l'inverse. D'autres revendiquent une « nouvelle laïcité », trouvant à l'ancienne toutes les tares : négative, excluante voire « intégriste ». Les politiques voudraient au choix la « toiletter », la réactualiser, l'accommoder, l'ouvrir... Quand ils ne veulent pas, au contraire, interdire le voile à chaque coin de rue, sur la plage ou à l'université.

On ne raconte pas seulement n'importe quoi au sujet de la laïcité, on lui fait dire aussi n'importe quoi. La laïcité n'a pas que des ennemis, elle a de faux amis. Des extrémistes, nationalistes ou identitaires, la font parler à tort et à travers. Des profiteurs de haine prétendent avoir ramassé son drapeau dans le caniveau, où la gauche *Charlie* ne l'a jamais abandonné.

Après l'avoir combattue pendant des siècles, voilà que la droite et l'extrême droite brandissent cette laïcité comme un glaive, au service de la domination chrétienne contre l'islam. Tandis que la gauche l'ayant forgée se déchire pour savoir si s'en servir comme bouclier ne ferait pas monter le racisme. Et qu'une partie de l'extrême gauche continue de la mépriser comme une révolution « bourgeoise ». Quand elle ne se solidarise pas carrément avec les intégristes, ultra-réactionnaires, perçus comme les nouveaux damnés de la terre. Partager la laïcité, l'exiger de tous, relèverait de la « colonisation culturelle », voire du « racisme d'État ». Un discours qu'elle tient ironiquement à l'unisson des États-Unis et de son *soft power*, tous unis contre la laïcité, coupable à leurs yeux de violer la liberté religieuse, de faire monter l'« islamophobie » et même d'encourager la radicalisation djihadiste !

Soyons sérieux. La laïcité n'a tué personne et nous protège tous, les croyants comme les déistes ou les athées. C'est l'une des utopies les plus généreuses, les plus fraternelles et les plus brillantes imaginées ces derniers siècles. Pourquoi l'assiéger au moment où des fanatiques, ses ennemis de toujours, la désignent comme cible ?

Les opinions publiques, largement gagnées à sa cause, ont parfois plus de sagesse. En France, la laïcité est l'une des utopies les plus populaires. Tous les sondages la placent en tête des idées plébiscitées – par les trois quarts des Français, quand ils ne sont pas 81 % à la considérer en danger, musulmans compris[1]. En Belgique, après les terribles attentats de Bruxelles, on s'interroge pour aller vers une laïcité plus séparative, à la française. En Suède, malgré une monarchie parlementaire, on a déjà sauté le pas. L'idée ne séduit pas qu'en Europe. Des peuples noyés ou étranglés par le fanatisme nous l'envient ou s'en inspirent, avec un courage bien plus grand que le nôtre. Au Maghreb, une écrasante majorité de citoyens se dit favorable à une séparation entre la religion et l'État[2]. Partout où l'intégrisme fait des ravages, le désir de laïcité monte, même si l'on préfère parfois l'appeler « État civil » pour éviter les procès en sorcellerie, agités comme il se doit par les intégristes.

Le propos de ce livre n'est pas de prétendre que nous devons tous prendre le même chemin. À chacun son histoire et son trajet. Mais qu'on cesse de renforcer la propagande des tueurs à force de méconnaître et de mépriser la culture française de la laïcité. Redécouvrir son histoire, notamment celle de l'école laïque

1. Sondage Ifop pour le Comité national d'action laïque, Lefigaro.fr, 9 décembre 2015.

2. Étude réalisée par l'institut tunisien Sigma, en collaboration avec l'Observatoire arabe des religions et des libertés, et la fondation Konrad-Adenauer en 2016. Les sondés favorables à la séparation entre la religion et la politique sont 72,8 % en Tunisie, 71,2 % en Égypte, 63,1 % en Libye, 57,4 % en Algérie, 54,8 % au Maroc.

et la raison d'être de sa loi sur les signes religieux, c'est refuser le piège de guerres culturelles, savamment entretenues, qui divisent la résistance. À l'image du fossé qui se creuse entre la France et le monde anglo-saxon.

La France et l'Amérique sont des alliés naturels face au totalitarisme mais leur alliance se brise quand ce totalitarisme se réclame de Dieu. Question d'histoire et de modèles. Depuis le débat sur les sectes et le voile, le malentendu est complet. Ces mesures prises en France pour protéger l'égalité et la liberté sont vécues comme liberticides et discriminatoires aux États-Unis. Or c'est aussi le discours des tueurs, le prétexte qu'ils utilisent pour placer la France en tête de leurs cibles. D'où l'urgence d'expliquer, de lever ces malentendus, pour nous permettre de nous retrouver et de faire face ensemble.

La tâche est immense. Je le sais pour courir les plateaux de télévision étrangers depuis l'affaire des caricatures et plus encore depuis les attentats. Parfois, je passe après des militants intégristes contre l'« islamophobie », beau costume et bon anglais, que les chaînes anglaises et américaines adorent inviter pour entendre que la France interdit aux musulmans de porter le voile dans la rue, les empêche d'aller à l'université, ou que les crimes racistes s'envolent. Tout est faux. La situation est grave, mais bien plus complexe que cette caricature servie pour conforter les préjugés et faciliter le travail des recruteurs de haine. La France est attaquée sous un prétexte largement fantasmé, voire mensonger. Les journalistes devraient avoir à cœur de rétablir ces vérités au lieu d'inviter ceux qui attisent ces confusions empoisonnées, potentiellement meurtrières. Quand j'essaie de les contrer, je n'ai souvent que quelques secondes pour désamorcer ces faux procès, parfois intentés quelques heures après un attentat. Sur Sky News, une semaine après le 7 janvier, on m'a carrément censurée pour avoir voulu montrer la « une des survivants » de *Charlie*. La journaliste venait de la décrire comme haineuse, alors qu'elle n'était que paix. Je l'ai montrée pour que les téléspectateurs jugent par eux-mêmes. Le direct a été interrompu, pour ne pas « choquer »... Des croyants, à qui on laisse croire qu'ils ont bien raison d'être fâchés.

Parfois, de guerre lasse, il me vient l'envie de laisser l'arène aux incendiaires, islamistes contre racistes, et de partir loin de cette folie. L'impression de « déserter » me retient. Dans ces cas-là, mon éditeur, qui suit depuis tant d'années mes combats qu'ils sont devenus les nôtres, m'appelle et me dit : « Tu ne veux pas écrire un livre pour expliquer la laïcité ? Plus personne ne s'y retrouve... » Si, je veux bien. Expliquer, décortiquer, clarifier ces lignes de partage. Pour que chacun choisisse, en connaissance de cause, le chemin qu'il veut suivre.

Il arrive que les mots manquent. « Laïcité » affleure sur toutes les lèvres, mais se traduit difficilement dans d'autres langues. L'arabe tend à confondre « laïcité » et « athéisme », l'anglais à remplacer « laïcité » par « sécularisme ». Pourtant, le sécularisme n'est pas vraiment la laïcité. En théorie, il l'a été. Il ne l'est plus. Depuis que les intégristes chrétiens ont gagné la bataille culturelle contre le « mur de séparation » aux États-Unis, que des minorités religieuses ont négocié des accommodements au Canada et ailleurs, le sécularisme tend à se vider de toute ambition. De plus en plus, il se limite à accompagner la sécularisation, en continuant vaguement à distinguer l'espace civil de l'espace religieux, sans veiller à la stricte séparation des ordres.

La laïcité telle qu'on l'entend en France est plus exigeante. Guidée par le désir d'unité du peuple, *laos* en grec, elle articule volonté de protéger la liberté de conscience, désir de s'émanciper et passion pour l'égalité. C'est à la fois un cadre juridique et un idéal. Son esprit compte autant que sa lettre, énoncée au titre premier de la loi de 1905. « La République assure la liberté de conscience », « garantit le libre exercice des cultes », mais « ne reconnaît, ne salarie ni ne subventionne aucun culte »[1]. Cet article 2 contient l'âme de la laïcité à la française. La République *n'ignore* aucun culte, elle les *connaît* tous, mais n'en *reconnaît* aucun. Ce qui permet à la fois de protéger les cultes de l'ingérence politique et le politique de l'ingérence

1. Sauf, nous le verrons, dans des cas très limités comme l'Alsace et la Moselle, bénéficiant d'un statut dérogatoire en raison de l'histoire.

religieuse, sans reconnaître et donc sans privilégier aucune religion. Comme l'écrit le philosophe Henri Pena-Ruiz, « l'espace laïque ainsi compris n'est pas pluriconfessionnel, mais non confessionnel[1] ».

S'il n'existe pas de « modèle français » de la laïcité au sens d'un régime ou d'un dogme, cohérent et figé, il existe bien une façon assez unique de vivre la laïcité en France. Un équilibre rare, presque unique au monde, arraché aux forces de l'intransigeance religieuse, dans le sang et les larmes, par des siècles de combat. Ce modèle est aujourd'hui pris entre deux feux, le fanatisme et le racisme, car il s'oppose aux deux. Et certains voudraient l'abattre parce qu'il est cerné… Ce livre propose au contraire de le défendre comme une espèce en danger.

J'appartiens à cette gauche *Charlie* qui refuse de renoncer à la laïcité sous prétexte que l'extrême droite veut mettre le feu à l'Europe. Au contraire, c'est cette vigilance, et non la gauche relativiste pro-islamiste, qui incarne notre meilleure chance de contenir la tentation de la haine par peur des attentats. Ce livre marche logiquement dans les pas de *Tirs croisés*, de *La Tentation obscurantiste*, de *La Dernière Utopie* et d'*Éloge du blasphème*, tous hantés par la crainte de voir le camp du progrès déserter le seul antidote capable de tenir tête aux extrêmes. Il agacera aussi bien les

1. Henri Pena-Ruiz, *La Laïcité. Textes choisis*, GF-Flammarion, 2003.

capitulards que les revanchards. Car il ne souhaite ni surenchérir ni céder.

« C'est en dressant contre ces Églises la grande association des hommes travaillant au culte nouveau de la justice sociale et de l'humanité renouvelée, c'est par là et non par des schismes incertains que vous ferez progresser ce pays conformément à son génie. » Ainsi parlait Jaurès au moment de défendre la loi de séparation des Églises et de l'État. Un siècle plus tôt, en plein retour en force du concordat, prêt à défaire le meilleur de la Révolution et des Lumières, Chateaubriand vantait le *génie du christianisme* et sa supériorité. Dans notre époque toujours troublée, ce livre choisit de célébrer plutôt, sans l'y opposer, le *génie* de la laïcité. Seule lumière réellement capable de nous éloigner de l'obscurité.

I

Faux procès et propagandes empoisonnées

La France reste l'une des cibles préférées des fanatiques pour ce qu'elle représente, en termes de liberté et de laïcité. Al-Qaïda lui reproche autant la loi sur le voile et la publication de caricatures sur Mahomet que ses interventions au Mali. Daech a revendiqué l'attentat du 13 novembre contre le Bataclan en parlant de « centaines d'idolâtres » rassemblés « dans une fête de perversité ». L'organisation terroriste délire sur le fait « d'avoir osé insulter le Prophète » et jure de venger une guerre purement imaginaire : celle que mènerait la France contre l'islam. Ce contexte de propagande hautement incendiaire, destinée à tuer, commande de bien choisir ses mots avant de passer de la critique possible et légitime de la politique française à une caricature l'amalgamant avec un régime persécutant les musulmans ou l'islam. Des mouvements extrémistes contre l'« islamophobie » ou même le président américain Obama n'ont pas eu cette vigilance.

Au lendemain du 11 septembre, Jacques Chirac avait été le premier chef d'État européen à survoler les cendres de *Ground Zero* pour dire la « solidarité totale » du peuple français envers le peuple américain. Barack Obama, lui, n'a pas trouvé le temps de venir à Paris pour la marche du 11 janvier. En revanche, quelques jours après les attentats ayant visé *Charlie Hebdo* et l'Hyper Cacher, il tenait une conférence de presse en compagnie du Premier ministre britannique, où il adressa presque une leçon de morale aux Français. Après avoir rappelé l'attentat du marathon de Boston de 2013 pour montrer que l'Amérique n'était pas épargnée, il se félicita de la supériorité du modèle américain sur le modèle français en matière d'intégration : « Notre plus gros avantage, c'est que nos musulmans se sentent américains, qu'il y a cet incroyable processus d'immigration et d'assimilation qui fait partie de notre tradition. » En vertu de quoi, il invita les Français à mieux reconnaître les Français d'origine « nord-africaine » pour éviter la radicalisation.

Sur le moment, accaparés par le deuil, peu se sont émus de telles recommandations. Comme si le défaut d'intégration pouvait expliquer les attentats. Faut-il rappeler que les frères Tsarnaïev ont été accueillis à bras ouverts sur le sol américain et que cela ne les a pas empêchés de concevoir les attentats de Boston ? Que l'Angleterre et ses quartiers chics ont fourni l'un des pires bourreaux de l'État islamique, Jihadi

John ? Faut-il préciser que les deux tueurs de l'attentat contre *Charlie Hebdo*, les frères Kouachi, se sont radicalisés au moment de la guerre d'Irak, menée par les Américains et non les Français ? Qu'ils ont tué à bout portant un policier français nommé Ahmed Merabet ? Ou qu'Amedy Coulibaly n'était pas « nord-africain » ? Il a tiré sur des Juifs, dont certains descendants d'immigrés parfaitement intégrés. Ainsi que sur une policière noire, Clarissa Jean-Philippe, aussi française que lui ?

L'indécence d'un tel discours, ressassé sur toutes les chaînes anglophones après le 7 janvier, s'est cruellement vue après les attentats du 13 novembre. Le ton a sensiblement changé. Cette fois, les victimes n'étaient plus des dessinateurs blasphémateurs ou des Juifs mais des « innocents » (le mot a été prononcé, les autres étaient donc coupables). Il aurait pu y avoir des centaines de morts, y compris musulmans, au Stade de France de Saint-Denis si les kamikazes n'avaient pas été empêchés d'entrer par un vigile nommé Omar. Le bilan reste très lourd : 130 morts, souvent issus de cette jeunesse bigarrée sortie pour écouter un concert ou boire un verre aux terrasses mélangées du 11ᵉ arrondissement de Paris. À l'image de La Belle Équipe, ce café tenu par un homme juif et sa compagne d'origine algérienne, morte en tenant la main de son époux, au milieu des cadavres de leurs amis et clients de toutes origines. Par le sang versé, par nos morts, les attentats de Paris ont rappelé combien la France était un pays mélangé, où l'on s'aime, fait la fête et se marie entre citoyens de toutes les cultures... Bien plus qu'en Irak ou en Syrie, d'où sont partis les commanditaires de ces crimes. On s'y mélange parfois plus qu'aux États-Unis, eux aussi frappés par de nouveaux attentats, malgré un président américain métis et un modèle américain censé les protéger...

Les attaques contre la laïcité française ont légèrement décru après l'attentat de San Bernardino survenu le 2 décembre 2015. Une fusillade commise par un Américain musulman d'origine pakistanaise parfaitement intégré, et sa femme, dont le voile intégral noir n'avait choqué personne aux États-Unis. Ce qui ne les a pas empêchés de tirer sur des collègues lors d'une fête donnée dans un centre social venant en aide aux handicapés. La faute au modèle américain, à la société... ou au fanatisme ?

Non, la laïcité ne favorise pas la radicalisation

Aussi fou que cela puisse paraître, la petite musique de « c'est la faute à la France et à sa laïcité » a repris, comme si de rien n'était, après les attentats de Bruxelles du 22 mars 2016. Des crimes commis par des djihadistes français, certes, mais qui ont grandi dans les quartiers perdus du communautarisme belge, Molenbeek, au cœur d'un pays qui n'applique ni la laïcité à la française ni son modèle républicain d'intégration. C'est pourtant la « francophonie » et la laïcité française, en un mot « la culture politique française », que deux chercheurs américains ont trouvé le moyen de mettre en procès dans un article publié dans *Foreign Affairs*.

Intitulé « The French Connection », il est signé par William McCants et Christopher Meserole, tous deux issus d'un think tank privé social-libéral possédant une branche au Qatar, la Brookings Institution. Le premier signataire dirige le département sur les relations entre les États-Unis et le monde musulman au sein de ce laboratoire d'idées, censé conseiller le Département d'État américain. Ce qui rend plutôt angoissant ce court article de trois pages reposant sur une méthodologie aussi aléatoire que douteuse. Même tenu au devoir de politesse, l'ambassadeur de France à Washington, Gérard Araud, l'a qualifié d'« insulte à l'intelligence ».

Le point de départ de cet article est assez léger. Les deux chercheurs ont comparé les nationalités des volontaires partis en Syrie pour rejoindre Daech. Des chiffres fournis par l'International Centre for the Study of Radicalisation and Political Violence[1]. Ils sont bien obligés de noter que de forts bataillons

1. Peter R. Neumann, « Foreign fighter total in Syria/Iraq now exceeds 20 000 ; surpasses Afghanistan conflict in the 1980s », ICSR Info, 26 janvier 2015.

viennent de pays comme l'Arabie Saoudite (entre 1 500 et 2 500 combattants) et qu'ils sont très nombreux à venir du Royaume-Uni (entre 500 et 600), bien que ces deux pays n'aient pas du tout – c'est le moins qu'on puisse dire – la même vision de la laïcité que la France. Pourtant, c'est le fait de parler français qui poserait problème : « Le premier facteur dans l'émergence du djihadisme radical », nous disent ces auteurs, n'est pas que les terroristes « viennent d'un pays riche ou non ou d'un pays éduqué ou non ; le premier facteur n'est pas non plus qu'ils soient eux-mêmes riches ou non, qu'ils aient un bon accès à Internet ou pas. Le premier facteur est qu'ils proviennent d'un pays francophone ou qui a eu le français comme langue nationale ».

En réalité, sur quatorze pays fabriquant des djihadistes, les pays francophones ne représentent qu'une infime minorité. L'essentiel vient de pays non francophones, religieux ou ayant une autre vision du sécularisme. Mais nos chercheurs semblent moins passionnés par la critique du modèle saoudien ou du modèle anglo-saxon que par celle de « la culture politique française ». Ils s'intéressent en priorité aux taux de combattants envoyés par les pays francophones. La France produit effectivement un fort contingent de djihadistes (1 200), tout comme la Belgique (440) et la Tunisie (entre 1 300 et 3 000). Ces taux sont élevés, surtout si on les rapporte – c'est la suggestion des chercheurs – au pourcentage de musulmans de chaque pays : « Par habitant musulman, la Belgique produit nettement plus de combattants étrangers que le Royaume-Uni ou l'Arabie Saoudite. » Mais qu'ont de commun la France, la Belgique et la Tunisie ? De parler français ? Est-ce vraiment le seul lien ? N'y aurait-il pas plutôt un rapport avec l'histoire coloniale ? Les deux chercheurs ne le croient pas. Ils balaient d'un revers de main cette piste, pourtant solide, et préfèrent penser, sans la moindre preuve, que tout est la faute de la francophonie et de la laïcité.

Ils se gardent bien de noter que la Belgique produit en pourcentage deux fois plus de djihadistes que la France. Ce serait pourtant la preuve que le modèle belge est nettement moins performant que le modèle français, plus laïque, pour contenir la radicalisation. Cette réalité embarrassante est tout simplement occultée. Pour nos deux chercheurs américains, la Belgique c'est la France. Ils n'ont pas l'air de savoir que, hormis une loi interdisant le voile intégral dans la rue, ces deux pays ne pratiquent pas du tout la même laïcité. La Belgique reconnaît et finance les cultes, les écoles confessionnelles, et fonctionne sur un mode plus communautaire que républicain. Ce n'est que tout récemment, face à la crise du vivre-ensemble, que le plat pays s'est résolu à bannir le voile intégral dans la rue, comme la France. Cela suffit à nos deux chercheurs pour les confondre et les opposer au modèle anglais : « L'approche française de la laïcité est plus incisive que, disons, l'approche britannique.

La France et la Belgique, par exemple, sont les deux seuls pays européens à bannir le voile intégral dans les écoles publiques. » Cette phrase montre que les chercheurs confondent deux législations différentes. La France prohibe tout signe religieux ostensible dans les écoles publiques au nom de la laïcité et le voile intégral dans la rue, comme la Belgique, au nom de la sécurité.

Cela peut-il suffire à expliquer le contingent de djihadistes français, belges ou tunisiens partis en Syrie ? Et qu'en déduire ? Qu'il faut abandonner la laïcité pour rassurer Daech et donc éviter la radicalisation ?

L'autre facteur relevé par ce court article est plus sérieux. Il concerne le taux d'urbanisation et de chômage de quartiers fournissant un nombre « massif » et « disproportionné » de djihadistes. Certaines banlieues de Paris, Molenbeek en Belgique ou Ben Guerdane en Tunisie connaissent en effet des taux élevés de jeunes chômeurs. Ces deux chercheurs découvrent qu'il est plus facile d'être radicalisé et manipulé quand on est jeune, sans emploi et citadin, que riche et vivant à la campagne. Et encore, c'est parfois plus compliqué… Lunel, commune déshéritée de l'Hérault, détient le record de djihadistes français envoyés en Syrie : presque une vingtaine de combattants à elle toute seule. Mais Nice, pourtant ville agréable et balnéaire, produit également beaucoup de djihadistes. Tout simplement parce que les jeunes de la région ont subi l'influence d'Omar Diaby, un recruteur niçois pour Al-Nosra, particulièrement efficace. Ce facteur n'est jamais pris au sérieux par des sociologues comme Olivier Noël, spécialiste des discriminations. Venu faire une conférence à Lunel, il préfère expliquer le taux élevé de djihadistes par son prisme de prédilection : « On ne peut comprendre la radicalisation de ces jeunes (...) si l'on n'aborde pas la question de la radicalisation d'une société majoritaire dirigée par des notables blancs, qui ne leur laisse plus aucun espace politique[1]. »

Les chercheurs américains vont encore plus loin en attribuant carrément la radicalisation à « la culture politique française ». Eux-mêmes reconnaissent douter de leur approche : « Si les données sont fausses ou nos interprétations faussées, nous espérons que cet effort puisse mener à des explications *plus rigoureuses* sur ce qui motive le djihadisme en Europe. » Drôle de chemin vers la rigueur. Et si on essayait, tout simplement, de comparer ce qui est comparable ?

Ce qui explique un taux élevé de djihadistes en Syrie

Bien plus que le social ou la laïcité, c'est l'histoire des migrations musulmanes maghrébines et leur

1. « Lunel ne parvient pas à se débarrasser du spectre du djihadisme », Russia Today France, 30 octobre 2015.

rapport post-colonial à la francophonie qui peuvent éventuellement éclairer la capacité de séduction du discours djihadiste sur un public français, belge, tunisien ou marocain (1 500 combattants recensés). Et encore... L'Algérie devrait figurer en tête, elle qui a le plus souffert de la colonisation française, mais elle n'envoie que 200 djihadistes. Ce chiffre, très bas, s'explique par le fait que ce pays a déjà beaucoup saigné à cause de l'islamisme et que ses djihadistes ont déjà une aire de jeux au Sahel, avec Aqmi. Ils n'ont donc pas besoin d'aller en Syrie. Ces filières de recrutement jouent un rôle clef dans le succès régional de telle ou telle organisation terroriste. L'histoire coloniale en soi ne peut suffire. En revanche, l'histoire de ces immigrations post-coloniales et l'identification culturelle pèsent lourd si l'on veut réellement comprendre pourquoi la France produit plus de djihadistes que l'Angleterre.

L'Angleterre possède aussi une histoire coloniale... mais son immigration musulmane vient principalement du sous-continent indien. Elle produit des radicaux islamistes davantage tournés vers le Pakistan que la Syrie. Al-Qaïda ou Daech restent des organisations arabes, dirigées par les leaders arabes. Elles peuvent séduire des fanatiques de toutes les origines, y compris des Pakistanais, mais fascinent en priorité ceux qui veulent prendre une revanche identitaire en terre arabe. C'est un aspect culturel trop souvent négligé. On surestime le facteur religieux et l'on sous-estime le facteur culturel : la quête identitaire de ces jeunes rejoignant le djihad syrien. Beaucoup sont pourtant recrutés grâce à des vidéos de propagande, parce qu'ils peuvent s'identifier, physiquement, aux « héros » de ces films. Si l'on tient compte de ce facteur, décisif, le taux de djihadistes anglais partis rejoindre le djihad en Syrie (entre 500 et 600) paraît plutôt élevé. Est-ce à dire que le modèle anglais ne marche pas ? Il fonctionne en tout cas moins bien que le modèle laïque français en termes de mélange et d'intégration citoyenne.

Selon un sondage inquiétant publié par le *Sunday Telegraph*, 40 % des musulmans britanniques souhaitent instaurer la charia en Grande-Bretagne[1]. Ils ne partent pas en Syrie mais veulent la théocratie en Angleterre... À titre de comparaison, les musulmans français adhèrent majoritairement à la laïcité. 80 % ne croient pas que l'intégration dans la société française et l'islam soient contradictoires. 68 % pensent même que le principe de séparation de l'État et des religions est important[2]. Ce critère est bien plus pertinent pour mesurer la vitalité intégratrice d'un modèle que le taux de djihadistes en Syrie. Non seulement la France intègre mieux ses immigrés, mais elle mélange mieux ses citoyens.

---

1. ICM publié le 19 février 2006. Sondage commenté dans *Le Monde* du 21 février 2006.
2. Sondage CSA/*Le Parisien/Aujourd'hui en France*, 21 janvier 2004.

Même si ces enquêtes datent un peu, le taux de mariages mixtes conclus entre personnes d'origines différentes semble bien plus élevé en France qu'en Angleterre[1]. Des sondages plus récents confirment cette tendance. À la question : « Auriez-vous une objection à ce que votre enfant se marie avec un musulman ? », 64 % des Français répondent « non », contre seulement 41 % des Britanniques. Ce qui vaut pour le mariage vaut pour les relations amicales. À la question : « Avez-vous des amis musulmans ? », 69 % des Français répondent « oui », contre seulement 38 % des Britanniques[2]. C'est la preuve que le modèle français d'intégration fonctionne plutôt mieux que le modèle anglais.

Le jeu des comparaisons est encore plus absurde avec les États-Unis, où les musulmans pèsent moins de 1 %. Barack Obama, on l'a vu, semble considérer que l'Amérique compte moins de djihadistes en raison de son modèle de diversité. En réalité, la France et l'Amérique n'ont pas du tout la même immigration musulmane, en termes de parcours et de relation à

1. Dans *Le Destin des immigrés*, paru au Seuil en 1994, Emmanuel Todd compare les mariages mixtes entre population d'accueil et personnes originaires de l'immigration (États-Unis, Royaume-Uni, Allemagne et France). D'après lui, à l'époque, la France est en pointe, en termes d'intermariages, pour les personnes originaires d'Afrique du Nord. À l'inverse, les États-Unis, l'Allemagne et l'Angleterre témoigneraient d'une grande réticence à marier des locaux et des étrangers.

2. Enquête institut Harris, 1er-13 août 2007.

la nation. Le drame de l'histoire américaine n'est pas d'avoir colonisé des pays arabes mais d'avoir esclavagisé des Noirs. L'histoire serait très différente si Daech était un mouvement d'hommes noirs. Imaginons un instant que le calife de Daech dise s'inspirer des Black Panthers pour venger les crimes de l'esclavage et les violences policières aux États-Unis, n'y aurait-il pas davantage de vocations d'Afro-Américains en Syrie ? D'anciens membres de gangs, des habitants des ghettos, ne seraient-ils pas déjà en route ?

La plupart des musulmans qui vivent en Amérique ne viennent pas d'une immigration arabe rurale et post-coloniale. Beaucoup sont issus de diasporas plutôt aisées et sont venus pour fuir des persécutions politiques, ou pour mieux réussir économiquement. Ils n'ont guère de raisons d'en vouloir au pays qu'ils se sont choisi. Faut-il s'étonner que des riches hommes d'affaires libanais ou même des cadres érudits de l'islam politique égyptien en exil ne se transforment pas en bombes humaines sur le sol américain ? La propagande fanatique et antiaméricaine des organisations terroristes parvient quand même à laver le cerveau de garçons mal dans leur peau comme le terroriste d'Orlando, mais le jeu est moins aisé qu'en Europe. La France, elle, abrite un grand nombre d'enfants de migrants arabes pauvres, issus d'une immigration qui a jadis été colonisée. La chair à canon, les petites mains du djihad, y sont donc plus faciles à recruter.

En France aussi, les enfants de réfugiés politiques, iraniens ou algériens, ne partent pas se faire exploser en Syrie. Ils comptent même parmi les plus virulents adversaires des islamistes et remercient chaque jour la laïcité de leur offrir un abri contre les intégristes. Ce sont les enfants de l'immigration maghrébine venus pour des raisons économiques qui parfois s'égarent et tombent dans le piège de croire aux propagandes leur désignant la laïcité. Les migrants algériens des années 1990 (qui ont fui les islamistes) ont une histoire et une perception très différentes des migrants algériens des années 1960-1970, venus pour trouver du travail après la guerre d'Algérie.

Pour comprendre l'ampleur et la complexité du défi français, il faut revenir un instant à la source de cette histoire et passer en revue les éléments qui se sont enchaînés pour différer la réconciliation post-coloniale.

Les premiers migrants musulmans français ne se disaient pas musulmans mais algériens, marocains, tunisiens. À l'époque, c'est bien la question de l'indépendance et donc la fierté nationale qui importent. Malgré cette fierté et leur soutien à la décolonisation, beaucoup ont dû se résoudre à quitter leur pays pour venir en France, où le travail était mieux payé que dans leur pays d'origine. Tout le monde y trouvait son compte. Les usines françaises, ravies de pouvoir recruter une main-d'œuvre souvent rurale et bon marché, comme ces travailleurs heureux de pouvoir faire vivre leur famille. Beaucoup ont rejoint ces usines françaises en pleine guerre d'Algérie ou juste après, c'est-à-dire au sommet de la défiance entre Français et Algériens. Tandis que les Français pensaient aux fellaghas tuant leurs soldats, les Algériens pensaient aux soldats français tuant les indépendantistes. Les plaies laissées par ce conflit n'étaient toujours pas refermées lorsque le choc pétrolier, la crise économique, la désindustrialisation ont fermé les usines et mis les travailleurs pauvres en concurrence. Comment s'étonner que le racisme antiarabe perdure parmi les classes populaires ?

Les immigrés de la première génération se sont vus doublement humiliés, par le racisme et le chômage. Pourtant eux ne se sont jamais radicalisés. Malgré l'adversité et une vie difficile, ceux qu'on appelle les *chibanis* pratiquent un islam apolitique, traditionnel et tranquille. À leur époque, le racisme était bien plus violent qu'aujourd'hui. Mais personne (ou presque) ne faisait référence à la religion. Dans les cours de récréation, tous les enfants se mélangeaient. Ce n'est qu'après la première guerre du Golfe et le 11 septembre que la confessionnalisation des identités a réellement explosé, jusqu'à diviser les enfants de la deuxième et troisième génération, passés de la case « Arabe » à « musulman » dans l'imaginaire collectif. Ce travail de sape a été facilité en amont, par des réseaux islamistes très politiques, qui ont voulu convertir les enfants de l'immigration à leur vision.

En pleine ascension grâce à la première guerre du Golfe, des réseaux intégristes comme les Frères musulmans ont tout fait pour persuader les enfants de la troisième génération qu'ils étaient musulmans avant tout, que la France les maltraitait comme tels, et qu'il était temps de ne plus subir comme leurs pères mais de revendiquer. Le slogan de la confrérie d'origine égyptienne parle de lui-même : « Dieu est notre but, le Prophète notre chef, le Coran notre Constitution, le djihad notre voie, la mort pour Dieu notre désir le plus cher. » Leur tactique est toutefois bien plus sophistiquée que celle de Daech, avec qui ils sont en concurrence, et qui les déteste. Les Frères veulent la restauration du califat mais par l'*islamisation* lente des esprits et de la société. Les uns sèment la terreur. Les autres se posent en recours et tentent de vendre aux politiques leur islamo-fondamentalisme comme un juste milieu entre le terrorisme et l'islam laïque.

Le réseau des Frères musulmans, notamment l'UOIF et ses prédicateurs vedettes (dont les frères Ramadan), a commencé par influencer les étudiants musulmans étrangers venus faire leurs études à Paris, avant d'étendre son emprise sur les jeunes Européens de culture musulmane nés en France[1]. Ils se sont fait

1. Ce réseau allant de l'UOIF aux fils de Saïd Ramadan, Hani et Tariq Ramadan, joue un rôle majeur dans la radicalisation et l'endoctrinement, notamment en faveur de la lutte islamiste algérienne

connaître du grand public en 1989, au moment de l'affaire du voile de Creil, qu'ils ont contribué à durcir pour les besoins de leur propagande. En radicalisant les positions intransigeantes des familles et en tentant de faire passer l'école française pour raciste, alors que le gouvernement français de l'époque se refusait à légiférer sur le voile. La jeunesse de l'époque venait de marcher contre le racisme et se couvrait de pin's « Touche pas à mon pote ». On était en passe de liquider les restes du contentieux post-colonial quand la décennie noire a commencé.

Profitant d'une tentative de démocratisation, les islamistes algériens n'ont pas caché leur désir d'instaurer une théocratie en cas de victoire au second tour des élections législatives de 1991. L'arrêt du processus électoral, la répression militaire et la résistance des laïques algériens, pris en tenaille entre l'armée et les attentats, ont contenu dans le sang ces bataillons totalitaires pratiquant l'assassinat ciblé et les massacres. Une période sombre a réveillé les démons de la défiance jusqu'en France, où les islamistes se sont mis à frapper. Les premiers succès importants du Front national aux élections municipales de 1995 coïncident, à quelques semaines près, avec l'attentat de Saint-Michel, commis par des djihadistes français sur ordre du GIA algérien (Groupe islamique armé).

à partir de la France, de la Suisse ou de la Belgique (voir Caroline Fourest, *Frère Tariq*, Grasset, 2004).

Depuis, il existe un lien très étroit entre l'effroi semé par des attentats islamistes et les pics de vote pour l'extrême droite : 2002 (quelques mois après le 11 septembre), 2015... Telle une machine infernale, ces scores renforcent la propagande victimaire dont se régalent les fanatiques.

Le cercle infernal voulu par les djihadistes

Ce n'est pas qu'un dommage collatéral, mais un effet voulu par les stratèges islamistes : plonger les musulmans d'Occident dans la peur d'être regardés de travers, à cause des terroristes, pour mieux les convaincre de basculer dans le camp de la terreur. Avant de passer à la lutte armée, Ayman al-Zawahiri, le cerveau d'Al-Qaïda, a fait ses classes au sein de la confrérie égyptienne des Frères musulmans. Doué d'une intelligence tactique que l'on retrouve chez de nombreux fils spirituels de Hassan al-Banna, il a compris l'intérêt de faire sauter le verrou intérieur – la main de fer des nationalistes arabes – en allant semer l'effroi à l'extérieur. Le 11 septembre avait pour but de recruter en Occident pour mieux renverser le rapport de force en Orient. Ce qui se serait passé si les troupes de l'islam politique n'avaient pas été dépassées, sur les places comme sur la toile, par une génération connectée ayant fait le printemps arabe. N'étant pas le seul mouvement, loin de là, à avoir permis de renverser les tyrans, les islamistes ne peuvent revendiquer le pouvoir absolu comme les nationalistes après l'indépendance. Ils doivent se contenter de gâter le printemps démocratique, de composer, d'avancer puis de reculer quand on leur résiste, avant d'avancer de nouveau. Tout en pouvant jouer les martyrs, comme toujours, grâce à la brutalité de la répression militaire comme en Égypte.

Le 11 septembre a généré bien des désordres qu'Al-Qaïda n'avait pas prévus. À commencer par le chaos irakien d'où est sorti Daech, son principal concurrent. Un mélange d'État totalitaire, de groupe terroriste et de mouvement sectaire. Fanatique mais structuré, les principaux dirigeants de l'organisation islamiste sont en fait d'anciens cadres de l'armée irakienne, formés aux techniques de la propagande et du sadisme par le parti Baas.

Les deux mouvements, Al-Qaïda et Daech, ont en commun d'avoir compris l'intérêt de viser l'Europe, « ventre mou » de l'Occident, afin de provoquer des réactions « islamophobes » pour pousser les musulmans européens à les rejoindre. Gilles Kepel rapporte le cas d'Abou Moussab al-Souri, un Hispano-Syrien passé par la branche militaire des Frères musulmans syriens puis le maquis afghan, avant de se charger de la stratégie médiatique de Ben Laden[1]. Dans un « Appel à la

---

1. Arrêté fin 2005 au Pakistan par la CIA, il est remis entre les mains des services syriens, qui le libèrent, comme de nombreux

résistance islamique mondiale » de 1 500 pages, rédigé en 2004, il préconise la dissimulation et un terrorisme individuel, plus facile à réaliser que les opérations de grande ampleur comme le 11 septembre. La génération politique des Merah et autres Kouachi allait naître. D'autant mieux équipée, entraînée et prête à passer à l'action qu'elle bénéficie de moyens et de conseils stratégiques grâce à Al-Qaïda au Yémen ou Daech en Syrie.

Le djihad 2.0 est à la portée de tous. Même s'il arrive que des émissaires soient peu dégourdis. Rien n'est plus facile que de tirer à l'arme automatique dans une foule. Pourtant, certains parviennent à se tirer une balle dans le pied, comme à Villejuif, ou à se faire ceinturer par de robustes Américains comme dans l'attentat raté du Thalys. L'angoisse collective demeure. L'Europe sait qu'elle vit entre deux risques de tueries, déjouées ou réussies. Disposant d'un territoire et de moyens financiers colossaux, Daech a de quoi financer le recrutement et l'entretien d'une armée de tueurs pendant des années.

De beaux esprits nous répètent que nous ne sommes pas en guerre, mais ce que nous vivons est bien pire. Dans une guerre classique, les soldats de deux nations s'affrontent à la loyale. On peut signer l'armistice quand l'un des deux camps a gagné. Ici, la

---

islamistes, après le début du printemps syrien. Gilles Kepel, « Al-Souri, le cerveau du djihad des pauvres », Lemonde.fr, 29 avril 2013.

guerre pourrait ne jamais finir. Il y aura toujours un groupe pour convaincre nos citoyens de se retourner contre leur pays en lui expliquant qu'il fait la guerre à l'islam. Aux filles, on raconte qu'elles doivent venir sauver des enfants syriens, via un futur mari chargé de les charmer. Aux garçons, on promet de donner un sens à leur vie, de l'action, un salaire, de tirer à la kalachnikov et de jouir d'esclaves sexuelles. Comment s'étonner que quelques milliers de jeunes frustrés finissent par tenter l'aventure ? Surtout si on leur explique, nous aussi, que la France ne les a jamais aimés et que la laïcité est responsable – à leur place – de cette folie.

Depuis le péché colonial, la France ne s'aime plus et transmet ce désamour à ses propres enfants. Le Front national, qui a soutenu la colonisation et donc l'immigration issue de ces colonies, gagne sur tous les tableaux. Il suffit qu'un seul enfant de l'immigration sur mille se radicalise pour qu'il récolte les fruits de l'échec supposé de l'intégration. Notamment auprès de ceux qui ne supportent plus d'entendre que tout est de la faute de la France.

C'est ce que répètent des universitaires depuis plus de vingt ans, au moins depuis les attentats de Saint-Michel et le parcours d'un Khaled Kelkal. Obnubilés par les facteurs sociaux, ils en viennent à donner une interprétation déterministe du parcours des djihadistes. Comme si être potentiellement discriminé ou appartenir à une classe sociale modeste expliquait, en soi, le fait de rejoindre une idéologie meurtrière qui frappe et recrute dans tous les pays du monde. Agacé par ce refrain, le Premier ministre Manuel Valls a fini par lancer : « Expliquer, c'est déjà excuser. » Un raccourci maladroit. Expliquer n'est pas en soi excuser, mais beaucoup trop de voix tentent d'excuser au lieu d'expliquer. Faire croire que le racisme est à la source du djihadisme revient à nier l'histoire et la chronologie de l'islam politique radical. Se focaliser sur les trajectoires des petites mains qui se font manipuler en France, c'est oublier qu'il existe des « cerveaux », des stratèges, qui pensent cette guerre, commencée il y a déjà plusieurs décennies en terre d'islam.

Ces stratèges, on l'a vu, ont théorisé le fait de pouvoir recruter après chaque attentat grâce à cette peur du racisme. D'où l'importance de ne pas céder à la peur, de ne pas faciliter leur propagande en surenchérissant ou en exagérant ce rejet.

Non, la France n'est pas « islamophobe »

Le rapport 2015 du Département d'État américain sur les droits de l'homme s'alarme, à juste titre, de l'augmentation d'incidents antijuifs et antimusulmans en France : + 281 %, soit environ 400 actes ou propos antimusulmans. Pour l'essentiel des graffitis, des menaces, quelques tentatives d'incendie contre des lieux de culte, des tirs sur des commerces en Corse, des agressions sur une dizaine de femmes voilées, et un meurtre semblant relever du fait divers, sans intention politique[1]. C'est évidemment terrible, mais plutôt en deçà de la flambée de violence qu'a connue l'Amérique après le 11 septembre[2]. Dès octobre 2001, la seule US Commission on Civil Rights (UCCR) dénombrait des centaines d'agressions. Des commerçants musulmans, parfois des Indiens ou des Sikhs confondus avec des musulmans, ont été attaqués. Certains ont même été abattus. Comme ce pompiste indien de quarante-neuf ans, tué à bout portant, comme ce Sikh battu à mort à coups de batte de base-ball, ou ce Copte ayant émigré en Californie pour fuir les islamistes... Des femmes voilées ont été dévoilées de force. Une femme pakistanaise a failli être écrasée par une voiture. Plusieurs mosquées ont été victimes de tirs et de tentatives d'incendie. À Chicago, un cocktail Molotov a été lancé contre un centre communautaire. 300 Américains ont marché vers une mosquée en scandant des slogans racistes avant d'être arrêtés par la police.

---

1. Mohamed el-Makouli, Marocain âgé de 47 ans, a été tué le 14 janvier 2015 de 17 coups de couteau dans le Vaucluse. L'Observatoire national contre l'islamophobie dénonce alors un « acte horrible aux mobiles islamophobes ». Placé en garde à vue, l'assassin est interné à l'hôpital psychiatrique de Montfavet où une schizophrénie est diagnostiquée. Il sera mis en examen pour « assassinat, tentative d'assassinat et détention de stupéfiants ».

2. Ces agressions ont été recensées dans la revue *ProChoix* : Fiammetta Venner, « Un regain de racisme antiarabe », *ProChoix*, n° 19, hiver 2001.

Ces réactions xénophobes, détestables, existent dans tous les pays non musulmans frappés par des attentats islamistes. Ils ne doivent pas faire oublier qu'en France, la principale réponse aux attentats a été la marche du 11 janvier : 4 millions de Français main dans la main, lançant des slogans fraternels. Si l'on en croit l'enquête de Pew Institute, la France est même le pays d'Europe où les musulmans restent le mieux considérés, même après les attentats de Paris de 2015. 76 % des Français, contre 72 % des Britanniques, 69 % des Allemands et seulement 30 % des Polonais ont une opinion favorable des musulmans[1]. Enfin, en période calme, hors attentats, les actes et propos antimusulmans baissent fortement : – 82 % au premier semestre 2016.

Ce n'est pas le cas des actes antijuifs, qui demeurent deux fois plus élevés que les actes ou propos antimusulmans : 800 contre 400 en période d'attentats islamistes. C'est-à-dire lorsque des terroristes tuent des Juifs au nom de l'islam… Quand on parle d'actes ou de propos antijuifs, il ne s'agit pas simplement d'injures ou de graffitis, mais d'attaques au hachoir en pleine rue et d'attentats à la kalachnikov revendiqués au nom de l'islam. Ce rappel est important. Non pas pour mettre en concurrence les victimes de racisme. Mais parce que nous vivons dans une époque où des extrémistes expliquent à de jeunes musulmans français qu'ils sont

1. http://www.pewresearch.org/fact-tank/2015/11/17/5-facts-about-the-muslim-population-in-europe/

plus persécutés que les Juifs, pour les radicaliser et les persuader de tuer davantage de Juifs.

Ce contexte mériterait un peu de responsabilité de la part des acteurs du débat public en période d'attentats. Que penser de ces journalistes qui, au lieu de citer les chiffres officiels des agressions antimusulmanes donnés par le ministère de l'Intérieur ou la DILCRA (Délégation interministérielle à la lutte contre le racisme et l'antisémitisme), relaient les statistiques délibérément trompeuses du Collectif contre l'islamophobie en France ?

Proche des Frères musulmans et d'imams salafistes particulièrement sexistes[1], le CCIF a vu le

1. Marwan Muhammad, du CCIF, n'hésite pas à donner des conférences aux côtés de deux imams particulièrement intégristes, moqués par les Femen pour leurs positions sexistes lors du Salon de la femme musulmane de Pontoise de 2015. Le premier, Nader Abou Anas, rappelle que « la femme, qui est source de tentation comme l'a dit le Prophète Mohamed, doit se voiler », que « la femme vertueuse, c'est celle qui obéit à son mari » ou encore qu'« elle ne sort de chez elle que par la permission de son mari ». Il rappelle aussi que les « anges la maudissent toute la nuit » si elle se refuse à son mari sans raison valable. Quant à l'imam de Brest, Rachid Abou Houdeyfa, assigné à résidence après les attentats du 13 novembre, il fait partie de ceux qui expliquent à la jeunesse qu'une femme sans voile mérite le viol et que ceux qui écoutent de la musique risquent la punition divine : « Qui écoute régulièrement de la musique court le risque d'être transformé en singe ou en porc par Allah. » Des positions qui ne déplaisent pas au CCIF. Marwan Muhammad milite avec eux et les remercie, aux côtés d'autres, de participer à son dîner annuel, notamment après le dîner de 2014 : « Merci à Rachid Abou Houdeyfa, Nader Abou Anas, Chakil Omarjee, Ismail Mounir,

jour en réaction au projet de loi contre les signes religieux à l'école publique. Il a bénéficié, à ses débuts, de l'aide financière du milliardaire américain George Soros et classe volontiers comme « islamophobe » le moindre propos laïque contre l'intégrisme, mais aussi les mesures d'éloignement d'imams radicaux, ou celles prises pour lutter contre le terrorisme. Dans leur livre, *Islamophobie : la contre-enquête*, Isabelle Kersimon et Jean-Christophe Moreau se sont penchés sur les méthodes du CCIF. Leur conclusion est sans appel : « Ses chiffres ne sont pas fiables[1]. » En effet, l'association islamiste aurait tendance à classer parmi les actes « islamophobes » des incidents sans aucun rapport, comme le vol de métaux sur une mosquée ou la dispute mortelle entre un musulman et un autre musulman à la sortie d'une autre mosquée[2]. Ses chiffres sont

---

Hamza el-Kostiti, Rokhaya Diallo, Nabil Ennasri, Riaz, Michael Privot, Marwan et Abdellali, Dalia Mogahed, Houria Bouteldja, Ahmed Jaballah, le chef du Médaillon et tous nos autres invités et soutiens. Merci à Tariq Ramadan, Doudou Diene et tous ceux qui sont toujours là pour nous aider, même quand vous n'êtes pas là, vos pas nous accompagnent » (http://www.islamophobie.net/articles/2014/05/26/diner-ccif-2014-marwan-muhammad).

1. « Islamophobie : les chiffres du CCIF ne sont pas fiables », FigaroVox, 20 janvier 2016 ; Isabelle Kersimon et Jean-Christophe Moreau, *Islamophobie : la contre-enquête*, Plein jour, 2014.

2. La victime, Archane Nouar, qui sortait d'une mosquée, a en fait été agressée par un autre musulman pour une sordide affaire de règlement de comptes. « Assises : huit coups de couteau, dix ans », échorépublicain.fr, 25 mai 2014. Isabelle

élevés… mais faux. Ce sont pourtant ses représentants que les chaînes anglophones ou arabes mettent à l'antenne, où ils excitent les peurs en mentant sur des agressions et en laissant croire que la France est un pays où les musulmans sont quasiment victimes de pogroms[1].

Mais les islamistes ne sont pas les seuls à souffler sur les braises de la propagande incendiaire à haut risque. Parfois, ce sont des universitaires et des institutions françaises qui, à trop vouloir bien faire contre le racisme, finissent par générer une image déformée de leur propre pays. C'est le cas de deux études absolument malhonnêtes sur lesquelles les médias s'appuient pour traiter du racisme antimusulman en France.

La première, celle qui a fait toutes les manchettes de journaux, sur le mode « l'islamophobie en forte augmentation », est tirée du rapport annuel de la CNCDH (Commission nationale consultative des droits de l'homme). Depuis quelques années, cette institution indépendante, mise en place par les pouvoirs publics,

---

Kersimon, « Faux meurtre islamophobe de Dreux », islamophobie.org, 8 juillet 2016.

1. Deux jours après les attentats du 13 novembre, Yasser Louati du CCIF a par exemple déclaré que deux passants d'origine maghrébine avaient été agressés lors d'une manifestation raciste à Pontivy et qu'une victime était dans le coma. Méfiante, Isabelle Kersimon a vérifié. En réalité, il s'agissait d'un affrontement entre identitaires et antifas. Un Pontivien d'origine antillaise a bien souffert de coups mais fort heureusement, seules des dents cassées et une lèvre fendue ont été à déplorer.

alerte contre la montée d'une « aversion envers l'islam ». C'est son rôle et la preuve que l'État prend très au sérieux ce risque. Seul problème, son rapport se base pour l'essentiel sur une enquête d'opinion tout à fait douteuse du point de vue méthodologique. À l'en croire, en 2013, 89 % des personnes interrogées éprouveraient une forme d'« aversion pour l'islam ». Le critère choisi pour le mesurer étonne. La question posée était la suivante : « Selon vous, le respect des pratiques religieuses musulmanes suivantes peut-il, en France, poser un problème pour vivre en société ? » À propos du voile, 89 % des sondés ont répondu « Oui, tout à fait », « Oui, plutôt » ou « Non, pas vraiment ». Seuls 11 % ont fait preuve d'un optimisme à toute épreuve en répondant : « Non, pas du tout. » Or selon cette étude, seuls ces optimistes béats, persuadés que le voile ne pose aucun problème pour vivre en société, n'éprouvent aucune aversion envers l'islam. Tous les autres, y compris ceux qui ont répondu que le voile ne posait « pas vraiment problème » pour vivre en société en France, sont classés comme ayant une « aversion » pour l'islam ! D'où ce résultat effrayant, mais tout aussi faux que les chiffres du CCIF[1].

La preuve est arrivée juste après les attentats de Paris. À sa grande surprise, la même Commission a

1. En 2016, malgré les critiques, l'échelle d'aversion pour l'islam figure toujours dans le rapport de la CNCDH. En revanche, étrangement, les détails – l'intitulé des questions et notamment ce fabuleux raccourci méthodologique – ont disparu.

dû constater que la tolérance envers les musulmans repartait plutôt à la hausse en 2015 et 2016. Elle progresse même de « cinq points » auprès de personnes interrogées après les attentats. Ce qui confirme deux choses. Les médias n'ont pas si mal travaillé pour éviter les « amalgames ». Et le modèle français fonctionne mieux qu'on ne le pense. Il peut tout surmonter, surtout si l'on veut bien arrêter de le caricaturer.

Un « racisme d'État », vraiment ?

D'autres études, tout aussi farfelues, souhaitent visiblement conforter l'idée qu'il existe un « racisme d'État » en France. D'après *Fatima moins bien notée que Marianne*, un livre signé par François Durpaire et Béatrice Mabilon-Bonfils, les manuels scolaires français véhiculeraient des stéréotypes négatifs sur les musulmans[1]. Leurs preuves ? Pas très claires en lisant l'ouvrage. Dans leurs interventions publiques ils expliquent que les manuels d'histoire de terminale, consacrés aux relations internationales, abordent l'affaire Rushdie, la victoire des mollahs en Iran et le 11 septembre. Pis, les relations entre l'islam et l'Occident seraient illustrées par la photo d'une très belle

1. François Durpaire et Béatrice Mabilon-Bonfils, *Fatima moins bien notée que Marianne. Pour une laïcité d'inclusion*, éditions de l'Aube, 2016. Voir aussi Loys Bonod, « L'école islamophobe, ou le simplisme sociologique », Marianne.fr.

mosquée… « étrangère ». *Sic.* Fallait-il donc passer ces événements historiques sous silence et montrer la photo d'une mosquée moins belle ? Ils auraient crié au racisme. Non seulement cette étude ne démontre aucun stéréotype mais elle assimile le simple fait d'enseigner le réel à un préjugé. Ce qui est intellectuellement assez grave. Toujours pour appuyer sa démonstration, celle d'un racisme d'État, l'étude refuse de porter au crédit de l'Éducation nationale le fait que les manuels d'histoire du collège abordent la période andalouse et décrivent – parfois de façon légèrement angélique – la splendeur de la civilisation arabo-musulmane. Quand ils ne rappellent pas les cinq piliers de la foi musulmane. Ce que les auteurs trouvent « trop rapide[1] ». L'école publique est-elle censée enseigner le Coran ?

Entendons-nous bien, le racisme antimusulman existe. Il est tout particulièrement agité par certains politiques en période électorale post-attentats. Mais il ne relève pas, comme on aimerait le faire croire, d'un « racisme d'État ». C'est un racisme de société, lié en partie à l'histoire coloniale et plus récemment à l'actualité djihadiste. Si des fous ne tuaient pas au nom de l'islam, cette phobie baisserait. Loin d'encourager le racisme, le modèle républicain français le combat. La France s'est dotée de

1. Intervention de Béatrice Mabilon-Bonfils lors du colloque « La laïcité à l'épreuve des identités », Rouen, 4-5 février 2016.

lois très fermes contre le racisme, la discrimination et l'incitation à la haine. Selon l'article R625-7 de notre code pénal, « la provocation non publique à la discrimination, à la haine ou à la violence à l'égard d'une personne ou d'un groupe de personnes à raison de leur origine ou de leur appartenance ou de leur non-appartenance, vraie ou supposée, à une ethnie, une nation, une race ou une religion déterminée » est punie d'une amende. Paradoxalement, le même rapport annuel du Département d'État américain qui s'alarme du racisme en France s'inquiète aussi de ces sanctions, mais cette fois au chapitre « liberté d'opinion et de presse ». En vertu d'une vision américaine de la liberté d'expression sans limites, le rapport s'inquiète des condamnations de Dieudonné, ce comique devenu d'extrême droite, principal pourvoyeur de racisme antijuif dans ce pays[1]. Ce qui revient à tacler la France deux fois : parce qu'elle subit une flambée de racisme et parce qu'elle tente d'y résister.

C'est pourtant bien au niveau de ces discours, des injures et des consignes racistes qui fleurissent

1. Dieudonné a été condamné à 22 500 euros d'amende pour avoir dit « regretter les chambres à gaz » à propos du journaliste Patrick Cohen. Il a aussi été condamné à 50 000 euros de dommages et intérêts pour une parodie de Barbara où l'Aigle noir devenait le Rat noir, visant selon le tribunal « la judéité de Barbara et celle de son père ». Ainsi qu'à 28 000 euros d'amende pour avoir transformé la chanson d'Annie Cordy « Chaud cacao » en « Shoahnanas ». Un chant destiné à moquer la commémoration de la Shoah.

sur Internet, qu'un pays doit agir s'il veut contenir l'incitation à la haine.

Un mouvement anti-islam et même antimusulman comme la mal nommée Riposte laïque (très critiquée par les laïques antiracistes), connaît un vrai succès sur la toile, mais reste un groupuscule. Ils ne sont que quelques dizaines à manifester lorsque l'organisation appelle à un rassemblement, souvent avec l'aide des mouvements identitaires, plus nombreux. En proportion, ces groupes restent nettement moins populaires que le Ku Klux Klan aux États-Unis ou Pegida en Allemagne. La France ne connaît pas non plus de mouvement « anti-charia » aussi puissant qu'aux États-Unis, où l'American Congress for the Truth, qui milite contre toute importation d'accommodements avec la loi islamique, revendique 500 000 membres. Relayé par de nombreux think tanks conservateurs influents, ce courant anti-charia a pris son essor par crainte d'accommodements « déraisonnables ». Il faut dire qu'en 2009, un tribunal du New Jersey a rendu un jugement particulièrement choquant : il a refusé de délivrer une ordonnance restrictive contre un mari d'origine marocaine, coupable d'avoir violé son épouse, mariée de force, sous prétexte que le mari avait agi conformément à la tradition musulmane et donc sans *intention criminelle*. La cour d'appel a fort heureusement cassé ce verdict, mais le mouvement anti-charia, lui, en a profité pour prendre de l'essor[1]. Il demeure groupusculaire en France. Tout simplement parce que le modèle laïque français résiste plutôt bien à la tentation des accommodements religieux et à ce genre de jurisprudence, même si le Front national tente régulièrement de faire croire le contraire.

Le vrai signal inquiétant au sujet de la France vient de certains discours politiques et du succès électoral du FN. Mais pour connaître ce succès, Marine Le Pen doit en partie dissimuler sa xénophobie sous un vernis républicain et laïque. Une arnaque complète, mais indispensable pour élargir son électorat[2]. Pour l'instant, les trois quarts des Français résistent, et votent au second tour pour la droite républicaine ou la gauche républicaine, même si ce n'est pas leur choix premier, pour lui faire barrage. C'est l'autre différence entre la France et les États-Unis. En France, Marine Le Pen incarne l'extrême droite. Aux États-Unis, Donald Trump a été désigné par les primaires du Parti républicain, après des propos que Marine Le Pen n'aurait jamais osé tenir en France. Comme cette idée d'interdire l'entrée sur le territoire américain aux musulmans étrangers. Ce qui n'empêche pas de continuer à entendre partout que la France

1. Nadia Marzouki, « Le mouvement contre le droit islamique et le droit étranger aux États-Unis », *Politique américaine*, n° 23, 2014, p. 33-53.

2. Caroline Fourest et Fiammetta Venner, *Marine Le Pen*, Grasset, 2011.

est fondamentalement plus « islamophobe » ou même raciste que l'Amérique.

Non, la France n'est pas plus raciste que l'Amérique

C'est une scène devenue récurrente sur nos plateaux de télévision. Une jeune femme présentée comme « musulmane apolitique », en réalité très militante et radicale, se lève face à un intellectuel, si possible juif, comme Alain Finkielkraut, pour dénoncer une forme de racisme spécifiquement français. À l'entendre, les musulmans de France seraient « quatre fois plus discriminés que les Noirs le sont aux États-Unis[1] ». Une statistique qui ne repose sur rien, sauf peut-être sur les chiffres délirants du CCIF. Et encore... Même en feignant de croire que toute mesure antiterroriste est en soi antimusulmane, on ne voit pas comment la France pourrait atteindre le degré de violence raciste envers les Noirs américains. C'est pourtant le refrain préféré des communautaristes – que la presse appelle parfois les « nouveaux antiracistes » pour les distinguer des

1. C'est le discours tenu par Wiam Berhouma, présentée comme « musulmane apolitique » lors de l'émission « Des paroles et des actes » face à Alain Finkielkraut, le 21 janvier 2016. En fait d'« apolitique », elle figure parmi les organisateurs de la Marche de la dignité et de la MAFED, un mouvement de femmes proche des Indigènes de la République.

antiracistes universalistes et laïques, qu'ils détestent et combattent[1].

Ces « nouveaux antiracistes » sont plutôt pro-islamistes, partisans de la concurrence victimaire entre les Juifs et les Arabes ou les Noirs, parfois même racistes envers les Juifs et méprisants envers les homosexuels. La plupart ont participé à la Marche de la dignité, ce grand rendez-vous des « nouveaux antiracistes ». Aveuglée par la présence d'Angela Davis, la presse l'a couverte avec une incroyable complaisance. Il s'agissait en fait d'une marche très radicale, où l'on a fait siffler *Charlie Hebdo* et des intellectuels engagés contre l'intégrisme, le tout en brandissant une banderole plus que douteuse… Elle était censée montrer les visages des victimes de violences policières racistes. Sauf que parmi ces visages se trouvait celui d'un certain Bilal Bertrand Nzohabonayo. L'homme qui aurait crié *Allahou akbar* avant de blesser trois agents à Joué-lès-Tours en décembre 2014. La police l'a abattu en pensant éviter un carnage. Quelques jours avant son attaque, il avait affiché le drapeau noir de l'État islamique sur sa page Facebook. Mais pour la Marche de la dignité, pas de doute, c'est une bavure raciste. Une partie de la presse a soutenu cette version, impossible

1. « Ces visages contestés de l'antiracisme », *Libération*, 4 avril 2016. En dehors de l'éditorial fin et critique de Laurent Joffrin, ce dossier se compose d'une galerie de portraits peu renseignés sur les discours des « antiracistes » en question.

à vérifier[1]. Elle a sobrement présenté cette marche comme tournée contre les « violences policières », sans enquêter sur le passé de ses principaux acteurs, se félicitant pour l'essentiel que la banderole de tête soit tenue par « des femmes ». En l'occurrence, des militantes de la MAFED, un « collectif autonome composé exclusivement des femmes subissant le racisme d'État », selon leur terminologie, et surtout une émanation des Indigènes de la République.

Radicalement antilaïque et pro-islamiste, le mouvement des Indigènes de la République est né en réaction à la loi sur les signes religieux. Il considère que la France doit « interroger ses lumières » et lutte, selon ses mots, « contre toutes les formes de domination impériale, coloniale et sioniste qui fondent la suprématie blanche à l'échelle internationale »[2]. Ses militants défilent régulièrement sous des portraits de Cheikh Yassine, soutiennent ouvertement le Hamas et « totalement la résistance palestinienne ». Un credo réaffirmé pendant l'Intifada des couteaux. Ils ont aussi tweeté une étrange photo prise à Molenbeek le 19 mars 2016. Elle montre un jeune homme défiant d'un air menaçant un cordon de policiers...

1. La version de la police a été dénoncée par le CRAN, Mediapart et France Télévisions. La famille a exigé qu'on lui montre des « preuves de terrorisme ». Le parquet de Paris a conclu qu'« aucun élément ou témoignage recueilli à ce jour au cours de l'enquête ne permet de remettre en cause la version des faits ».

2. Extrait du manifeste et du site du PIR.

lequel tente alors de sécuriser l'arrestation de Salah Abdeslam, l'un des terroristes du 13 novembre. En dessous de la photo du jour, en soutien à ce jeune homme menaçant, le Parti des Indigènes de la République a écrit : #Resistance. Le 8 juin de la même année, après un attentat à Tel-Aviv, Aya Ramadan, une autre militante du PIR, a rendu hommage à deux terroristes palestiniens ayant fait quatre morts et cinq blessés en ouvrant le feu sur la terrasse bondée d'un café de Tel-Aviv : « Dignité et fierté ! Bravo aux deux Palestiniens qui ont mené l'opération de résistance à Tel-Aviv. » Un tweet signalé pour « apologie du terrorisme » par la DILCRA, la Délégation interministérielle à la lutte contre le racisme et l'antisémitisme. Les « nouveaux antiracistes » sont surtout… les nouveaux racistes.

Tenant fièrement la banderole de tête de la Marche de la dignité, la leader des Indigènes de la République, la sulfureuse Houria Bouteldja, s'est définitivement décrédibilisée en signant un livre accablant sur *Les Blancs, les Juifs et nous*[1]. Salué sur Radio Courtoisie, une antenne d'extrême droite, pour ses accents barrésiens, ce pamphlet a beau se revendiquer de Frantz Fanon, il fait en effet surtout penser au pire de la littérature d'avant-guerre[2]. On y trouve ce

1. Houria Bouteldja, *Les Blancs, les Juifs et nous. Vers une politique de l'amour révolutionnaire*, La Fabrique, 2016.

2. L'ouvrage a été salué par Bernard Antony sur Radio Courtoisie, où le chef de file des catholiques d'extrême droite s'est

passage gênant où l'auteure raconte son exultation en entendant Ahmadinejad déclarer à la tribune des Nations unies : « Il n'y a pas d'homosexuels en Iran. » « Je suis pétrifiée, explique-t-elle. Il y a des gens qui restent fascinés longtemps devant une œuvre d'art. Là, ça m'a fait pareil. Ahmadinejad, mon héros[1]. » Ce qui fait « exulter » l'auteure n'est pas tant le propos que la provocation « au cœur de l'empire » : nier qu'il existe des homosexuels en Iran quand on reproche au régime islamiste de les pendre. Les pendaisons sont secondaires... D'ailleurs, selon les propos rapportés dans StreetPress, Bouteldja estime qu'il n'y a pas non plus d'homosexuels en banlieue, ou plutôt que ce « mode de vie » relève d'une « mode imposée », venue du « monde blanc », et parle d'« impérialisme gay »[2]... pour désigner donc des homos que ses amis islamistes harcèlent, humilient et discriminent.

Mais la cible prioritaire d'Houria Bouteldja reste les féministes « blanches », entendez universalistes, dont elle se différencie en clamant : « Mon corps ne m'appartient pas. Aucun magistère ne me fera endosser un mot d'ordre conçu par et pour des

---

écrié : « Houria Bouteldja, c'est du Barrès ! » (Radio Courtoisie, 13 avril 2016).

1. Houria Bouteldja, *op. cit.*, p. 32.

2. Robin d'Angelo, « Plus forts que Frigide Barjot, les Indigènes de la République dénoncent l'"impérialisme gay" », StreetPress, 6 février 2013.

féministes blanches. » Et d'ajouter, quelques lignes plus loin : « J'appartiens à ma famille, à mon clan, à mon quartier, à ma race, à l'Algérie, à l'islam[1]. » Une logique qui l'amène à considérer qu'une femme violée par un homme de « son clan » ne doit pas le dénoncer... pour protéger son clan. En un mot, être féministe serait de l'« imitation » et Bouteldja a choisi son camp : celui des machistes.

Le caractère profondément d'extrême droite de ce livre se révèle sans surprise à propos des Juifs. Profondément émue de découvrir que son « cousin d'Algérie » ne connaît pas Hitler, elle s'en veut d'avoir subi ce qu'elle présente comme un lavage de cerveau : « Pour moi Hitler est un intime. Je l'ai rencontré sur les bancs de l'école républicaine. J'y ai rencontré aussi Anne Frank que j'ai beaucoup pleurée. Autant que j'ai pu abhorrer l'homme de la solution finale. L'homme du judéocide. L'école m'a bien dressée. » La leader des Indigènes de la République semble très fière d'avoir brisé ce « dressage », séché ses larmes et rejoint le camp des « antisémites édentés ». Mais, croyez-le ou non, il y a pire... Ces lignes vers la fin, où l'auteure pro-Hamas vante la beauté égalitaire du cri de guerre *Allahou akbar* : « Ce cri – *Allahou akbar* – terrorise les vaniteux qui y voyaient un projet de déchéance. Ils ont bien raison de la redouter car son potentiel égalitaire

1. Houria Bouteldja, *op. cit.*, p. 72.

est réel : remettre les hommes, tous les hommes, à leur place, sans hiérarchie aucune. Une seule entité est autorisée à dominer : Dieu. Ce pouvoir n'est permis à aucun autre, ni contre ses semblables, ni contre Dieu. Ainsi, les Blancs rejoignent leur place aux côtés de tous leurs frères et sœurs en humanité : celle de simple mortel. » Elle ajoute : « On peut appeler ça une utopie et c'en est une. Mais réenchanter le monde sera une tâche ardue[1]. »

Ce livre, ahurissant de bout en bout, ne serait qu'une poussée vert-brun de plus, isolée et prêtant à sourire, s'il n'était pas signé d'une activiste ayant ses relais au sein de l'extrême gauche et de l'université, qui remercie en préambule plusieurs chercheurs du « réseau décolonial euro-américain », comme une « source d'espoir »[2]. Parmi eux, on trouve un dénommé Nordine Saïdi, l'un des agresseurs venu empêcher, avec une soixantaine de militants pro-islamistes, ma conférence-débat contre l'extrême droite à l'Université libre de Bruxelles, le 7 février 2012. Des consignes circulaient depuis plusieurs jours chez les Indigènes du Royaume, l'équivalent belge des Indigènes de la République, pour appeler à venir me « lapider » symboliquement afin de me faire payer mes positions critiques envers la burqa.

1. *Ibid.*, p. 133.

2. L'auteure remercie d'autres chercheurs, comme Paola Bacchetta ou Christine Delphy « pour leur soutien » et René Monzat « pour sa relecture ».

Depuis, l'un des meneurs de ce « chahut » et ami de Nordine Saïdi a fait l'aller et retour en Syrie pour, selon ses déclarations, « soutenir le projet d'une résistance islamique avec un projet islamique[1] ». Il dit ne pas avoir participé au combat et reste libre de ses mouvements.

On retrouve les mêmes réseaux « indigénistes » au sein du collectif « Urgence notre police assassine », à l'origine de la manifestation « anti-flic » ayant dégénéré le 18 mai 2016. En plein état d'urgence, alors que le risque d'attentat contre la France reste très haut, après des mois passés à affronter les anarchistes et les casseurs pourrissant les manifestations contre la loi Travail, les policiers manifestent place de la République pour dire leur épuisement et leur ras-le-bol. Le collectif « Urgence notre police assassine » d'Amal Bentounsi[2], cosignataire de la Marche de la dignité, organise alors une contre-manifestation qui

1. « L'un des ex-chahuteurs de Caroline Fourest à l'ULB est allé en Syrie et s'explique », *La Libre Belgique*, 14 août 2015.

2. En 2009, soit trois ans avant que son frère ne soit tué par la police, Amal Bentounsi préparait un roman intitulé *Ce petit frère qu'on assassine*. Amal Bentounsi a ensuite produit un clip : « Urgence notre police assassine ». Elle expliquait alors que son frère avait été délibérément liquidé par la police, qui « lui en voulait » depuis plus de dix ans. À l'en croire, il était persécuté pour avoir déclaré au commissariat de Meaux toucher de l'argent liquide de la part d'un responsable de l'office HLM local pour brûler des voitures dans les quartiers, et ce afin de justifier la politique sécuritaire de Jean-François Copé... Et Amal Bentounsi d'expliquer au *Parisien* : « Ils ne l'ont pas digéré. » Une théorie

dérape[1]. Une voiture de police est prise d'assaut par des radicaux en cagoule. Ses vitres sont brisées, on y lance des fumigènes. Ses occupants, une fois sortis du véhicule, sont violemment frappés. Aucune image, depuis les attentats, n'aura plus fait pour faire monter l'extrême droite. Sauf peut-être le tweet d'un groupe proche des Indigènes, le « Camp d'été décolonial », réservé aux « non-Blancs », et qui a publié la photo de la voiture de police en feu sous une rangée de smileys... morts de rire. Dans un autre tweet, il est écrit « Babylon brûle ».

---

du complot qu'elle a longtemps défendue, notamment au micro de Jean-Jacques Bourdin sur RMC.

1. À l'occasion, l'animateur de la page Facebook du collectif « Urgence notre police assassine » explique volontiers aussi qu'il refuse de se positionner contre l'homophobie puisque c'est interdit dans le Coran... Alors qu'un internaute qualifie une vidéo du rappeur Kery James d'homophobe (pour ce passage d'un morceau : « Hardcore, deux pédés qui s'embrassent en plein Paris »), il reçoit cette réponse du modérateur : « Nous refusons de nous positionner sur la question de l'homosexualité d'une manière ou d'une autre. (...) On ne peut pas en vouloir à un croyant d'être homophobe si sa religion l'est. Ce n'est pas comparable à un athée qui choisit de haïr. (...) Ce sujet divise notre lutte et il n'y a pas un choix juste sur le sujet. » Ce qui revient à donner l'absolution à un homophobe parce qu'il est musulman, donc à considérer tous les musulmans comme des homophobes. La définition même du racisme.

À quoi joue le soft power *américain ?*

On pourrait croire que l'essentiel de ces mouvements victimaires vient du radicalisme religieux ou de l'extrême gauche. Aussi surprenant que cela puisse paraître, ils sont parfois soutenus par les États-Unis. En l'occurrence, bien des groupes assimilant la liberté d'expression de *Charlie Hebdo* à du racisme, la laïcité à de l'« islamophobie » et le modèle républicain à du « racisme d'État » ont les faveurs du Département d'État et de l'ambassade américaine à Paris, qui les reçoit et les encourage, pour des brunchs ou lors de la fête nationale du 4 juillet. Les VRP du modèle états-unien et les « indigénistes » sont si proches que la représentante américaine de l'ambassade s'est installée tranquillement aux premières loges, au camion-tribune, lors de la Marche pour la dignité. D'après le site Quartiers libres, une intervention discrète a fini par la convaincre qu'une présence trop voyante de l'ambassade américaine à cette marche « révolutionnaire », organisée par des anti-impérialistes virulents, risquait de troubler les esprits[1]. L'anecdote en dit long et la connexion est bien réelle, comme l'a confirmé WikiLeaks.

La fuite de ces documents diplomatiques censés rester secrets, a permis d'apprendre que l'ambassade

1. « Made in America : l'oncle d'Amérique », site Quartiers libres, 15 mai 2016.

fréquentait et soutenait Oumma.com, un site qui attaque régulièrement les laïques. C'est sur son forum que j'ai reçu mes premières menaces, comme ce message invitant à me faire payer mon livre critique envers Tariq Ramadan, qui venait de sortir. Un message d'internaute intitulé « La louve doit rester dans sa tanière » indiquait mon adresse et mon digicode. Plus récemment, le site a été condamné pour diffamation publique pour avoir publié l'article d'un complotiste m'accusant d'avoir voulu « dissimuler la connexion israélienne du 11 septembre[1] ».

C'est donc ce site, complotiste et islamiste, que l'ambassade américaine semble considérer, selon la note interne révélée par WikiLeaks, comme une « voix modérée » à encourager : « Nous encouragerons les voix modérées tolérantes à s'exprimer avec courage et conviction. Partant du travail que nous avons réalisé avec deux sites importants parlant aux jeunes musulmans français – Oumma.com et SaphirNews – nous soutiendrons, entraînerons et favoriserons ces médias et activistes politiques qui partagent nos valeurs[2]. » De quelles valeurs parlons-nous ?

---

1. Panamza, le complotiste en question, m'accusait d'avoir « bidonné » un documentaire démontant la rhétorique paranoïaque des conspirationnistes sur le 11 septembre : *Les Obsédés du complot*, diffusé sur France 5 en 2013 puis sur LCP en 2015. Le site et son auteur ont été condamnés pour diffamation en mai 2016.

2. « Embassy Paris – Minority engagement strategy », 19 janvier 2010. Câble publié par WikiLeaks.

Dans l'esprit du *soft power* américain, il s'agit d'encourager des réseaux de croyants minoritaires, fussent-ils islamistes, pour tenir tête aux opposants au voile, fussent-ils féministes et laïques. Le pari, hasardeux, est double. Convaincre les jeunes de la diversité de préférer l'approche américaine au modèle laïque français, pour faire avancer « ses valeurs », tout en les détournant – au passage – d'une éventuelle haine de l'Amérique… Quitte à les radicaliser contre la France. C'est l'effet collatéral de cette stratégie imaginée sous George Bush au lendemain du 11 septembre, par crainte du radicalisme en Europe, puis développée par Barack Obama.

Ce *soft power*, destiné à « partager » le modèle américain, travaille sur deux fronts : les élites et les banlieues. L'un de ses programmes, s'adressant aux élites, s'appelle l'« International visitor leadership program ». Des figures émergentes, repérées, sont invitées aux États-Unis pour suivre des conférences et rester en contact, sans que cela les engage à quoi que ce soit. Certaines personnalités sont surtout choisies pour leurs qualités et n'en ont retenu qu'une meilleure compréhension du modèle américain. D'autres sont devenues les meilleurs ambassadeurs du modèle atlantique au sein de l'Hexagone. On pense à Nicolas Sarkozy ou à Rokhaya Diallo, l'une des militantes prônant un antiracisme communautariste violemment anti-*Charlie*. Ce premier volet fait partie des instruments classiques d'une diplomatie culturelle. C'est le second volet qui interroge dans la période actuelle.

Le programme destiné aux banlieues, plus récent, repose sur le *community organizing*. Il s'agit tout simplement d'organiser les habitants des quartiers les plus déshérités, sur un mode communautaire, pour les aider à prendre le pouvoir et à réclamer leurs droits face aux institutions. Cette méthode a inspiré les démocrates américains au plus haut niveau. Barack Obama y a tout appris et Hillary Clinton a rédigé un mémoire sur Saul Alinsky, son théoricien. De fait, ces programmes peuvent être très positifs dans un pays où l'individu s'organise déjà sur un mode communautaire à la place de l'État, qui intervient a minima et ne corrige pas assez les inégalités. Malheureusement, ce mode d'organisation ne va pas sans dommages collatéraux dans un pays comme la France, où le danger réside justement dans le fait de voir des minorités se renfermer dans une identité religieuse radicale, communautariste et rejetant l'État. Le risque est alors de fracturer un peu plus le tissu citoyen en communautés montées les unes contre les autres, musulmans contre Juifs, par exemple.

Le *community organizing* a notamment permis de faire émerger une association comme « Stop le contrôle au faciès » et sa porte-parole Sihame Assbague. Fan du rappeur islamiste Médine, de Tariq Ramadan et des Indigènes de la République, très active lors de la Marche de la dignité, elle moque ouvertement les « adeptes du charlisme », quand elle ne sillonne pas les banlieues pour les « organiser » sous prétexte d'aider des mères ou des habitants en difficulté[1]. Suivre les conférences qu'elle anime pour les femmes sous le nom de W(e)Talk revient à plonger dans l'ère du vide, où l'on tient un discours « positif » sur la « diversité » et le « féminin » visant essentiellement à banaliser le port du voile. Il n'est jamais question de grands mots comme « féminisme », sauf si c'est pour vanter le « féminisme musulman », fondamentaliste et qui s'attaque au féminisme laïque[2].

Le programme a été imaginé par Studio Praxis. Un « organisme » de conseil et de collecte de fonds spécialisé dans le *community organizing*, co-fondé par Sihame Assbague, Ladji Réal, Nabil Berbour et Tara Dickman. Leur « agence » ne se contente pas de faire de l'*empowerment* individuel. Elle fait aussi de la politique. Ses fondateurs se sont montrés très actifs lors de la campagne municipale de 2014 à Bobigny, contre le maire communiste sortant. L'un de ses soutiens a

1. Hind Meddeb, *Organisez-vous*, Public Sénat, 2016.

2. L'une des références mises en avant comme modèle, Asma Lamrabet, défend un « féminisme islamique » particulièrement réactionnaire. Dans *Musulmane tout simplement*, elle relativise le verset du Coran autorisant les hommes à battre leurs femmes comme ne concernant que les épouses désobéissantes et ne posant pas problème s'il est interprété par un bon musulman, sans excès... Un livre préfacé par Tariq Ramadan et paru aux éditions Tawhid en 2002.

été accusé d'« islamophobie » dans une vidéo amateur filmée par Ladji Réal. Le maire a perdu au profit du candidat de droite UDI. Quelques mois après sa victoire, la nouvelle mairie confiait des missions de formation et de « communication » à Studio Praxis et à Sihame Assbague[1].

La présidente de cette « agence », Tara Dickman, est une jeune activiste qui a tout appris des États-Unis. Il suffit de suivre son compte Twitter pour mesurer les dégâts intellectuels du *community organizing*. On la retrouve aux côtés de tous les militants antirépublicains et antilaïques que compte ce pays, retweetant les messages du Collectif contre l'islamophobie, se félicitant de participer aux « Y'a bon awards » ou aux dix ans du Parti des Indigènes de la République, quand elle ne relaie pas les propos visant à faire croire à un « deux poids, deux mesures » et à un « racisme d'État »[2]. Studio Praxis soutient également les initiatives d'une autre association proche de la Marche de la dignité : la Brigade anti-négrophobie. Particulièrement radicale et contre-performante pour faire reculer le racisme, elle s'est fait connaître en voulant

1. « Made in America : Studio Praxis, pour une poignée de dollars », site Quartiers libres, 10 juin 2016.

2. Lors du colloque « Juifs-musulmans » organisé par Esther Benbassa au Sénat, officiellement pour déconstruire les préjugés, elle relaie par exemple ces propos de Samy Debah du CCIF : « La différence fondamentale entre l'antisémitisme et l'islamophobie c'est que l'un des deux est un racisme d'État. »

empêcher une exposition antiraciste, « Exhibit B »... parce qu'elle avait été imaginée par un Blanc[1].

Encore une belle contribution à la communautarisation des esprits. Le tout au nom du pluralisme et de la diversité version US. Cette incompréhension, liée à des histoires et à des modèles différents, ne serait pas si grave si le *soft power* américain n'encourageait pas des jeunes de France à maudire leur propre pays dans un contexte aussi explosif. Comme si la guerre culturelle ne pouvait attendre que la vraie guerre, terroriste, ne soit terminée.

---

1. En l'occurrence par Brett Bailey, un Sud-Africain blanc, qui souhaite dénoncer les zoos humains du XIXe siècle. Très intelligente, l'exposition vise à mettre mal à l'aise le visiteur en situation de « dominant voyeur ». Trop subtile pour les militants de la cause noire à l'américaine, qui ne réfléchissent qu'en fonction de la couleur de peau et pas de l'intention antiraciste.

II

La guerre des modèles est déclarée

Dans un monde longtemps dominé par les théocraties, rares sont les nations qui ont su s'émanciper du joug politico-religieux. Encore plus celles qui sont allées jusqu'à abolir le délit de blasphème et à se défaire d'une religion civile financée ou reconnue par l'État. Et presque toutes reviennent en arrière.

Que l'on songe à la Turquie où le parti islamiste de l'AKP dévore centimètre après centimètre ce qui reste de l'héritage laïque de Mustafa Kemal Atatürk. Un nationaliste, autoritaire, mais qui eut le mérite d'enterrer le califat ottoman et de faire bondir la Turquie vers la modernité et la sécularisation.

Le retour de bâton s'observe aussi en Amérique latine. La Constitution mexicaine de 1917, clairement anticléricale, visait à freiner une Église catholique ayant soutenu la conquête espagnole. La révolution est allée si vite et si loin – jusqu'à interdire à l'Église de posséder des biens et aux ministres du culte d'avoir des activités politiques ou cultuelles en dehors des temples – qu'elle a généré la révolte des *Cristeros*, un mouvement fanatique souhaitant la revanche. Un siècle plus tard, le Mexique reste l'un des pays les plus catholiques au monde. Un gouvernement conservateur a retiré les articles les plus anticléricaux de la Constitution. Au sein du continent sud-américain ravagé par les sectes évangéliques et les mouvements de reconquête catholiques, l'avortement est largement interdit, la mode politique n'est plus à la révolution mais au populisme chrétien[1].

Que dire des territoires de l'ancienne Union soviétique et du retour en force de l'orthodoxie ultra-conservatrice. En Russie, l'ancien tchékiste Poutine a retissé l'Alliance des Tsars avec le patriarche Kirill. Ensemble, le sabre et le goupillon, ils rêvent d'un empire chrétien, qu'ils préparent en soutenant tous les mouvements réactionnaires européens opposés au droit au blasphème et au mariage homosexuel.

Au sein même de l'Europe, la reconfessionnalisation des esprits est en marche. Des groupes religieux demandent toujours plus de dérogations au titre de la religion minoritaire ou le retour des privilèges au titre de la religion majoritaire. Les États membres hésitent entre suivre le modèle accommodant anglo-saxon,

1. Caroline Fourest et Fiammetta Venner, *Les Nouveaux Soldats du pape*, Panama, 2008.

céder au retour à l'identité chrétienne version russe ou s'inspirer de l'équilibre français[1].

Que choisira l'Europe ?

Face aux menaces terroristes et aux provocations intégristes, la laïcité tend plutôt à revenir à la mode au sein du continent européen. Même si les monarchies parlementaires ne pourront jamais aller jusqu'à la séparation stricte du temporel et du spirituel, le royaume de Suède a montré l'exemple en 1990 en adoptant un régime de laïcité retirant à l'Église évangélique luthérienne son statut de « religion d'État ». En Belgique, après les attentats de Bruxelles, on se demande s'il ne faudrait pas passer d'une sécularisation organisée sur un mode communautaire, où la laïcité philosophique est presque un culte comme un autre, à une laïcité plus séparative. Aux Pays-Bas, depuis l'assassinat par un islamiste du cinéaste « blasphémateur » Theo Van Gogh, la naïveté consistant à tolérer tous les excès au nom du respect des cultures et des communautés semble passée de mode.

D'autres pays résistent à la sécularisation. En Italie comme en Irlande, l'Église catholique conserve ses

1. Sur la situation des laïcités et des cultes à travers le monde, lire le très bon « Que sais-je ? » rédigé par Guy Haarscher, *La Laïcité*, PUF, 1996.

privilèges pour des raisons historiques. En Grèce, l'Église orthodoxe paraît intouchable. Appliquer les taxes au culte pour renflouer les caisses vides de l'État ne semble envisagé que par la gauche radicale.

Au niveau européen fédéral, le lobbying des communautés religieuses est puissant. On murmure que le drapeau bleu étoilé n'est pas sans rappeler le manteau de la Vierge. Le Saint-Siège n'a pas ménagé ses efforts pour faire reconnaître les racines chrétiennes de l'Europe. Il a finalement dû se contenter d'une formulation œcuménique, rappelant un « héritage culturel, humaniste et religieux ». Les tentatives des groupes conservateurs pour faire expressément référence à la religion ont pour l'instant échoué.

La philosophie européenne est bien résumée par l'article 9 de la Convention européenne des droits de l'homme. Il affirme que « toute personne a droit à la liberté de pensée, de conscience et de religion », en spécifiant que ce droit « implique la liberté de changer de religion ou de conviction ». Plus ambiguë, la suite de l'article protège le droit de manifester sa religion « collectivement, en public ou en privé, par le culte, l'enseignement, les pratiques et l'accomplissement des rites ». Il précise que cette liberté ne peut faire « l'objet d'autres restrictions que celles qui, prévues par la loi, constituent des mesures nécessaires, dans une société démocratique, à la sécurité publique, à la protection de l'ordre, de la santé ou de la morale publique, ou à la protection des droits et libertés d'autrui ». L'équilibre entre liberté religieuse et restrictions légitimes tient jusqu'ici grâce à la sagesse de la Cour européenne des droits de l'homme. Chaque fois qu'elle a été saisie par un citoyen souhaitant faire condamner la France pour ses lois réglementant le port du voile à l'école publique ou le voile intégral, elle n'a pas déjugé ces lois. Le contraire aurait créé un scandale en France et peut-être donné du grain à moudre aux partisans d'une sortie de l'Union.

Ces réglages ne sont ni définitifs ni acquis. Ils tiennent bon parce que l'Europe reste l'un des continents les moins frappés par la reconfessionnalisation des esprits. D'après les sondages d'Eurostat, la pratique religieuse continue de baisser légèrement. En 2010, 49 % des citoyens de l'UE ne croyaient pas en Dieu. Les pays comptant le moins de personnes croyantes étant la République tchèque (16 %), l'Estonie (18 %) et la Suède (18 %). Les pays les plus religieux étant Malte (94 %, majoritairement catholique-romaine), Chypre (90 %, majoritairement orthodoxe) et la Roumanie (90 %, majoritairement orthodoxe).

Cette sécularisation n'est pas gravée dans le marbre. Avec le regain de foi identitaire des jeunes générations, musulmans comme chrétiens, rien ne dit que le vent ne peut pas tourner. Les peuples européens peuvent encore se jeter dans les bras d'extrêmes droites rêvant de rechristianiser l'Europe avec l'aide de la Russie. Tandis que des élites ne cessent de lorgner vers le modèle anglo-saxon. La bonne nouvelle, celle qui laisse espérer une Europe plus laïque, vient peut-être du Brexit.

En plus d'avoir freiné la construction d'une Europe plus politique, le Royaume-Uni porte un modèle à l'opposé de la laïcité française. Ce qui est bien logique au vu de son histoire. Monarchique et non républicaine, la Grande-Bretagne s'est émancipée en créant une religion d'État, anglicane, au service du temporel et de ses désirs. Cette transition n'est pas passée par un divorce comme en France, mais par un nouveau mariage. Depuis, cette liaison prolongée oblige les Britanniques à compenser le statut privilégié de l'Église anglicane en cédant aux revendications communautaires des minorités religieuses. Comme le droit de passer par des tribunaux d'arbitrage familiaux basés sur la Thora ou la charia. Ce qui prête parfois à confusion avec la loi commune et désespère les laïques, notamment des féministes iraniennes comme Maryam Namazie, venue se réfugier en Europe à cause des mollahs et qui mène campagne pour « une loi pour tous[1] ».

Même après la sortie du Royaume-Uni, l'Europe reste et restera un continent divisé entre plusieurs modèles. L'Allemagne demeure un pays qui ne comprend pas, et souvent n'apprécie pas, la laïcité à la française. Son approche est très différente. Pas de religion

1. http://onelawforall.org.uk

d'État, mais un État qui reconnaît les cultes, confie parfois des cours de religion aux « communautés » religieuses, et prélève en leur nom un « impôt religieux », qu'il redistribue en fonction de l'appartenance déclarée de ses citoyens. Ce qui tend à favoriser le lien social via les Églises.

On touche là à l'un des points majeurs qui différencient les pays protestants des pays catholiques. En terre catholique, l'Église conservatrice n'a cessé de menacer la modernité et l'indépendance de la nation. Les citoyens voulant s'émanciper n'ont eu d'autre choix que de s'en protéger en adoptant une laïcité stricte et séparative. L'histoire est très différente pour des pays comme l'Irlande ou la Grèce, où l'identité chrétienne a servi de refuge et de ciment national face aux Anglais ou aux Ottomans. En terre protestante, c'est encore une autre histoire. Le libéralisme religieux a souvent accompagné le libéralisme politique. Le divorce n'a donc pas été aussi nécessaire ou violent, et le religieux conserve plus volontiers un rôle public. Françoise Champion voit dans ces processus historiques l'un des critères majeurs expliquant la différence entre les logiques de *laïcisation* (caractéristique des pays catholiques) et de *sécularisation* (caractéristique des pays protestants)[1].

1. Françoise Champion, « Entre laïcisation et sécularisation. Des rapports Églises-État dans l'Europe communautaire », *Le Débat*, n° 77, novembre-décembre 1993.

La divergence entre « laïcité » et « sécularisation » est frappante si l'on compare l'évolution de la France et des États-Unis. Ces pays devraient être très proches. Après tout, ce sont deux républiques nées de deux révolutions inspirées par les mêmes philosophes. Pourtant, un océan les sépare lorsqu'il est question de laïcité. Pour une raison qui tient à l'histoire et à leurs modèles. En France, comme l'explique Patrick Weil, « la puissance publique apparaît comme le protecteur de l'individu contre les potentielles pressions du groupe religieux, alors qu'aux États-Unis, ce sont les groupes religieux qui sont perçus comme les protecteurs de l'individu par rapport à des intrusions de l'État[1] ».

Nous touchons là au cœur du malentendu culturel qui explique tant de polémiques, depuis les législations anti-sectes jusqu'à la loi sur les signes religieux à l'école publique. Des mesures prises en France pour protéger l'égalité et la liberté de conscience, mais que le Département d'État américain, une bonne partie des médias et de l'opinion perçoivent, comme violant la « liberté religieuse », l'alpha et l'oméga du modèle américain. Dans la revue *Politique américaine*, Amandine Barb décrit très bien ces « incompréhensions

1. Patrick Weil, *Le Sens de la République*, entretiens avec Nicolas Truong, Grasset, 2015, p. 83.

transatlantiques » pouvant aller jusqu'à se construire en « contre-modèles »[1]. Au point de se mener une véritable guerre culturelle.

C'est particulièrement vrai depuis que l'Amérique s'est dotée d'instruments chargés de « surveiller » la liberté religieuse dans le monde. L'*International Religious Freedom Act* (IRFA) de 1998 oblige le Département d'État à remettre un rapport annuel sur le sujet ; ainsi que la United States Commission on International Religious Freedom (USCIRF). Cet organisme semi-indépendant et bipartisan pointe chaque année les pays « violant le plus outrageusement la liberté religieuse ». La France figure parmi les pays les plus cités, avec Cuba, la Biélorussie et l'Arabie Saoudite. On lui reproche notamment d'encourager « une atmosphère d'hostilité à l'encontre des membres de plusieurs groupes religieux minoritaires[2] ». En cause ? La commission d'enquête parlementaire sur les sectes de 1995, la loi About-Picard de 2001 « tendant à renforcer la prévention et la répression des mouvements sectaires » et la loi de mars 2004 sur les signes religieux à l'école publique.

Le simple fait de répertorier les critères pouvant caractériser une dérive sectaire ou de vouloir dissoudre

1. Amandine Barb, « Incompréhensions transatlantiques : le discours américain sur la laïcité française », *Politique américaine*, n° 23, 2014, p. 9-31.
2. Cité par Amandine Barb, *ibid.*, p. 18.

des groupes en cas d'abus sexuel, de mise en danger ou d'escroquerie est vécu comme une véritable chasse aux sorcières aux États-Unis, où la Scientologie et bien d'autres ont pignon sur rue. Robert A. Seiple, l'ambassadeur américain pour la liberté religieuse, a publiquement regretté que la France se soit engagée dans « la pratique troublante de création d'une liste de sectes », qu'il qualifie de « nouveaux mouvements religieux », victimes de persécutions d'État[1].

L'autre grief concerne la loi de mars 2004 sur les signes religieux ostensibles à l'école publique, vécue outre-Atlantique comme une loi de persécution. Y compris par des associations censées défendre la laïcité, comme l'Americans United for Separation of Church and State. L'organisation a été jusqu'à déplorer que « la France, l'un de nos alliés occidentaux, impose des politiques gouvernementales qui entravent l'expression religieuse ». Même son de cloche au First Amendment Center, lui aussi censé être laïque, et qui voit dans cette mesure une régression à l'opposé de l'« avance » américaine en matière de diversité et de liberté religieuse[2]. Ce discours révèle un sécularisme

---

1. Robert A. Seiple, « Le traitement des minorités religieuses en Europe de l'Ouest », audition devant le comité des relations internationales de la Chambre des représentants, 14 juin 2000. Cité par Amandine Barb, *op. cit.*, p. 18.

2. Charles C. Haynes, « Banning Headscarves in School : French State vs. Religious Liberty », First Amendment Center, 15 février 2004. Cité par Amandine Barb, *op. cit*, p. 21.

à l'américaine plaçant la liberté religieuse avant le respect de l'égalité, entre croyants et non-croyants ou entre hommes et femmes ; là où la France place l'enseignement du respect de l'égalité avant la liberté religieuse.

Parfois, les débats se ressemblent. Préoccupé par la montée des gangs et leurs signes distinctifs favorisant les rixes entre élèves, le district de Muskogee, dans l'Oklahoma, a décidé de bannir ces signes de ses écoles publiques. L'interdiction visait « les chapeaux, casquettes, bandanas, casquettes en plastique ou capuches ». Cette volonté, très proche de l'esprit de la loi votée en France pour interdire les signes religieux distinctifs, n'a soulevé aucune polémique, jusqu'au moment de l'appliquer... au voile. La même année où nous débattions d'interdire les signes religieux ostensibles à l'école publique, la polémique faisait le chemin inverse en Amérique. Une étudiante musulmane de sixième exige alors un accommodement à la loi votée dans le district de Muskogee pour garder son *hijab*[1]. Dans un premier temps, la dérogation est refusée, au nom de l'égalité de tous devant la loi. Mais l'affaire est renvoyée devant les tribunaux et suscite les passions. La presse fait aussitôt le parallèle avec le débat français, érigé en « contre-modèle ». Le département de la Justice déclare qu'il soutiendra

1. Amandine Barb, *ibid.*

la plainte de l'élève devant les tribunaux[1]. L'année suivante, un accord est trouvé. Il propose de réviser l'ensemble du règlement en vue d'accommoder uniquement le port du voile, placé au-dessus des autres couvre-chefs. Aux États-Unis, un signe religieux, fût-il sexiste, sera toujours plus sacré qu'un autre. Loin d'y trouver à redire, l'un des porte-parole du First Amendment Center, censé être à la fois progressiste et laïque, s'en félicite : « Il s'agit de savoir quelle nation nous voulons être. En France, aujourd'hui, une jeune musulmane doit retirer son voile si elle veut être admise à l'école publique (...). Il est considéré comme *un-French* de porter un *hijab*. Aux États-Unis, ce devrait être *un-American* de forcer quelqu'un à le retirer[2]. »

Cette vision est largement partagée par des pays comme le Canada ou l'Angleterre, où les communautés religieuses ont obtenu des « accommodements », en fait des dérogations à la loi, que les autres citoyens n'obtiennent jamais. Qu'un élève se présente avec un « couvre-chef » alors qu'ils sont interdits à l'école et il devra enlever son chapeau. Mais si cet élève, en l'occurrence une élève, explique que son « couvre-chef »

1. *Hearn and United States v. Muskogee Public School District.* https://www.justice.gov/sites/default/files/crt/legacy/2010/12/14/hearnokbrief.pdf

2. Charles C. Haynes, « Dress Codes vs. Religious Pratice : What Kind of Nation are We ? », First Amendment Center, 19 octobre 2003. Cité par Amandine Bard, *op. cit.*, p. 22.

lui est réclamé par Dieu, alors elle pourra le garder. Et ce n'est pas valable que pour les chapeaux... C'est aussi valable pour les couteaux ! Qu'un élève veuille venir à l'école avec son couteau et on le lui interdira. Si ce couteau est un symbole sikh, il pourra le garder. Estimons-nous heureux qu'aucune religion n'ait été inventée du temps des kalachnikovs, et que cela ne soit pas encore un objet consacré...

Vu de France, cette façon de placer les croyances au-dessus de la loi commune est tout simplement incompréhensible voire perçue comme une menace pour la cohésion et le principe d'égalité. On peut comprendre qu'elle l'emporte aux États-Unis, étant donné son attachement prioritaire à la liberté religieuse. Mais pourquoi vouloir l'imposer à la France, à rebours de son histoire et de sa philosophie laïque ? Parfois, cet impérialisme culturel va jusqu'à prendre le monde arabe à témoin.

En 2009, alors que nous étions déjà menacés par Al-Qaïda pour la loi sur les signes religieux à l'école publique, Barack Obama a trouvé judicieux de mettre la France à l'index dans un passage de son fameux discours du Caire, censé réconcilier l'Amérique avec le monde musulman... sur le dos de la laïcité ? Au détour d'une phrase, le président américain a lancé : « Il importe que les pays occidentaux évitent d'empêcher les musulmans de pratiquer leur religion comme ils le souhaitent, par exemple en dictant ce qu'une musulmane devrait porter. En un mot, nous ne pouvons pas déguiser l'hostilité envers la religion sous couvert de libéralisme. » Une pierre dans le jardin de la France, approuvée par le plus américanophile des présidents français de l'époque, Nicolas Sarkozy, qui a trouvé ce discours remarquable : « Je suis totalement d'accord avec le discours du président Obama, y compris sur la question du voile[1]. »

Lui-même s'est opposé à cette loi, voulue par Jacques Chirac. Il en a tout de même profité pour rappeler aux nombreux Américains semblant l'ignorer que le port du voile est parfaitement libre en France, à l'exception de l'école publique, lieu de discipline, comme dans de nombreux pays. En Grande-Bretagne, on impose bien l'uniforme, sans que cela soit vécu comme un geste dictatorial. En quoi est-ce plus autoritaire d'exiger que les élèves ne se distinguent pas par des signes religieux ostensibles ? Et que signifie ce rappel depuis l'Égypte, pays où les Frères musulmans ont fait du voile un emblème de reconquête politique marchant sur le corps et la tête des femmes ?

À la place de Barack Obama, en 1953, le président égyptien Nasser se moquait ouvertement du guide de la confrérie lui ayant demandé de voiler toutes les Égyptiennes, alors habillées de façon très moderne. « Qu'il le porte lui-même », avait crié un

1. Lemonde.fr, 6 juin 2009.

homme, faisant rire toute la salle. Depuis, on ne rit plus. Les rues du Caire sont couvertes de noir. Il est dangereux pour une femme de marcher dans ces rues seule et sans se couvrir la tête.

L'incompréhension entre la France et l'Amérique va bien au-delà de la question des sectes ou du voile. La presse américaine s'est montrée particulièrement féroce envers *Charlie Hebdo*, avant et après l'attentat. J'ai pu mesurer la force ravageuse de ce malentendu après le massacre du 7 janvier[1]. En écoutant mon ami Gérard Biard, rédacteur en chef de *Charlie Hebdo*, tenter d'expliquer sur CNN que *Charlie* avait décidé de ne pas céder aux menaces et à l'interdiction de dessiner Mahomet pour défendre la « liberté de conscience », de croire ou de ne pas croire, donc le droit de blasphémer. À l'antenne, la voix qui le doublait a traduit « liberté de conscience » par « liberté religieuse » en anglais… Ce qui n'a pas dû sembler très clair au téléspectateur. Ainsi donc *Charlie* montrait des dessins blasphémateurs pour défendre la liberté religieuse ! Ce n'est pas, loin de là, le seul malentendu alimenté par des confrères anglais ou américains… Pendant toute l'affaire des caricatures, le correspondant parisien du *New York Times* n'a cessé d'associer la volonté de publier les douze dessins danois au cœur de la polémique, par solidarité et pour défendre la liberté d'expression, à une provocation

1. Caroline Fourest, *Éloge du blasphème*, Grasset, 2015.

visant à persécuter les musulmans. Un siècle plus tôt, un autre correspondant du *New York Times* décrivait la loi de 1905 comme un « objet de confiscation et de persécution » envers l'Église catholique[1]. La traduction passe décidément difficilement d'une rive à l'autre de l'Atlantique.

Deux séparations, malgré Jefferson

Pour comprendre la profondeur de ce malentendu, devenu dangereux, il faut remonter à la source de chaque nation et à celle de leur séparation.

La première grande divergence entre ces deux pays tient à la taille de leur territoire et au rapport à l'État. L'Amérique est née de la révolte des treize colonies contre la tutelle étatique anglaise. L'État fédéral qui l'a remplacée, après un bras de fer entre fédéralistes et antifédéralistes, reste vécu comme un mal nécessaire pour éviter les « factions »[2]. Il n'aura jamais la force

---

1. « France and Church », *The New York Times*, 26 février 1905.

2. Les auteurs du *Fédéraliste* (Hamilton, Jay et Madison) ont écrit sous le pseudonyme de Publius une série d'articles en faveur de la Constitution de Philadelphie qui reste parmi les textes les plus importants de l'histoire politique américaine. Dans ces textes, l'idée de république est défendue comme le meilleur moyen, bien meilleur que la « démocratie pure », de contenir les divisions : « Parmi les multiples avantages promis par une Union bien construite, il n'en est aucun qui mérite d'être plus exactement développé que sa tendance à freiner et à contrôler la violence des factions. » Madison considère ces « factions » comme un « mal nécessaire », dont il faut

centralisatrice de l'État jacobin français ayant dû affirmer son autorité pour remplacer l'État royal de droit divin. L'adversaire des deux révolutions, française et américaine, n'est pas le même.

Les États-Unis d'Amérique se sont placés sous la protection de Dieu pour rester unis. La France a dû remettre Dieu à sa place pour rester une république. Leurs credo patriotiques sont à cette image. Aux États-Unis, on chante *God bless America*. En France, on crie « Vive la République ». En France, le modèle républicain repose sur un État fort, veillant à l'égalité des droits et des devoirs. On s'inquiète du manque de cohésion et l'on tient au mélange. Un rôle dévolu à l'école, chargée de diffuser une certaine idée de l'émancipation individuelle et de la citoyenneté, à rebours des préjugés et des superstitions. En Amérique, la démocratie se méfie de l'ingérence de l'État, garant du respect du pluralisme et de la diversité, surtout religieuse.

Comme nos révolutions, nos séparations n'ont pas eu le même adversaire. L'Amérique est un pays majoritairement protestant, constellé d'une pluie de dénominations qui ont accompagné l'indépendance. La République française s'est construite dans un face-à-face central et brutal avec

« chercher à corriger les effets », mais pas au détriment des libertés (Publius-Madison, *Le Fédéraliste*, n° 10, 22 novembre 1787). Lire à ce sujet l'analyse de Philippe Raynaud, *Trois révolutions de la liberté : Angleterre, Amérique, France*, PUF, 2009, p. 136-137 et 151-159.

l'Église catholique. Comme le note Andrea Pin, les deux pays connaissent une forme de séparation mais avec des objectifs quasi opposés : « Dans la culture américaine, il s'agit de préserver une Église libérée de l'État pour le bien de la religion elle-même ; en Europe occidentale, il s'agissait de libérer l'État de l'influence religieuse[1]. »

La différence se voit à l'œil nu. Depuis Tocqueville, le visiteur français est frappé par l'« esprit de religion » qui règne aux États-Unis. Des billets de banques frappés de *In God we trust*, des présidents qui prêtent serment sur la Bible. Difficile d'éviter les clichés tant la foi est omniprésente dans les rituels de la nation américaine. Dans un livre stimulant, *De la religion en Amérique*, Denis Lacorne nous invite toutefois à ne pas tomber dans le piège consistant à croire que les États-Unis ne vivent pas, à leur façon, une forme de séparation[2]. Celle-ci existe en effet, même si elle recule.

On rappelle souvent que les colonies d'Amérique ont été fondées par des puritains. On oublie de dire que les fondateurs de la République américaine, eux, étaient inspirés de la philosophie des Lumières... La liberté religieuse a servi de point de ralliement aux deux parents de la nation américaine. Sans ce

---

1. Andrea Pin, « Sécularisations en Amérique et en Europe : circonstances, influences et récits », *Politique américaine*, n° 23, 2014, p. 55-71.

2. Denis Lacorne, *De la religion en Amérique*, Gallimard, 2007.

compromis, la nation américaine serait une théocratie barbare.

Les premiers colons américains, en quête d'une foi purifiée, sont partis pour établir une colonie vivant selon la « véritable » Église, loin de l'Église anglicane jugée blasphématoire, idolâtre et débauchée. Ces fanatiques, sûrs de leur supériorité, ont commencé par massacrer les Indiens qui les avaient accueillis et soignés, avant de vouloir régir la vie quotidienne des colonies sur des bases fondamentalistes. Jusqu'en 1798, la Nouvelle-Angleterre, véritable petite théocratie, vote des lois qui interdisent tout divertissement le dimanche, les courses de chevaux et prévoient une amende pour tout homme ou femme prenant « les habits d'un sexe qui n'est pas le sien[1] ». Dans ces années-là, il n'est pas rare qu'un partisan d'une autre foi soit chassé de la colonie. Les quakers ou les baptistes sont persécutés, arrêtés et parfois même exécutés.

Ce n'est pas un hasard si c'est un baptiste qui a imaginé, parmi les premiers, l'ébauche d'une séparation en Amérique. Dès 1644, Roger Williams, le fondateur de Rhode Island, rêve de sécularisme dans son essai *The Bloudy Tenent of Persecution*. Un livre sur l'intolérance des puritains qui l'ont chassé quelques années plus tôt du Massachusetts, en le traitant de blasphémateur, pour s'être opposé à

1. La Rochefoucauld-Liancourt, *Voyage dans les États-Unis d'Amérique*.

l'idée d'une République chrétienne[1]. On le considère comme l'un des pionniers de la séparation, qu'il défend pour protéger le « jardin de l'Église » de la « friche du monde », c'est-à-dire des désordres politiques[2].

Mais c'est véritablement Thomas Jefferson, le plus laïque et le plus francophile des Américains, qui a posé la première pierre de ce « mur de séparation ». L'expression date d'une lettre adressée à une association baptiste en 1802, dans laquelle il appelle de ses vœux « un mur de séparation entre l'Église et l'État[3] ». Avant de devenir le troisième président des États-Unis, il a participé à la rédaction de la Déclaration d'indépendance de 1776. Un vrai progrès par rapport à l'esprit puritain puisqu'elle se revendique abstraitement d'un « créateur », sans référence biblique précise[4]. Elle prévoit également

1. Denis Lacorne, *op. cit.*, p. 210.

2. Roger Williams, *Mr Cotton's Letter*, Londres, 1644, cité par Philip Hamburger, *Separation of Church and State*, Cambridge, Harvard University Press, 2002.

3. Thomas Jefferson, « Letter to the Danbury Baptist Association » (1er janvier 1802), cité par Denis Lacorne, *op. cit.*, p. 217.

4. La seule « séparation » évoquée concerne la séparation d'avec l'Angleterre et elle s'appuie sur une légitimité offerte par la nature et le « Dieu de l'univers » : « Lorsque au cours de l'histoire humaine il devient nécessaire pour un peuple de rompre les liens politiques qui l'ont lié à un autre peuple et de réclamer, parmi les nations, la place séparée et la condition égale qui lui sont assignées par les lois de la nature et par le Dieu de l'univers, le respect des sentiments de l'humanité exige que ce peuple expose les raisons

« pour tous les hommes (...) un droit égal au libre exercice de la religion, selon les exigences de leur conscience ». Ce n'est pas à proprement parler la liberté de conscience telle qu'on l'entendra en France, mais c'est un premier pas. La Déclaration s'inspire de la Constitution votée peu avant par Jefferson en Virginie, où il est allé plus loin. Grâce à l'appui de James Madison et fort d'une pétition signée par de nombreux habitants, il s'est battu pour faire voter la neutralité de l'État, la liberté de religion et d'opinion, ainsi que l'abolition révolutionnaire de la dîme du clergé anglican. Son but étant de faire de la Virginie, dont il va devenir gouverneur, une république modèle. Sous son impulsion, l'État abolit également la traite négrière dès 1778.

Jefferson veut aussi révolutionner l'école publique. Dans un pays où les écoles dépendent des États et de leurs *Boards of Education*, la Nouvelle-Angleterre ou New York ont décidé d'ouvrir des écoles dites « africaines », ségréguées, tandis que la Caroline du Sud a carrément adopté une loi de l'« ignorance obligatoire » interdisant aux maîtres d'instruire les esclaves[1]. Thomas Jefferson, lui, rêve d'une éducation à la Condorcet, qu'il connaît et apprécie,

---

qui l'obligent à cette séparation. » Walter Berns, *Making Patriots*, University of Chicago Press, 2001.

1. Élise Marientas et Marie-Jeanne Rossignol, *L'École dans l'histoire des États-Unis*, Presses universitaires de Nancy, 1994, p. 59.

dans le but de forger l'esprit citoyen et républicain. C'est l'un des piliers de la Constitution qu'il propose d'adopter en Virginie. L'instruction publique y serait gratuite et prise en charge par l'État, grâce à un impôt public, au lieu d'être confiée aux Églises. Il souhaite que les professeurs prêtent serment à l'État et veut contrôler l'approche républicaine des manuels[1]. Mais ce projet de loi sera rejeté à deux reprises, avant d'être définitivement enterré. Le modèle virginien, en revanche, va beaucoup inspirer la France.

Les échanges entre les deux pays sont alors permanents. Comme de nombreux généraux français, le général La Fayette, un aristocrate libéral, franc-maçon, membre de la Société des amis des Noirs, s'est battu aux côtés des indépendantistes américains. Devenu citoyen honoraire d'Amérique, il est resté proche des Pères fondateurs, ses anciens compagnons d'armes, lorsqu'il participe à la rédaction de la Déclaration des droits de l'homme et du citoyen de 1789. Laquelle s'inspire de la Déclaration d'indépendance américaine. D'autant que Jefferson est alors en poste à Paris, de 1785 à 1789, où il assiste aux prémices de la Révolution française. Ce séjour lui sera souvent reproché par ses opposants américains, chaque fois qu'il tentera de défendre l'idée du « mur de séparation ». On le traite de jacobin et d'athée.

1. *Ibid.*, p. 42.

Il faut dire que ce grand admirateur de Voltaire est aussi l'un des rares hommes politiques américains, jusqu'à aujourd'hui, à oser se dire « déiste ».

L'organe le plus lu et débattu de l'époque, *Le Fédéraliste*, est truffé de références à Montesquieu et à John Locke. Or si Montesquieu a théorisé la séparation des pouvoirs, il n'a jamais imaginé la séparation des Églises et de l'État. Quant à John Locke, sa philosophie tolérante est incontestablement à l'origine du libéralisme politique et d'une ébauche de séparation, mais limitée et dans le cadre du respect de la monarchie anglaise. Sa *Lettre sur la tolérance*, immense progrès pour l'époque, refuse de « confondre le ciel avec la terre », cherche à « marquer les justes bornes » pour séparer les « affaires du gouvernement civil de celles de la religion »[1], mais sa tolérance ne va pas jusqu'à tolérer les athées – au sujet de qui Locke écrivait : « Ceux qui nient l'existence d'une puissance divine ne doivent être tolérés en aucune façon[2]. » Comme le décrypte très bien Catherine Kintzler, « le motif invoqué par le texte de Locke doit retenir toute notre attention, car il présente comme nécessaire la relation entre *foi* religieuse et *loi* civile. Quelqu'un qui ne croit à rien n'est pas susceptible de confiance (...) comment croire quelqu'un qui lui-même récuse la croyance[3] ? » Aux

1. John Locke, *Lettre sur la tolérance* (1689), PUF, 2006.
2. *Ibid.*, p 79.
3. Catherine Kintzler, *Qu'est-ce que la laïcité ?*, Vrin, 2007, p. 17.

yeux de Locke, la non-croyance reste apparentée à un refus d'appartenir à une communauté, elle constitue donc une menace pour l'ordre social et politique.

C'est cet esprit de tolérance limitée, plus que celui de Voltaire, qui a finalement marqué la République américaine. Notamment sa Déclaration des droits de 1791 et son *Bill of Rights*, qui consacre la liberté religieuse : « Le Congrès ne fera aucune loi qui touche à l'établissement d'une religion ou qui en interdise le libre exercice. » La suite interdit aussi de restreindre « la liberté d'expression, la liberté de la presse ou le droit des citoyens de se réunir pacifiquement et d'adresser à l'État des pétitions pour obtenir réparation de torts subis ». La liberté d'opinion est clairement incluse. Reste qu'en France le mot « conscience » englobe la liberté religieuse au lieu de la rendre première. Comme le fait remarquer Catherine Kintzler, garantir simplement la liberté religieuse, et non la liberté de conscience, peut conduire à exclure l'incroyance de cette protection, tout en accordant une forme de « primauté aux religions[1] ».

La tolérance reste le seul compromis acceptable pour les croyants à l'origine de la nation américaine, tous persuadés de posséder la vérité et d'incarner la vraie foi, mais qui fuient aussi les persécutions religieuses. Les conservateurs n'iront pas plus loin. À les entendre,

1. *Ibid.*, p. 30.

c'en est déjà trop. Dès 1787, de nombreux délégués américains se disent horrifiés par l'absence de toute référence explicite à Dieu dans la Constitution fédérale adoptée à Philadelphie. Un délégué du Massachusetts s'en émeut : « Un Turc, un Juif, un Catholique romain et, pis encore, un Universaliste, pourrait un jour devenir président des États-Unis[1]. » On notera l'épouvante représentée par le mot « universaliste »... À la même époque, en France, on s'apprête à décapiter la monarchie de droit divin pour sauvegarder une république universaliste. Les deux révolutions se séparent.

L'exemple américain n'est plus un modèle pour les députés français de la Constituante, même les plus américanophiles. Les plus francophiles des Américains se disent horrifiés par les excès antireligieux de la Révolution française. Le second président américain, John Adams, condamne l'« hostilité déclarée des révolutionnaires français à l'encontre de la religion », tout en se demandant ce qui pourra bien advenir d'une « République de 30 millions d'athées »[2]. Et les actes de vandalisme envers les lieux de culte et la chasse aux prêtres n'ont pas

1. *New York Daily Advertiser*, cité par Morton Borden, *Jews, Turks and Infidels*, Chapel Hill, University of North Carolina Press, 1984, p. 16.

2. John Bristed, *Histoire des États-Unis d'Amérique. Tableau des mœurs et usages les plus remarquables des habitants du Nouveau Monde*, Paris, 1832, vol. II, p. 76-77. Cité par Denis Lacorne, *op. cit.*, p. 62.

encore vraiment commencé... Sans doute ces excès n'ont-ils pas facilité la tâche du troisième président américain.

Bien que prudent et stratège, Thomas Jefferson n'a cessé d'endurer les procès en sorcellerie, en athéisme, en francophilie, chaque fois qu'il avançait sur le chemin de la séparation. Il n'a jamais pu étendre son modèle virginien au niveau fédéral. Tout au contraire, une véritable reconquête religieuse va très vite attaquer le « mur de séparation » et finira même, des siècles plus tard, par défaire une partie de l'œuvre des Pères fondateurs.

Un « mur de séparation » cerné par les fondamentalistes

Sitôt après la Révolution, les séparations française et américaine vont emprunter des chemins très différents sous l'effet de leurs défis respectifs. L'après-Révolution française est marqué par la guerre des « deux France », qui oppose les révolutionnaires aux contre-révolutionnaires cléricaux. La jeune nation américaine va connaître la guerre des « deux Bibles », catholique et protestante. La République française a eu peur d'être renversée à cause du religieux, l'Amérique a peur de perdre son âme.

Depuis le milieu du XIXe siècle, les migrants irlandais catholiques arrivent en masse par bateau. Les protestants des origines se sentent menacés dans leur suprématie. Les tensions sont vives. Des quartiers irlandais sont mis à sac et leurs églises détruites. En 1859, juste avant la guerre de Sécession, des élèves catholiques se révoltent contre l'obligation de lire en classe la Bible protestante King James, que des prêtres jugent « hérétique ». Ils le font par solidarité avec le jeune Thomas : un élève de dix ans, fouetté pour avoir refusé de la lire[1]. Réaffirmer la tolérance religieuse demeure le seul moyen de pacifier la nation américaine, tout comme affirmer la laïcité sera le seul moyen de pacifier la nation française. Pour mettre fin à la querelle scolaire des deux Bibles, on choisit une prière plus œcuménique et le retrait des crucifix.

Un lent processus de sécularisation commence sous l'effet de cette nécessité de traiter toutes les religions à égalité. Il est accompagné et parfois impulsé par la Cour suprême. Une série d'arrêts esquissent une forme de séparation réelle sous la houlette du juge Hugo Black, qui siège à la Cour de 1937 à 1971. Nommé par Roosevelt, il peut être considéré comme l'un des juges les plus influents du XXe siècle. Bien qu'ancien membre du Ku Klux Klan, cet ancien sénateur démocrate a fait progresser, comme personne, les droits des minorités et la séparation, souvent en se référant à Jefferson. « Le

1. Denis Lacorne, *op. cit.*, p. 106-112.

1er amendement a dressé un mur entre l'Église et l'État. Ce mur sera maintenu haut et impénétrable. Nous ne pourrions admettre la moindre brèche[1] », disait-il parfois. Il s'agit alors de savoir s'il faut autoriser l'État du New Jersey à rembourser le transport scolaire pour les parents ayant inscrit leurs enfants dans des écoles privées, y compris confessionnelles. La Cour suprême de l'époque s'y refuse. La même Cour suprême va mettre fin aux prières dans les écoles publiques par l'arrêt *Engel v. Vitale* de 1962. Un autre arrêt interdira la lecture de versets de la Bible en classe. Un troisième bannira l'enseignement obligatoire du créationnisme. Mais l'arrêt le plus contesté, celui qui va réactiver une guerre scolaire et enrager les fondamentalistes, date de 1954. Il s'agit de l'arrêt *Brown v. Education* mettant fin à la théorie « séparés mais égaux » justifiant la ségrégation dans les écoles.

Ce sera le jugement le plus difficile à faire respecter de l'histoire des États-Unis. Jusqu'en 1962, des élèves noirs doivent se rendre à l'école ou à l'université de certains États du Sud sous escorte policière. La plupart des universités fondamentalistes protestantes continuant, malgré la loi, à être réservées aux Blancs… Jusqu'en 1976, lorsque Jimmy Carter menace de leur retirer leur statut d'exemption fiscale, indispensable

1. *Everson v. Board of Education of Ewing Township*, 1947, cité par Denis Lacorne, *op. cit.*, p. 218-219.

pour obtenir des dons, si elles continuent de pratiquer la ségrégation. C'est une véritable trahison aux yeux des fondamentalistes. Car Jimmy Carter se dit *born-again*, né de nouveau, comme beaucoup d'Américains revenus à la foi. Les évangéliques, qui votent jusque-là plutôt démocrate, pensaient trouver en lui l'élu, celui qui saurait les représenter et freiner la Cour suprême. Elle vient alors de rendre l'arrêt *Roe v. Wade* de 1973 fédéralisant le droit à l'avortement. Lors de l'échéance suivante, l'élection de 1980, plusieurs figures de l'évangélisme fondamentaliste ont définitivement basculé dans le camp des républicains. Et ils sont nombreux.

C'est l'autre différence entre la France et les États-Unis. L'Église catholique n'a cessé de perdre des ouailles. Les Églises protestantes américaines n'ont cessé de renouveler leurs troupes.

Toute l'histoire des États-Unis est traversée par des « réveils religieux ». Par vagues successives, de 1734 à nos jours, de grandes campagnes de prédication ont converti des générations d'Américains à une foi « réveillée », neuve et vive, jusqu'à se dire *born-again*. Avec un sens du prosélytisme qui s'empare de toutes les formes modernes de communication pour évangéliser : des meetings en plein air aux chaînes de courriers, en passant par des émissions religieuses à la télévision puis sur Internet. Jusqu'à toucher une large partie du pays. Une vraie reconquête, qui va changer le cours de l'histoire.

Les retours en arrière vont toujours plus vite qu'on ne le croit. Ainsi la plupart des rituels marquant le caractère profondément religieux de la nation américaine sont récents. Beaucoup datent de la guerre froide et portent le sceau de l'opposition au monde communiste et à son matérialisme athée. La devise *In God we trust* n'apparaît sur les billets qu'en 1957. Trois ans plus tôt, en plein maccarthysme, le serment au drapeau, qui ne faisait jusqu'ici aucune référence à Dieu, seulement à une « nation indivisible », se transforme en « nation sous l'égide de Dieu »[1]. Ces années-là, c'est la peur du bolchevik qui a permis de défaire la sécularisation américaine. Les autres coups de canif commencent après la fin des années 1970, lorsque les fondamentalistes décident de se réengager en politique pour revenir sur les arrêts rendus par la Cour suprême.

À l'époque, les stars médiatiques de l'évangélisation, comme Billy Graham, Jerry Falwell ou Pat Robertson, sont extrêmement influents, à la tête d'empires politico-religieux dotés de centaines de millions de dollars, de centaines d'églises, d'universités privées et de mégaphones grâce à leurs émissions à succès. Ces firmes intégristes vont bouleverser le rapport de force entre progressistes et conservateurs en basculant du côté des républicains. C'est le début de ce qu'on appelle la « droite religieuse américaine ». Une

1. Denis Lacorne, *op. cit.*, p. 203-204.

alliance extrêmement puissante entre des organisations fondamentalistes et des think tanks républicains. Dans un climat de guerre froide, avec des méthodes de campagne ultra-modernes, elle porte Ronald Reagan au pouvoir[1].

Qu'elle s'appelle *Moral Majority* ou *Christian Coalition*, ou qu'elle prenne désormais la forme libertarienne du *Tea Party*, l'emprise de cette droite religieuse ne cesse d'empirer. Son vote, anti-avortement et anti-gay, mais aussi anti-État et anti-séparation, détermine désormais les qualités des candidats républicains pouvant gagner la primaire. Au point d'avoir transformé le bon vieux GOP (*Great Old Party*) en quelques générations. Jadis plutôt proche d'une droite centriste à la française, il se rapproche d'une extrême droite, au mieux libertarienne, au pire intégriste.

Longtemps, ses élus ont tardé à renvoyer l'ascenseur à leur électorat intégriste. Malgré sa pression, ils échouent pour le moment à revenir sur le droit fédéral à l'avortement, à restaurer les prières ou les crucifix dans les écoles publiques. Ces symboles de la sécularisation finiront peut-être par céder un jour, après des années de présidents radicalisés et plusieurs nominations conservatrices à la Cour suprême. En attendant, c'est sur le terrain de la liberté scolaire et

---

1. Caroline Fourest, *Foi contre choix. La droite religieuse et le mouvement Prolife aux États-Unis*, Golias, 2001.

de la mixité sociale que la droite américaine a trouvé le meilleur moyen de récompenser ses alliés.

En 1991, le gouvernement Bush père leur concède un moyen très efficace pour contourner le *busing*, la carte scolaire censée favoriser le mélange social et scolaire[1]. Des « chèques-éducation », défiscalisés, permettent désormais aux parents de mettre leurs enfants dans l'école de leur choix, privée ou publique, laïque ou religieuse. L'État ne favorise donc plus l'école publique. Les parents sont même aidés s'ils veulent retirer leurs enfants des écoles « qui ignorent Dieu » pour les mettre dans des écoles fondamentalistes, où ils feront la prière, n'étudieront pas l'évolutionnisme et apprendront à manifester contre le droit à l'avortement.

Des voix ont beau s'élever pour dénoncer ce système d'aide publique indirecte aux écoles confessionnelles comme étant contraire à la séparation, le rapport de force n'est plus du côté des sécularistes. Le système de « chèques-éducation » est venu accélérer la décomposition de l'école publique, en crise depuis les années 1950, sous-dotée et mal encadrée pour accueillir à la fois la génération des « baby-boomers » et les enfants de l'immigration. Les écoles privées confessionnelles, elles, connaissent un succès grandissant. Quand les parents ne gardent carrément pas leurs enfants à domicile grâce au système, encore

1. Élise Marientas et Marie-Jeanne Rossignol, *op. cit.*, p. 131.

plus séparatiste, du *home schooling*. Plus que jamais, la nation américaine se fragmente, et la sécularisation recule.

Une désécularisation en marche

À force de reculs politiques, le « mur de séparation » rêvé par Jefferson se fissure. L'époque n'est plus aux Lumières mais à la revanche des « anti-Lumières ». Or les États-Unis sont moins armés pour y résister que la France. Ces pierres qui tombent font moins de bruit que des tirs de kalachnikov ou des attentats. Pourtant, lentement mais sûrement, c'est le progrès et l'égalité des droits acquis qu'on assassine.

Le 11 septembre est loin d'avoir fait reculer l'élan fondamentaliste. Comme le raconte Susan Jacoby, « depuis les attaques terroristes du 11 septembre, la tradition laïque américaine n'a cessé d'être dénigrée par une incessante propagande politique assimilant patriotisme et foi religieuse[1] ». Tout en conduisant une guerre sainte en Irak qui a permis l'éclosion de Daech, George Bush n'a cessé de prier devant les caméras et les photographes avant chaque réunion de son cabinet. Décidément, Dieu est mauvais conseiller…

Même si la Cour suprême tient bon, le droit à

1. Susan Jacoby, *Freethinkers : A History of American Secularism*, Metropolitan Books, 2004, p. 2.

l'avortement reste en sursis et vit sous haute protection. Les attentats d'extrême droite ont fait plus de morts que les attentats islamistes. Pourtant, les actes de terreur « pro-life » – bombes, meurtres, attaques à l'acide – n'ont jamais été considérés comme du « terrorisme ». Sous Bush père comme fils, le FBI n'a pas eu les moyens d'enquêter sur cette menace intérieure. En revanche, on a supprimé ou réduit les budgets des plannings familiaux. État après État, le droit à l'avortement recule. Des cliniques ont fermé. Il faut parfois parcourir des centaines de kilomètres pour en trouver. Dans certains États, on a voté des lois restrictives pour infantiliser la femme désireuse d'avorter, obligée de demander l'autorisation de son mari ou de ses parents, comme une mineure.

C'est le bilan, provisoire, de la désécularisation en cours. L'illusion ne tient qu'à un fil : la Cour suprême. Pour le moment, elle tient bon et limite les lois régressives votées au niveau local sous la pression des intégristes. Les juges conservateurs nommés du temps des républicains se sont révélés légitimistes. Le juge le plus conservateur, Antonin Scalia, est mort sous Barack Obama, ce qui a permis de nommer un juge plus progressiste. Qu'arrivera-t-il le jour où les futurs présidents républicains, toujours plus radicaux, pourront changer la majorité de la Cour ?

Les historiens le savent bien. Aucun principe n'est jamais acquis, même gravé dans le marbre. L'esprit éclairé des fondateurs, imposé à l'esprit puritain de leurs contemporains, n'a jamais réussi à inverser la tendance des origines. S'il existe de nombreux Américains à se déclarer « sans religion », environ 22 %, soit deux fois moins qu'en France, ils doivent se faire discrets, surtout en politique. La culture politique américaine, inspirée au mieux de John Locke, a tendance à considérer qu'un athée est un être sans morale, peu solidaire et peu impliqué dans sa communauté, donc pas fiable. 40 % des Américains déclarent qu'ils ne voteraient jamais pour un athée. Et de fait, 90 % des membres du Congrès américain se disent ouvertement chrétiens, même quand ils ne le sont pas vraiment.

Signe des temps, les primaires du Parti républicain présentent des candidats toujours plus extrémistes ou fanatiques. Malgré tous ses excès, Donald Trump était le seul à ne pas vouloir interdire le droit à l'avortement. Ses concurrents, à l'image de Ted Cruz ou Marco Rubio, se sont presque tous prononcés contre ce droit, y compris en cas de viol. Ted Cruz a même monté un comité « Prolifers for Cruz » (Les anti-avortement pour Cruz) avec un militant d'Operation Rescue, l'une des associations anti-IVG les plus violentes, de celles qui ont théorisé le droit de tuer un médecin avorteur. C'est dire si le sécularisme américain résiste au fanatisme.

L'époque du juge Hugo Black est bien révolue. Elle a tenu jusqu'à la fin des années 1980, période durant laquelle la Cour censure l'exposition publique d'une crèche sur les marches d'un palais de justice ou le fait d'afficher les Dix Commandements dans des écoles publiques. Ailleurs, elle craque sous les coups portés par le retour du religieux en politique. Tout récemment, en 2014, l'arrêt *Town of Greece v. Galloway* autorise la ville de Greece à commencer ses séances législatives par une prière[1]. Mais c'est en matière d'accommodements religieux au travail que la désécularisation s'accélère. La brèche a toujours existé. Notamment parce que le code du travail est une matière complexe, où chaque cas peut s'examiner sous un angle différent selon le secteur, l'intention et la faisabilité, ou non, de l'accommodement en entreprise.

Depuis 1963 et l'affaire *Sherbert v. Verner*, la Cour suprême estime qu'il faut prouver l'« intérêt supérieur de l'État » pour pouvoir restreindre la liberté religieuse d'un individu. L'arrêt porte le nom d'une ouvrière ayant perdu son travail dans une usine textile en Caroline du Sud. Son employeur lui demandait d'étaler ses horaires

1. Deux plaignants soutenus par l'Americans United for Separation of Church and State avaient porté plainte pour violation du 1er amendement, mais la Cour ne leur a pas donné raison (https://www.oyez.org/cases/2013/12-696).

sur cinq jours au lieu de six, samedi compris. Or cette fidèle membre de l'Église adventiste du 7e jour refuse de travailler le samedi pour suivre les enseignements de son Église. Une contrainte qui l'empêche de trouver un nouveau travail et même de bénéficier de l'assurance chômage. Elle porte plainte et la Cour estime que l'obliger à travailler le samedi porte effectivement atteinte à sa liberté religieuse. Elle énonce un certain nombre de règles pouvant s'appliquer à d'autres situations en cas de « conviction religieuse sincère », et recommande à l'État de limiter ses interventions à des besoins « impérieux », « de la manière la moins restrictive pour la religion »[1]. De fait, dans cette affaire, dite *Sherbert test*, il paraît bien injuste de priver la salariée de son assurance chômage. Mais au lieu de faire évoluer la loi vers un statut social plus protecteur envers le salarié en général, quel que soit le motif de son licenciement, cette protection est accordée au nom de la seule « liberté religieuse ».

La Cour suprême a tenté d'éviter les dérives, comme lors d'un arrêt célèbre rendu en 1990. Elle doit alors se prononcer sur le licenciement de deux travailleurs sociaux amérindiens, Alfred Smith et Galen Black, à qui leur employeur reproche d'avoir consommé du peyotl, un cactus hallucinogène, lors d'une cérémonie amérindienne. Il faut préciser que les deux employés travaillent dans une clinique spécialisée dans les soins aux drogués et les programmes de désintoxication,

1. http://laicite-aujourdhui.fr/?La-liberte-religieuse-jusqu-ou

notamment destinés à leur communauté. Ce qui n'empêche pas la Cour suprême d'Oregon d'aller dans leur sens, et même de considérer que la loi punissant la détention de cette drogue constitue une atteinte à la liberté religieuse. La Cour suprême des États-Unis va rendre un arrêt très différent. Elle redoute d'ouvrir cette brèche permettant à n'importe quel croyant d'estimer sa liberté religieuse au-dessus des lois, en matière de polygamie (autorisée par les mormons), de travail des enfants, de service militaire ou de drogue. Elle reproche surtout aux deux travailleurs amérindiens d'avoir dérogé à la loi au lieu de la faire changer d'abord. C'est le cas de plusieurs États ayant prévu une dérogation pour la consommation de peyotl si l'on est amérindien. En tenant bon, la Cour suprême reconnaît qu'elle peut désavantager une religion minoritaire, mais c'est un moindre mal, qu'elle préfère à l'anarchie.

Les politiques vont choisir la démagogie et l'anarchie. Car cet arrêt fait hurler la presse conservatrice et soulève une tempête dite « crise de la liberté religieuse[1] ». Après un dialogue de sourds avec les laïques et à force de lobbying, les partisans de la liberté religieuse absolue parviennent à faire voter par le Congrès, presque à l'unanimité, un *Religious Freedom Restoration Act* (RFRA). Ce dernier ouvre grand la porte aux « accommodements

---

1. Douglas Laycock, « Summary and Synthesis. The Crisis in Religious Liberty », *George Washington Law Review*, vol. 60, 1992, p. 846.

religieux », selon l'expression consacrée pour désigner le droit de déroger à la loi commune ou à une règle établie si c'est au nom de la liberté religieuse. Ce qui place, de fait, les croyants au-dessus des athées. La loi est entrée en vigueur en 1993. Elle est signée de la main de Bill Clinton.

La Cour suprême a tenté d'en limiter la portée, en la jugeant inconstitutionnelle au niveau local, car parfois en conflit avec les lois des États en vigueur[1]. Mais elle est maintenue au niveau fédéral et plus d'une vingtaine d'États se sont mis à voter des mini-RFRA. Des accommodements qui se retournent maintenant contre le principe d'égalité et ouvrent le droit, au nom de la liberté religieuse, à la discrimination.

En 2016, l'État de Géorgie a ainsi voté une législation qui permet aux pasteurs de refuser de célébrer des unions de même sexe. Après quelques ajouts, elle pourrait aussi permettre à des entreprises religieuses de refuser de servir ou de soigner des patients homosexuels. Une dérive dénoncée par de nombreux militants LGBT, qui en annonce d'autres[2]. Dans le Missouri, les démocrates ont dû batailler pour éviter le passage d'une législation allant dans le même sens. Ce n'est qu'un début. On ne touche pas à l'égalité des droits et des devoirs impunément.

En 1905, déjà, Aristide Briand, qui s'est pourtant

---

1. Elle est jugée non valable pour les lois locales suite à l'arrêt *City of Boerne v. Vener*, en 1997.

2. « Georgia's anti-LGBT "religious freedom" bill would allow hospitals to refuse care to gay people », Piknew.co.uk, 17 mars 2016.

inspiré de certains aspects de la séparation américaine, regrettait qu'aux États-Unis le « désir de ne refuser aucune concession au sentiment religieux l'ait emporté sur le respect dû aux principes démocratiques[1] ». Il voyait poindre un danger que le modèle français, si critiqué, a su éviter[2]. Pourquoi s'inspirer des États-Unis ?

Démocrates vs. républicains... à la française

Un idéal, un modèle ne peut se comprendre sans les rapports de force qui l'ont façonné, sans le contexte qui l'a vu émerger. Mais une idée peut aussi voyager. Même en France, il existe des intellectuels, des politiques, des activistes qui rêvent d'importer les statistiques ethniques pensées pour corriger grossièrement la ségrégation, une vision de la liberté de conscience réduite à la liberté religieuse ou les accommodements menaçant l'égalité des citoyens.

1. Aristide Briand, *Rapport fait au nom de la Commission relative à la séparation des Églises et de l'État*, présenté à la Chambre le 4 mars 1905.

2. En France, il existe la possibilité de l'« objection de conscience ». Les médecins très religieux peuvent l'invoquer pour refuser de pratiquer un avortement, mais les pharmaciens ne peuvent pas l'invoquer pour refuser de délivrer un contraceptif ou la pilule abortive. Le réglage, plus subtil, ne se fait pas au nom de la « liberté religieuse » mais de la liberté de conscience, dans le cadre d'une société où le rapport de force entre croyants et non-croyants est plus équilibré. C'est la grande différence.

Ceux-là sont plus multiculturalistes (favorables à une gestion communautaire du pluralisme culturel) qu'universalistes (traiter tous les citoyens sans distinction ni discrimination). Ils sont aussi plus favorables à un assouplissement de la laïcité qu'à la réaffirmation de valeurs communes comme la République.

De vives tensions existent entre ces partisans du modèle anglo-saxon et ceux qui tiennent au modèle français. Les uns parlent d'« intégrisme républicain », les autres dénoncent le relativisme presque munichois des multiculturalistes. Contrairement à ce que l'on croit souvent, la pomme de discorde ne porte pas sur la question multiculturelle, qui est une réalité de nos vies. Elle concerne l'attitude que doit adopter le politique face au politico-religieux[1]. Faut-il ou non poser des limites et lesquelles lorsque les revendications religieuses des uns portent atteinte aux libertés des autres ? La liberté religieuse doit-elle primer sur l'égalité ?

Assurément, la France et l'Amérique ne répondent pas de la même manière à ces questions, qui divisent à l'intérieur même des nations, avec une passion parfois mal comprise. Car c'est bien l'intégrisme et non le pluralisme culturel qui inquiète les laïques sincères. Même si d'authentiques racistes se glissent entre les mailles du filet, ce débat doit avoir lieu. Il

1. Caroline Fourest, *La Dernière Utopie. Menaces sur l'universalisme*, Grasset, 2009.

ne se résume pas à une passe d'armes entre tolérants et intolérants, mais nous parle d'une divergence bien plus subtile. Entre ceux que Régis Debray qualifie de plutôt « républicains » et les plutôt « démocrates » à la française ; non pas entre droite et gauche comme aux États-Unis, mais entre ceux qui souhaitent réaffirmer les valeurs républicaines qui rassemblent, et ceux qui, au contraire, veulent favoriser la diversité.

Debray précise les contours de cette distinction, toujours valable, dans un article consacré à la première affaire du voile de 1989. Tout y est. À commencer par le supplément d'âme que la république ajoute à la notion de démocratie : « La république, c'est la liberté, plus la raison. L'État de droit, plus la justice. La tolérance, plus la volonté. La démocratie, dirons-nous, c'est ce qui reste d'une république quand on éteint les Lumières[1]. » Debray dénonce, déjà, l'offensive intellectuelle contre le modèle républicain français de la part d'intellectuels regardant l'histoire de France depuis les « self-services d'outre-Atlantique », le goût des technocrates pour la simplicité froide de la seule démocratie. Il note à propos du voile que les Français de quarante-cinq ans réagissent plus volontiers en « républicains » et les moins de vingt-cinq ans en « démocrates ». Des incompréhensions générationnelles qui rejaillissent sur la laïcité : « En république, l'État

1. Régis Debray, « Êtes-vous démocrate ou républicain ? », *Le Nouvel Observateur*, 30 novembre 1989.

est libre de toute emprise religieuse. En démocratie, les Églises sont libres de toute emprise étatique. » Il convient qu'il faut parfois extraire la graine autoritaire et bonapartiste du modèle républicain français, en mettant « plus de démocratie dans notre république », mais prévient : « La République française ne deviendra pas plus démocratique en devenant moins républicaine. »

Cette fracture idéologique ne fait que se creuser. Le modèle républicain, plus exigeant en termes d'abstraction et de culture générale, de précision sémantique aussi, n'est pas simple à apprivoiser. Les nouvelles générations, y compris des activistes et des politiques, se tournent plus spontanément vers l'approche démocrate à l'américaine, plus simple à comprendre. D'où l'importance, voire l'urgence, de redécouvrir et de transmettre l'histoire de ce modèle laïque républicain.

III

Une histoire exemplaire

Tout le monde croit connaître l'histoire de la laïcité. Mais il existe plusieurs façons, « démocrate » ou « républicaine », de la transmettre. À lire les « spécialistes » du fait religieux, catholiques ou protestants, qui ont largement capté sa transmission, on finirait par croire qu'elle se réduit à un pacte pouvant être renégocié, comme si l'Église et l'État s'étaient séparés à l'amiable. Ces conteurs-là adorent opposer Aristide Briand, père de la loi de séparation, à Émile Combes, l'homme qui déchira le concordat à contrecœur, après une politique de laïcisation radicale. Pourtant ce « juste milieu » qu'est la loi de 1905 n'aurait pas été possible sans un siècle de résistance au cléricalisme, sans avoir d'abord remis l'Église à sa place, sans une laïcité de combat.

Victime d'un mariage arrangé, la fille « aînée de l'Église » s'est vue poussée au divorce par l'Église catholique, qui n'a cessé d'agiter les campagnes de sédition et de contre-révolution, n'offrant d'autre choix que de s'en séparer. En route, la France aura tout expérimenté : l'absolutisme théocratique, la tolérance, le gallicanisme (le fait de contrôler l'Église nationale), le concordat. Chaque étape a joué un rôle dans la maturité de la loi de 1905. Saisir les subtilités de chaque choix suppose de redonner la parole aux historiens ou fins connaisseurs de l'histoire laïque, comme Jean-Paul Scot[1], Gérard Delfau[2], Guy Haarscher[3], Jean-Marie Mayeur[4], Mona Ozouf[5]...

Retrouver le sens de la chronologie, marcher le long de ce chemin fait d'avancées et de retours en arrière, permet de mesurer la spécificité de l'approche française. Et peut-être de cesser de commettre un contresens à propos de la loi sur les signes religieux ostensibles à l'école publique, qui s'inscrit pleinement dans cette histoire. Cette laïcité n'est probablement pas parfaite. Elle reste absolument idéale pour un pays comme la France. Il faut être fou ou inconscient pour chercher à défaire

1. L'un des plus fins connaisseurs de l'histoire de 1905. Jean-Paul Scot, *« L'État chez lui, l'Église chez elle ». Comprendre la loi de 1905*, Points-Seuil, 2005.

2. Ancien maître de conférences en littérature et civilisation françaises, également ancien sénateur, a écrit de très nombreux ouvrages éclairants sur la laïcité, son cheminement et ses enjeux. Gérard Delfau, *Éloge de la laïcité*, Vendémiaire, 2012 ; *La Laïcité, défi du XXIe siècle*, L'Harmattan, 2015.

3. Guy Haarscher, *La Laïcité*, *op. cit.*

4. Jean-Marie Mayeur, *La Séparation des Églises et de l'État*, éditions de l'Atelier, 2005.

5. Mona Ozouf, *L'École, l'Église et la République (1871-1914)*, Points-Seuil, 2007.

ce que des siècles de débats, de rage et de patience ont réussi à bâtir et régler, au millimètre près.

Aux sources de la Révolution française : les Lumières

Les partisans d'une approche plus anglo-saxonne voudraient faire remonter les racines de la séparation française non pas aux Lumières ou à la Révolution mais à la tolérance religieuse. Pourtant, la laïcité propose une vision radicalement différente du statut des minorités sous l'Occident chrétien, même lorsqu'il se décide à être enfin moins brutal comme avec l'édit de Nantes de 1598.

Il ne s'agit alors que de tolérer – et non de considérer à égalité – le culte minoritaire protestant auquel s'est converti Henri IV. Une paix provisoire et artificielle. Sitôt l'édit révoqué par Louis XIV, la France connaît un déchaînement antiprotestant d'une violence comparable aux exactions contemporaines de l'État islamique contre les chrétiens, les chiites ou les yézidis. Ceux qui croient pouvoir attribuer à l'islam le monopole de la violence fanatique doivent se souvenir des carnages ayant ensanglanté la France tout au long du XVIe et du XVIIe siècle, avant et après le massacre de la Saint-Barthélemy. À l'époque, dans les villages, il n'est pas rare de voir des « papistes » se jeter sur des femmes protestantes, les violer, les assassiner, ainsi que leurs enfants, pour « perdre la race des huguenots ». Quand ils ne dansent pas sur les cadavres et ne mangent pas le foie de leurs victimes. Les « parpaillots » répondant à la violence des « idolâtres papistes » en brûlant des évêchés ou en suppliciant des moines et des prêtres, accusés d'être des « agents de Satan »[1].

C'est pour mettre fin à ces persécutions religieuses, plus systématiques encore que celles subies à la même époque par les baptistes ou les quakers en Amérique, que les philosophes des Lumières en appellent à la Raison. À commencer par le plus célèbre de leurs précurseurs, Voltaire, qui s'oppose à tous les fanatismes. Un temps réfugié en Angleterre, il admire la foi simple et non politique des quakers, moins par fascination que pour expliquer aux catholiques qu'il est possible de vivre sa foi sans régir la vie des autres. On dit souvent que le christianisme sait rendre à César ce qui appartient à César, mais l'Église n'a jamais voulu séparer d'elle-même le temporel du spirituel. Au XIIIe siècle, le pape Boniface VIII explique ainsi sa théorie des deux glaives : « Le pape, vicaire du Christ, Christ lui-même, a deux glaives, le spirituel et le temporel ; le glaive spirituel est dans sa main, le glaive temporel dans la main des rois, mais les rois ne peuvent s'en servir qu'en faveur de l'Église. » Non seulement l'Église pratique l'ingérence politique mais elle use de son statut pour persécuter ceux qui ne pensent pas

1. Denis Crouzet, *Les Guerriers de Dieu. La violence au temps des troubles de religion*, Champ Vallon, 1990.

comme elle. En réaction, Voltaire va aller bien plus loin que John Locke et marcher dans les pas de Pierre Bayle, cet autre précurseur des Lumières françaises qui élargit la tolérance aux non-croyants et au droit au blasphème : « Le blasphème n'est scandaleux qu'aux yeux de celui qui vénère la réalité blasphémée. » Grâce à eux, parce que la France va se construire dans le rejet d'une Église persécutrice, nos lois consacrent la « liberté de conscience », un concept philosophique plus ambitieux que la seule liberté religieuse.

La laïcité française ne serait pas la même sans ces « affaires » ayant rythmé notre histoire intellectuelle et politique. Si Voltaire n'avait pas pris la défense de Calas et du chevalier de La Barre. Le premier, négociant calviniste, est accusé à tort d'avoir tué son fils parce qu'il se serait converti au catholicisme. En fait, le jeune protestant s'est suicidé en apprenant qu'il ne pouvait s'inscrire à une licence de droit, réservée aux catholiques. Son père n'a fait que cacher son cadavre, par peur de la réprobation. À l'issue d'un procès en sorcellerie, sur fond de querelles religieuses, il est condamné au supplice de la roue, où il met des heures à mourir. Le bourreau finit par l'étrangler avant de le brûler. Horrifié par tant d'injustice, Voltaire recueille sa veuve et se bat pour rétablir son honneur dans le *Traité sur la tolérance*, où il crie : « Écrasons l'infâme »... Le fanatisme.

Moins de trois ans plus tard, il doit prendre la défense d'un nouvel innocent. Cette fois, il s'agit d'un libre-penseur de dix-neuf ans qu'on accuse, à tort, d'avoir entaillé un crucifix en bois ornant le pont-neuf d'Abbeville. On lui reproche surtout d'être arrivé récemment en ville, de ne pas avoir ôté son chapeau lors d'une procession religieuse et de posséder un exemplaire du *Dictionnaire philosophique* de Voltaire dans sa chambre. Condamné sans preuves, le chevalier de La Barre aura le poing coupé, la langue arrachée, avant d'être décapité et jeté au bûcher. C'est l'un des derniers grands procès pour blasphème et une injustice. Les entailles sur le crucifix étaient vraisemblablement dues à une charrue ayant mal manœuvré sur le pont d'Abbeville. La mémoire du chevalier de La Barre ne sera pas réhabilitée avant la Révolution.

Ces deux erreurs judiciaires ont marqué la mémoire collective, tout comme les violentes campagnes menées contre les découvreurs scientifiques, que ce soit par l'Église catholique ou par des protestants fanatiques. Copernic, Galilée ou Giordano Bruno, tous ont été accusés de « blasphème »[1]. En Europe

1. Un procès en hérésie est lancé par le Saint-Office contre Galilée (1564-1642), astronome de génie, dont la lunette d'observation et les travaux ont permis de prouver que la Terre tournait autour du Soleil et non le contraire. Il a été obligé d'abjurer sa vérité scientifique parce qu'elle contredisait les Écritures, sous peine d'être torturé et enfermé dans les geôles du Vatican. Il a fini sa vie en résidence surveillée, à méditer sur le sort de ses prédécesseurs, comme le très avant-gardiste Giordano Bruno (1548-1600), lui aussi inspiré par Copernic, et brûlé vif par l'Inquisition, après un

plus qu'aux États-Unis, le sort du mot « liberté » est donc intimement lié à ce droit de choquer le sacré ou de contrarier le dogme. C'est grâce aux philosophes des Lumières et à l'*Encyclopédie*, condamnée par l'Église et brûlée en place publique, que va naître une génération capable de défier les certitudes religieuses pour se forger un esprit critique. Les philosophes des Lumières ont également influencé les Pères fondateurs américains, mais eux n'avaient pas besoin de sauver leur république des griffes d'une Église se comportant comme une mère abusive depuis Constantin et Clovis. Cela change tout.

Le ton et l'esprit de nos deux Déclarations restent très proches. Mais plusieurs événements vont donner une tournure particulière à l'interprétation de l'article 10 de la Déclaration des droits de l'homme et du citoyen de 1789 : « Nul ne doit être inquiété pour ses opinions, *même religieuses*, pourvu que leurs manifestations ne troublent pas l'ordre public. » Une bataille longue et féroce a opposé les rédacteurs du texte. Des prélats veulent reconnaître le catholicisme comme religion nationale. D'autres se méfient de cette instrumentalisation, qu'ils trouvent injurieuse pour la religion. Des députés veulent éviter de discriminer les minorités religieuses, certains revendiquent un droit positif à la

procès en hérésie et en blasphème : pour avoir refusé d'abjurer ses convictions, à la fois scientifiques et philosophiques, sur la cosmologie, la mobilité terrestre et l'infinité de l'univers, mais aussi la non-virginité de Marie ou la réincarnation des âmes.

liberté religieuse, d'autres s'en méfient… Comme on sait si bien le faire en France, on a ergoté sur chaque terme, changé cent fois la virgule, avant de tomber d'accord, de guerre lasse, sur une formulation dont tout le monde n'a pas saisi immédiatement l'originalité[1].

À ce stade précoce de l'après-Révolution, la préoccupation première est surtout de ménager l'égalité des croyances, comme aux États-Unis. Mais la Déclaration des droits de l'homme et du citoyen ne se contente pas de « tolérer » les minorités, elle consacre l'égalité de tous les citoyens. Plus aucun fils de négociant protestant n'aura à se suicider. La Déclaration l'affirme : « Tous les citoyens étant égaux à ses yeux sont également admissibles à toutes dignités, places et emplois publics, selon leur capacité, et sans autre distinction que celle de leurs vertus et de leurs talents. » Les « non-catholiques » sont désormais électeurs et éligibles, et peuvent occuper tous les emplois civils ou militaires, comme les autres. C'est surtout vrai pour les protestants, qui ont largement soutenu la Révolution. Bénéficiant d'une sympathie particulière liée à leur pacifisme et à l'histoire américaine, une délégation de quakers obtient également, sous les applaudissements, le droit de ne pas prêter serment et celui de refuser de porter les armes. Tout en étant enthousiaste, Mirabeau est l'un des rares à exprimer quelques réserves sur cet

1. Ces débats sont décrits par Rita Hermon-Belot, *Aux sources de l'idée laïque*, Odile Jacob, 2015.

accommodement. Au détour des débats, un député alsacien, inquiet de la sécurité des citoyens français vivant dans les États musulmans, propose, lui, d'assurer « à tous les mahométans et spécialement aux sujets de la Sublime Porte (la Turquie), tous les droits de cité en France[1] ». La discussion est plus houleuse sur les Juifs, à qui des députés veulent continuer d'imposer des mesures d'exception.

Dans cette période troublée, des Juifs sont régulièrement victimes de tentatives de spoliation et d'humiliation. Ils vont devoir patienter et multiplier les démarches pour obtenir la levée explicite des mesures humiliantes qui les visent. Ils l'obtiennent dans le Midi puis sur tout le territoire grâce à un décret de la Constituante de 1791[2]. En échange de cette entrée à égalité dans la citoyenneté, la République exige l'abandon de dérogations compensatoires. Un troc citoyen parfaitement résumé par la célèbre formule du député Stanislas de Clermont-Tonnerre, qui milite pour l'accession des Juifs à la citoyenneté en déclarant : « Il faut refuser tout aux Juifs comme nation et accorder tout aux Juifs comme individus. » Cette intégration ne s'est pas faite sans débats

1. Cité par Rita Hermon-Belot, *ibid.*, p. 154.

2. Il « révoque tous ajournements, réserves et exceptions insérés dans les précédents décrets relativement aux individus juifs qui prêteront le serment civique, qui sera regardé comme une renonciation à tous les privilèges et exceptions introduits précédemment en leur faveur ».

passionnés ni anathèmes. Les catholiques intransigeants détestent l'idée d'être mis sur le même pied que les autres groupes religieux. Depuis ses premiers jours, la République doit se méfier de l'ingérence religieuse quand il s'agit de protéger, jalousement, le principe d'égalité.

L'erreur du gallicanisme

La Révolution n'a pas enfanté naturellement la séparation, loin de là. Il a fallu un siècle et se tromper mille fois, notamment avec le gallicanisme. Depuis Philippe le Bel, on désigne par ce terme la volonté des rois de refuser l'ingérence papale dans leurs affaires temporelles et de garantir l'autonomie de l'Église de France, puis, par extension, la volonté de contrôler politiquement le religieux. C'est la tournure prise par la Révolution après 1790. Avant cela, pendant un an, elle s'est contentée d'une forme de séparation.

La nuit du 4 août 1789 a aboli la société d'ordres, ses privilèges, et donc la représentation politique du clergé. Vingt-quatre jours plus tard, le 28 août, l'Assemblée rejette la reconnaissance du catholicisme comme religion d'État. Un premier cordon est coupé. Le chemin est encore long. La Déclaration des droits de l'homme et du citoyen s'est faite « sous les auspices » de l'« Être suprême », version française du « Créateur de l'Univers » de la Déclaration américaine. Un credo qui s'inspire du déisme et des Lumières, surtout pensé pour asseoir la légitimité de la loi sur une morale universelle, coupée de tout marqueur confessionnel. Les esprits ne sont pas mûrs pour aller plus loin.

L'État royal a délégué trop de fonctions et de services d'intérêt général à l'Église, notamment les soins et l'aide aux plus pauvres, pour les abandonner du jour au lendemain. Surtout, la République a besoin des biens de l'Église pour ne pas connaître la faillite après la famine. Cela fait partie des idées qui ont déclenché la Révolution. Affamés, les paysans voudraient que l'Église partage un peu ses richesses. C'est le vrai moteur, financier plus qu'idéologique, qui incite la jeune République à choisir la mise sous tutelle des biens du clergé. Sur proposition de Mirabeau et de Talleyrand, évêque d'Autun, l'Assemblée constituante décide de saisir ses ressources extraordinaires et de les mettre « à la disposition de la Nation pour rembourser les dettes de l'État ». Les cléricaux dénoncent une *spoliation*. Les légistes du tiers état y voient une *réparation*. L'Église ayant engrangé des bénéfices grâce à l'usufruit de services confiés par l'État royal, ces biens et ces bénéfices doivent maintenant revenir à l'État, pour un meilleur partage des ressources.

Réparation ou spoliation, cette nationalisation entraîne mécaniquement une mise sous tutelle politique du religieux. En nationalisant ses biens, la République se retrouve à devoir nationaliser les hommes d'Église et à leur verser un salaire. Horrifiée par ces mesures comme par la suppression des congrégations et le rattachement à la France de deux États pontificaux, Avignon et le Comtat-Venaissin, l'Église réagit vivement. Des libelles appellent à se révolter comme un « devoir chrétien ». Le pape lui-même condamne la Révolution en mars 1790. La réponse de la République ne se fait pas attendre. Le 12 juillet de la même année, elle vote la fameuse Constitution civile du clergé, qui met fin à deux cent soixante-quatorze ans de concordat, retire au pape l'investiture canonique des évêques français et réorganise les diocèses.

Par peur de la sédition, les membres du clergé doivent désormais prêter serment à la Constitution civile du clergé, jurer fidélité « à la Nation, à la Loi et au Roi » avant de pouvoir toucher leur salaire. Sachant qu'on a longtemps exigé des Juifs de prêter serment et sans les payer… Mais la disposition qui passe le plus mal concerne la possibilité d'élire les prêtres et les évêques par les citoyens de toutes les confessions. Ces mesures horrifient le Vatican mais aussi à l'étranger, notamment les Américains. Comme le souligne Gérard Delfau, « l'inspiration de la Constitution civile du clergé est l'exact inverse de celle des fondateurs de la nation américaine : là-bas, il s'agit d'affranchir complètement la liberté de culte de la tutelle de l'État ; ici, il est question de l'y soumettre[1] ».

---

1. Gérard Delfau, *Du principe de laïcité. Un combat pour la République*, Les Éditions de Paris, 2005, p. 16.

Ce choix, autoritaire, n'est pas celui de la laïcité, mais celui d'un gallicanisme qui n'a alors rien de singulier en Europe. Quelques années auparavant, le frère de Marie-Antoinette, Joseph II d'Autriche, a lui-même repris son clergé en main, quitte à fâcher le pape. Trois siècles plus tôt, Henri VIII d'Angleterre a décidé de fonder sa propre Église pour ne plus avoir à rendre de comptes au souverain pontife. Cette façon de vouloir domestiquer son Église nationale a entraîné une révolte, bien vite matée, et les départs que l'on sait vers l'Amérique... Il est donc logique que cette répétition de l'histoire choque les Américains. Les Français, eux, sont hantés par le risque de guerre civile.

Le Saint-Siège, qui condamne avec force la Constitution civile du clergé, interdit au clergé français de prêter serment et excommunie ceux qui s'y soumettent. En réaction, l'effigie du pape est brûlée au Palais-Royal[1]. L'affrontement divise les paroisses et coupe l'Église de France en deux. Le haut clergé devient « réfractaire » pour rester fidèle à Rome, tandis qu'une large partie du bas clergé prête serment. Mais rien ne se passe comme prévu. L'Église constitutionnelle ainsi formée par les prêtres « jureurs » peine à être respectée. De

1. Timothy Tackett, *Par la volonté du peuple. Comment les députés de 1789 sont devenus révolutionnaires*, Albin Michel, 1997. Cité par Jean-Paul Scot, *op. cit.*

nombreux paroissiens préfèrent écouter le pape et jugent cette Église schismatique. Les milieux populaires s'en agacent. Un jour, des marchandes décident de fouetter des religieuses, à qui elles reprochent d'héberger des prêtres réfractaires complotant contre la Révolution. Pour tenter d'éteindre les passions, l'Assemblée fait machine arrière dès l'année suivante, en décidant de tolérer le culte réfractaire[1]. Mais cette fois, ce sont les prêtres jureurs qui se sentent lésés et montent au créneau pour exiger, au contraire, de sévir contre les réfractaires. Un dilemme qui déchire les Français.

La division s'aggrave nettement après 1793, lorsque la Révolution tourne à la Terreur en guillotinant le roi et la reine qui ont tenté de s'enfuir. Les cours européennes comme l'Autriche et la Prusse ne peuvent laisser passer un tel affront envers les monarchies. Elles forment une coalition pour attaquer la jeune République, qui doit repousser les assauts extérieurs en levant une conscription. Les prêtres réfractaires font tout pour dissuader les paroissiens de s'enrôler. Des révoltes paysannes et royalistes éclatent en Bretagne puis en Vendée. L'amalgame entre religion et contre-révolution devient inévitable. Menacée de l'extérieur et de l'intérieur, la jeune République voit des complots et des ennemis partout. La terreur a commencé à couper les têtes

1. Michel Vovelle, *La Chute de la monarchie*, Seuil, 1972, p. 174.

de toute personne « soupçonnée » de ne pas être fidèle à la Révolution. Les prêtres figurent en bonne place parmi les suspects : 6,5 % des condamnés par les tribunaux révolutionnaires sont issus du clergé. Une loi de 1792 se réserve le droit de les déporter. La déchristianisation est en marche.

L'anticléricalisme s'exprime avec d'autant plus de force qu'il n'est plus passible de la roue ou du bûcher. Ne risquant plus d'avoir la langue coupée, les auteurs de libelles anticléricaux s'en donnent à cœur joie contre les moines et les curés, moqués pour leur oisiveté, leur fourberie et leur goût des enfants. Les plus virulents, Hébert et son comparse Chaumette, très actifs au sein du Comité de salut public, sont considérés comme les plus « enragés » des sans-culottes. Avec leurs amis du club des Cordeliers, ils appellent à des campagnes de « déchristianisation » dans leurs journaux. *Le Père Duchesne*, l'organe de ces antireligieux, imagine une « grande motion pour qu'on mette le grappin sur tous les contre-révolutionnaires, les royalistes, les accapareurs, et qu'on les enferme dans des églises, en braquant devant le canon chargé à mitraille, jusqu'à ce que la paix soit assurée et la constitution établie[1] ». Les Vendéens et les cléricaux menacent la République ? Les hébertistes se vengent

1. « La grande colère du Père Duchesne. N° 265 », *in* Charles Brunet, *« Le Père Duchesne » d'Hébert*, Librairie de France, 1859, p. 174.

en interrompant des offices, en occupant des églises, qu'ils transforment parfois en temples de la Raison, renversent les objets sacrés, décrochent les cloches, s'emparent des autels et des habits sacerdotaux pour singer des scènes d'Inquisition à l'envers[1]. Les Anglais, comme les Américains, sont définitivement épouvantés.

Au plus fort de la Terreur, 3 000 prêtres, parfois réfractaires mais pas toujours, seront exécutés comme traîtres à la nation, à l'issue de procès qui n'ont rien à envier aux mascarades du Saint-Office. Allant bien au-delà du blasphème et du droit à la liberté de conscience, jusqu'au vandalisme et aux crimes, ces violences antireligieuses choquent jusque dans les rangs des révolutionnaires les plus anticléricaux (simplement opposés aux prétentions politiques du clergé). Le plus outré est sans doute l'abbé Grégoire, qui a tant milité pour une Église solidaire de la Révolution. Mais il n'est pas le seul. De nombreux républicains attachés à la Constitution, qui prévoit explicitement la liberté de culte, exigent de faire cesser ces exactions. Un décret de décembre 1793 interdit formellement toute violence et réaffirme la liberté religieuse. Adepte du culte déiste de l'Être suprême, Robespierre dénonce le « zèle antireligieux » des hébertistes. Des « criminels » qu'il promet de faire arrêter. Une coalition se forme avec Danton pour les stopper. Le Comité de salut

1. Jean-Paul Scot, *op. cit.*, p. 48.

public finit par guillotiner Hébert et ses complices en 1794[1].

Les violences antireligieuses se calment enfin, pas la guerre entre les deux France. En quelques années, au milieu des excès de la déchristianisation, la sécularisation a progressé. Le 20 septembre 1792, la Première République a décidé d'autoriser le divorce et de laïciser le registre civil, tenu par les paroisses depuis François Ier. Ces précieux carnets – où l'on note les naissances, les mariages et les décès – passent des mains du clergé à celles de fonctionnaires assermentés par l'État. Cela dépasse le simple « transfert de responsabilités ». Pour le spécialiste du catholicisme Émile Poulat, c'est un « changement de nature », le premier acte d'une République laïque en marche[2]. En revanche, le culte de l'Être suprême n'a pas pris. Trop élitiste. Bien qu'anticléricales, les couches populaires comprennent difficilement cette nouvelle croyance venue d'en haut. Quant à l'athéisme, il ne séduit que l'élite révolutionnaire, où les courants se succèdent après avoir coupé la tête de leurs opposants.

Après avoir hésité entre religion civile et persécution, une autre voie, plus séparative, se dessine sous Thermidor. La nouvelle majorité rejette aussi bien les royalistes que ceux qu'on appelle les « terroristes », ces

1. L'acte d'accusation, rédigé de la main de Saint-Just, lui reproche surtout de comploter avec l'ennemi anglais. Le prétexte le plus fréquent du moment pour régler un conflit entre courants.

2. Émile Poulat, *Notre laïcité publique*, Berg International, 2003.

enragés qui ont pratiqué la terreur, notamment antireligieuse. En 1794, pour la première fois, la Convention nationale évoque la possibilité d'une « séparation de l'Église [au singulier] et de l'État », à l'occasion d'un débat sur les questions financières. Voilà des années que le président de la commission des finances, Pierre-Joseph Cambon, un négociant protestant qui a habilement géré la confiscation des biens du clergé, propose de supprimer le budget des cultes prévu pour rémunérer le clergé nationalisé. Pour lui, la jeune République n'a tout simplement pas les moyens de payer les ministres du culte, perçus par le peuple comme oisifs, inutiles et contre-révolutionnaires. Danton et Robespierre s'y opposent, par peur d'aggraver la sédition. Mais ils ne sont plus en position de force : Danton sera bientôt guillotiné, suivi de près par Robespierre. Cambon l'a emporté. Le 18 septembre 1794, il parvient à faire adopter son décret de séparation qui supprime le budget des cultes et met fin à la Constitution civile du clergé par des mots que vont reprendre les rédacteurs de la loi de 1905 : « La République ne paie plus les frais ni les salaires d'aucun culte. »

Peu après, un autre décret, voté par la Convention nationale le 21 février 1795, tire les leçons des persécutions antireligieuses : « Quiconque troublerait par violence les cérémonies d'un culte quelconque, ou en outragerait les objets, sera puni. » La liberté de culte est réaffirmée, à condition de ne pas être prosélyte. L'article 6 prévoit que « tout rassemblement de citoyens pour l'exercice d'un culte quelconque est soumis à la surveillance des autorités constituées ». L'article 7 précise : « Aucun signe particulier à un culte ne peut être placé dans un lieu public ni extérieurement de quelque manière que ce soit. Aucune inscription ne peut désigner le lieu qui lui est affecté. Aucune proclamation ni convocation publique ne peut donc être faite pour y inviter les citoyens. » Tout l'esprit de la séparation réside dans ces lignes : liberté du culte tant qu'il n'est pas politique et antirépublicain.

Ce décret, on le doit à François-Antoine de Boissy d'Anglas, un député du tiers état effrayé par la Terreur, partisan du culte de l'Être suprême, engagé en faveur des Noirs et des protestants. Il l'accompagne d'un discours vibrant sur l'indépendance de l'État vis-à-vis des Églises : « Citoyens, le culte a été banni du gouvernement, il n'y rentrera plus. Vos maximes doivent être à son égard celles d'une tolérance éclairée, mais d'une indépendance parfaite[1]. »

On retrouve cet esprit dans la Constitution de l'an III, votée par la Convention en 1795 et à laquelle Boissy d'Anglas participe comme rédacteur. Elle proclame une République « une et indivisible », l'« universalité des citoyens », affirme que « la liberté consiste à pouvoir faire ce qui ne nuit pas aux droits d'autrui »

1. François-Antoine de Boissy d'Anglas, « Discours à la Convention nationale sur la liberté des cultes », Assemblée nationale, 21 février 1795.

et précise : « Nul ne peut être forcé de contribuer aux dépenses d'un culte. La République n'en salarie aucun. » La loi de 1905 est déjà esquissée, quasiment au mot près. Mais elle va s'évanouir pour cent ans.

Les affres du concordat

C'est une immense régression qu'amorce le Premier Consul en signant un nouveau pacte avec Rome en 1801. Même si ce n'est pas le concordat des rois. Lorsqu'il devient empereur, Napoléon prend bien la couronne des mains du pape pour se la poser lui-même sur la tête. Il n'est pas là pour servir le sacré mais pour se servir du sacré. Comme l'écrit Jean-Paul Scot, son concordat « ne recrée pas l'alliance sacrée du trône et de l'autel mais prépare l'alliance cléricale du sabre et du goupillon[1] ».

Désireux d'unir les Français derrière lui, Napoléon n'a voulu le retour de l'emprise cléricale que pour mieux asseoir l'ordre public[2]. Il a signé le concordat en position de force. Comme général, ses armées

1. Jean-Paul Scot, *op. cit.*, p. 67.

2. Dans ses Mémoires, il confie : « Lorsque je saisis le timon des affaires, j'avais déjà des idées arrêtées sur tous les grands éléments qui cohésionnent la société. J'avais pesé toute l'importance de la religion. J'étais persuadé et j'étais résolu de la rétablir. » *Sentiment de Napoléon sur le christianisme. Conversations religieuses recueillies à Sainte-Hélène*, p. 46.

d'Italie ont conquis Rome et fait prisonni
qui meurt en prison. Après avoir pacifié
et rétabli la liberté de culte pour les pré
taires, le futur empereur envoie des émissaires, Talleyrand et un Vendéen rallié, pour négocier avec son successeur. Bien qu'en situation d'obligé, Pie VII obtient une assez belle corbeille de fiançailles. On lui rend les États pontificaux, donc sa souveraineté, tout en partageant avec lui l'organisation de l'Église de France, en échange d'un peu de paix et d'une couronne bénite. L'empereur nomme les évêques de France, mais le pape les investit. Ce qui suppose un double accord. L'Église doit accepter, en revanche, la nationalisation de ses anciens biens.

Contrairement à son souhait, la France ne reviendra pas non plus sur la liberté accordée aux autres religions. Des cultes que Napoléon va structurer en créant notamment le Consistoire juif. En échange de quoi, les Juifs et toutes les minorités religieuses perdent l'égalité symbolique que leur avait offerte la République en ne reconnaissant aucun culte officiel. La convention du 15 juillet 1801 revient en arrière : « Le gouvernement de la République française reconnaît que la religion catholique, apostolique et romaine est la religion de la grande majorité des citoyens français. » Alors que Premier Consul célèbre l'accord en grande pompe lors d'une cérémonie de Pâques l'année suivante, le général Delmas l'apostrophe : « Belle capucinade. Il n'y manque qu'un million d'hommes qui ont été tués pour détruire ce que vous rétablissez. »

Bientôt, plus personne ne se retrouvera dans ce concordat. Pas même l'Église, dont les clercs sont redevenus des fonctionnaires sous serment et dont le moindre document devient soumis à l'ingérence politique. Déterminé à garder la main, Napoléon a fait ajouter unilatéralement des articles organiques qui assurent la primauté du temporel sur le spirituel. En retour, la machine à mélanger les deux glaives fait dérailler l'Empire. Napoléon avait les épaules assez larges pour résister aux exigences de Rome. Ses successeurs seront d'autant plus soumis aux caprices des papes qu'ils appartiennent aux Bourbons. Louis XVIII restaure le catholicisme comme religion d'État en 1814. Charles X tente de rétablir la monarchie de droit divin par petites touches. La société n'est pas prête pour ce bond en arrière. Mais le regain d'influence de l'Église, lui, commence à se voir.

La première moitié du XIXe siècle connaît une véritable rechristianisation. De 1815 à 1830, le budget des cultes est multiplié par trois. La crise rurale favorise les vocations cléricales, bien payées. Le nombre d'élèves entre les mains de congrégations religieuses repart à la hausse. L'épiscopat, en pleine confiance, se dispense de plus en plus de prêter serment, se réunit sans autorisation et entretient des relations directes avec Rome. La reconfessionnalisation des esprits est en marche et la restauration monarchique menace. Alors que les libéraux viennent de gagner la majorité à l'Assemblée, Charles X tente de passer en force pendant l'été. Il dissout la Chambre, modifie la loi électorale et rétablit le droit de censure. Cette fois, le peuple se révolte et retourne aux barricades. C'est l'insurrection puis la Révolution de 1830, qui s'accompagne d'une poussée de fièvre anticléricale. L'archevêché de Paris est démoli et Saint-Germain-l'Auxerrois saccagé. En quête d'apaisement, la monarchie de Juillet s'installe au son de *La Marseillaise*. Sous un drapeau tricolore, La Fayette, symbole vivant de la Révolution, étreint chaleureusement Louis-Philippe, prince de sang et traditionaliste mais plus raisonnable que son cousin Charles X. La guerre des deux France couve toujours. Il faut rassurer les cléricaux comme les anticléricaux, rétablir l'ordre tout en préservant les libertés.

Depuis quelques années déjà, des catholiques libéraux songent à la séparation comme la meilleure des voies. C'est le cas de Félicité Robert de Lamennais, qu'on considère comme l'un des précurseurs de la démocratie chrétienne. Prêtre et philosophe, il correspond avec Victor Hugo et fréquente Auguste Comte. Dans un manifeste célèbre paru dans le journal *L'Avenir* en 1830, il dénonce le concordat et demande ouvertement la séparation : « De même qu'il ne peut y avoir aujourd'hui rien de religieux dans la politique, il ne doit rien y avoir de politique dans la religion. » Très courageux, ce manifeste reçoit une réponse cinglante du Vatican, qui le condamne et oblige son auteur à renoncer à la prêtrise. De son côté, le nouveau pape Grégoire XVI publie une encyclique, *Mirari vos*, qui condamne violement les thèses du journal *L'Avenir*, en même temps que le rationalisme, la liberté de la presse et la liberté de conscience, qualifiée de « délire » et d'erreur « contagieuse ». Le Vatican refuse catégoriquement « cette liberté absolue et sans frein des opinions qui se répandent de toutes parts pour la ruine de l'Église et de l'État ». Une condamnation sans appel de la démocratie, réaffirmée avec force trente ans plus tard dans un *Syllabus* qui choquera bien au-delà des anticléricaux et fera beaucoup pour la laïcité.

Paru en 1864, cette fois sous la plume de Pie IX, il se présente comme un catalogue dénonçant toutes les erreurs modernes. Parmi elles, figure celle de croire que « l'Église doit être séparée de l'État, et l'État séparé de l'Église[1] ». Rarement le Vatican aura été aussi clair dans son rejet de la modernité et de la séparation.

Le pilier républicain de l'école laïque

Outre le non-financement des cultes, l'un des traits majeurs qui distingue la laïcité française de la simple

1. *1905, la séparation des Églises et de l'État. Les textes fondateurs*, présentation par Dominique de Villepin, Perrin Tempus, 2004, p. 57.

sécularisation tient à une certaine conception de l'école publique. Bien des philosophes français se sont passionnés pour ce sujet. Le plus célèbre d'entre eux, Condorcet (1743-1794)[1], a donné son nom à de très nombreux lycées et collèges de France. Dans son esprit, l'instruction publique n'est pas une éducation nationale conformiste, mais une école de la liberté de jugement. Ni dogmatique ni relativiste, elle doit permettre de lutter contre les préjugés, l'intolérance et les superstitions en rendant la « raison populaire » : « Son devoir est d'armer contre l'erreur, qui est toujours un mal public, toute la force de la vérité ; mais elle n'a pas le droit de décider où réside la vérité, où se trouve l'erreur[2]. »

Élève brillant éduqué chez les Jésuites, où il a détesté ses premiers maîtres, le jeune Condorcet excelle dans les mathématiques avant de devenir philosophe. Ami de Voltaire, exécuteur testamentaire de d'Alembert, il participe à la nouvelle édition de l'*Encyclopédie*. Avant la Révolution, il a successivement occupé le poste

1. Élisabeth et Robert Badinter, *Condorcet (1743-1794). Un intellectuel en politique*, Livre de Poche, 1990. Voir aussi Catherine Kintzler, *Condorcet : l'instruction publique et la naissance du citoyen*, Gallimard, 1987, et Charles Coutel, *Condorcet : instituer le citoyen*, Michalon, 1999.

2. Condorcet, *Cinq mémoires sur l'instruction publique* (1791), Flammarion, 1993, p. 37-38. Il écrit aussi : « Que le peuple sache distinguer la voix de la raison de celle de la corruption, et bientôt il verra tomber à ses pieds les chaînes d'or qu'elle lui avait préparées ; autrement lui-même y présentera ses mains égarées, et offrira, d'une voix soumise, de quoi payer les séducteurs qui les livrent à ses tyrans. »

de secrétaire de l'Académie des sciences et siégé à l'Académie française. De tous les philosophes de son époque, il est celui qui se bat avec le plus de ferveur contre les inégalités et les préjugés envers les Juifs, les protestants et les Noirs. Lutter contre ces préjugés, « perfectionner l'espèce humaine », passe à ses yeux par une école qui a tous les traits de l'école laïque, même si l'expression n'existe pas encore.

Comme parlementaire, il a voté la confiscation des biens du clergé et défend la nécessité de laïciser l'enseignement. En 1792, il présente à l'Assemblée un rapport en vue d'un projet de décret sur l'organisation générale de l'instruction publique qui aura une influence décisive. Il imagine un enseignement obligatoire pour les filles et les garçons, gratuit (grâce à des bourses), protégé de tout dogmatisme et temple de la raison critique, qui forgerait des citoyens libres, égaux et fraternels. Son projet, trop visionnaire, est rejeté. Est-ce parce que Condorcet était déjà reconnu du temps de l'Ancien Régime ou parce qu'il est proche des Girondins ? Toujours est-il qu'il ne verra pas son rêve s'accomplir de son vivant. Absorbé par son travail à la Convention, il contribue à poser les fondations de la jeune République avant de se faire des ennemis en critiquant la Constitution autoritaire des Jacobins. Terreur oblige, il se voit condamné pour trahison. Arrêté après avoir tenté de fuir, il meurt dans sa cellule. Ses *Cinq mémoires sur l'instruction publique*, rédigés en 1791, lui ont survécu.

Les hommes de la Troisième République vont s'en inspirer, un siècle plus tard, pour arracher l'enseignement des mains du clergé et bâtir une instruction publique digne de ce nom. Avec, à chaque fois, des débats passionnés entre catholiques partisans de la « liberté d'enseignement » et républicains partisans de l'« école laïque ». Celle que les catholiques intransigeants appellent l'« école sans Dieu » et « sans morale ». Celle que les républicains défendent, au contraire, comme une école de la morale civique et de la Raison[1].

Sous la monarchie de Juillet, en 1833, la loi Guizot oblige chaque commune à se doter d'une école primaire, privée ou publique. L'instruction n'est encore ni gratuite ni obligatoire, et reste réservée aux garçons ; il n'est pas question de renoncer à « l'instruction morale et religieuse[2] », mais c'est un premier pas vers une instruction publique. L'école confessionnelle prend sa revanche en 1850, avec la loi Falloux. Nous sommes deux ans après la Révolution de 1848 écrasée dans le sang, en pleine réaction menée par le « parti de l'ordre ». Le futur Napoléon III nomme au poste de ministre de l'Instruction publique un journaliste clérical légitimiste, le comte Falloux, qui déclare considérer l'Église comme « une famille et une patrie » et vou-

1. Mona Ozouf, *op. cit.*

2. Son article 2 précise même : « Le vœu des pères de famille sera toujours consulté et suivi en ce qui concerne la participation de leurs enfants à l'instruction religieuse. »

loir son « expansion »[1]. Il fait voter deux lois relatives à « la liberté de l'enseignement », préparées par les cercles cléricaux pour contrer l'influence de l'école publique, qu'ils accusent de tuer « le respect de Dieu, le respect du père, c'est-à-dire la famille, et enfin le respect du pouvoir et de l'État[2] ». Ces lois autorisent les membres du clergé, prêtres ou nonnes, à enseigner sans diplômes ou grades… que l'on exige, en revanche, des autres enseignants. Les congrégations religieuses sont encouragées. Leur nombre repart en flèche. Contre l'« armée des instituteurs », le parti de l'ordre se vante de préparer une « armée des curés »[3]. Les républicains montent au créneau. Victor Hugo met tout son talent à combattre le projet à l'Assemblée : « En matière d'enseignement, l'État n'est et ne peut pas être autre chose que laïque. » Ce jour-là, le poète politique prononce des mots qui résonnent jusqu'à nos jours comme un manifeste : « En un mot, je veux, je le répète, ce que voulaient nos pères, l'Église chez elle et l'État chez lui[4]. »

1. Cité par Marceau Pivert dans *L'Église et l'École*, présentation par Eddy Khaldi, Démopolis, 2010, p. 73.

2. Henri Pena-Ruiz et Jean-Paul Scot, *Un poète en politique. Les combats de Victor Hugo*, Flammarion, 2002.

3. On prête même à Falloux ces mots : « Je viens à vous parce que les prêtres m'envoient. » De fait, la loi Falloux est conforme aux désirs exprimés par l'abbé Dupanloup dans son *Mémoire sur le projet relatif à la liberté de l'enseignement*, soumis au pape et aux évêques dans la plus grande discrétion. Mona Ozouf, *op. cit.*, p. 28-29.

4. Victor Hugo, « Discours sur la liberté de l'enseignement du 15 janvier 1850 », *Œuvres complètes. Actes et paroles, Avant l'exil*

L'autre grande voix à s'opposer à la loi Falloux s'appelle Edgar Quinet. Historien et poète, anticlérical et franc-maçon, l'ancien député de l'Ain réplique à la loi Falloux en publiant un ouvrage qui jette les bases de l'« enseignement national, obligatoire et laïque », y compris pour les jeunes filles[1]. Jules Ferry s'en inspirera. Gambetta se prononce également en faveur de l'instruction primaire, « laïque, gratuite et obligatoire » dans son célèbre programme de Belleville, publié dans *L'Avenir* en 1869. Prononcé à l'occasion de sa campagne pour les élections législatives, il est considéré comme la première charte du radicalisme. C'est à l'occasion de ce discours contre le parti de l'ordre que Gambetta prononce le beau mot de « séparation » et se déclare sans réserve pour la « séparation de l'Église et de l'État »[2].

Trois ans plus tôt, un enseignant-journaliste nommé Jean Macé a créé la Ligue de l'enseignement. Un réseau d'éducation populaire pensé pour développer l'instruction, mais qui ne se prononce ni en faveur de l'école laïque ni de la séparation. Comme le rappelle

---

(1841-1851), J. Hetzel, 1882. Sur ce beau duel, voir Henri Pena-Ruiz et Jean-Paul Scot, *op. cit.*

1. *L'Enseignement du peuple* (1850), Pluriel, 2001.

2. En même temps qu'il se prononce pour l'« application la plus radicale du suffrage universel », la reconnaissance des libertés individuelles, de réunion complète, de la presse, et la suppression des armées permanentes.

Mona Ozouf, bien qu'anticlérical et proche de la franc-maçonnerie, Jean Macé n'est pas loin de considérer l'athéisme comme une infirmité et invoque souvent « le Dieu des petits enfants » comme « le plus philosophe de tous »[1]. Tous les républicains ne sont pas encore mûrs pour la laïcité. Mais tous comprennent l'importance de lutter contre la propagande antirépublicaine des congrégations et de l'Église, qui ne cesse de se raidir.

L'affrontement avec la Prusse, suivi d'une défaite humiliante et du terrible siège de Paris, interrompt les débats. Sauf à Paris, où la Commune de 1871 décrète la séparation de l'Église et de l'État, la suppression du budget des cultes et la confiscation des biens des congrégations religieuses. Au moment de tomber sous les fusils des versaillais, des communards fusillent leurs otages, des membres du clergé, comme l'archevêque de Paris et des jésuites. Ces crimes expliquent pourquoi les rapporteurs de la loi de 1905 ne feront presque jamais allusion, dans leur rapport, à ce bref moment de séparation. À l'issue de la Semaine sanglante, qui voit les soldats de Thiers massacrer les insurgés de Paris, l'heure est de nouveau au désir d'ordre. En hommage aux « martyrs » de l'Église, le clergé obtient qu'on érige une basilique – blanche comme la royauté – sur la butte Montmartre, d'où est partie l'insurrection populaire. Il s'agit d'« expier

1. *Philosophie de poche*, 1893, cité par Mona Ozouf, *op. cit.*, p. 33.

les crimes des fédérés », mais les cléricaux veulent plus : « Sauvez Rome au nom de la France et du Sacré-Cœur ! » Une pétition d'évêques exige que la France envoie des troupes secourir le Vatican, dont les États pontificaux viennent d'être annexés par l'Italie. Bientôt mis en minorité par les royalistes, Thiers doit démissionner. Il est remplacé par le maréchal Mac Mahon.

Monarchiste et porteur des derniers espoirs de restauration, il promet de rétablir « l'ordre moral » avec « l'aide de Dieu ». Ce n'est plus le parti de l'ordre, mais carrément celui de l'ordre moral qui gouverne de 1871 à 1875. Les conservateurs se montrent aux processions religieuses et à la Fête-Dieu. Le redressement moraliste passe par l'extension de la loi Falloux à l'université. On augmente aussi le budget des cultes (qui devient plus important que celui de l'instruction publique) et l'on confie, chaque fois que c'est possible, l'enseignement et les services de santé au clergé et à ses congrégations. La revanche catholique s'abat sur le pays, avec une telle arrogance que les minorités religieuses rêvent de plus en plus de séparation. En 1874, le synode officiel protestant en formule explicitement le vœu[1].

Anticléricaux comme minorités religieuses ont pris goût à la mise à distance de l'Église, trop pour revenir

1. Patrick Cabanel, *Les Protestants et la République*, Complexe, 2000.

en arrière. Ni Charles X, ni Thiers, ni Mac Mahon, ni plus tard le général Boulanger, ce précurseur du populisme français, ne parviendront à restaurer la monarchie. La forme républicaine s'est enfin enracinée. Les élections législatives de 1876 le prouvent en offrant une majorité aux républicains, qui redoutent un coup d'État avec l'aide de l'Église. C'est dans ce contexte que Gambetta prononce son fameux discours à la Chambre : « Le cléricalisme, voilà l'ennemi ! » Citant la formule d'un ami, il dénonce, malgré les interruptions incessantes de la droite, l'ingérence du pape Pie IX dans la vie politique française. Le gouvernement sorti des urnes, celui de Jules Simon, se montre plus timoré. Les « opportunistes » se rallient au maintien du concordat, comme à un moindre mal, par peur de perdre la maîtrise des événements[1]. Le jeu devient plus ouvert après la démission de Mac Mahon et son remplacement à la présidence par un authentique républicain.

Le nouveau président, Jules Grévy, nomme Jules Ferry ministre de l'Instruction publique. Républicain convaincu, celui-ci a combattu la loi Falloux au nom de l'« État laïque ». Un mot qu'il prononce dès 1876, sans avoir peur des critiques : « Je prononce ce mot d'État laïque sans aucun tremblement, bien qu'il paraisse avoir, pour un certain nombre de nos honorables collègues,

1. Pierre Barral, *Les Fondateurs de la Troisième République*, Armand Colin, 1960, p. 182.

je ne sais quelle saveur radicale, anarchique et révolutionnaire[1]. » Nourri aux écrits de Condorcet et bien sûr au positivisme d'Auguste Comte, Ferry croit au progrès et à la possibilité de dépasser l'âge théologique puis métaphysique pour entrer dans l'âge du progrès et de l'humanisme. Haï par la gauche révolutionnaire, qui le juge lâche et mou envers la Prusse, Ferry est tout autant détesté par la droite, qui le présente comme un sans-culotte bouffeur de curés. Pour mesurer la violence des résistances, il faut lire la presse de l'époque : « L'École sans Dieu ! Mais Dieu est la plus haute des vérités scientifiques[2] ! » Ferry doit se battre contre son propre camp, où des hommes comme Jules Simon jugent insensée une école sans morale religieuse[3]. C'est dire la détermination qu'il faut pour tenir.

La longévité de Ferry au poste de ministre de l'Instruction, de 1879 à 1885, presque sans interruption, a marqué son époque. En quelques années, une série de lois a transformé l'instruction publique[4]. Elles ont d'abord rendu l'instruction primaire gratuite, puis obligatoire, tout en laïcisant l'enseignement, son programme, ses manuels scolaires et son personnel, pour

1. *Ibid.*, p. 172.
2. Mona Ozouf, *op. cit.*, p. 78.
3. *Ibid.*, p. 74.
4. Les lois Ferry seront complétées en octobre 1886 par la loi Goblet, qui confie l'enseignement à un personnel exclusivement laïque et remplace les « salles d'asile » par de véritables écoles maternelles.

finir par accoucher d'une véritable école laïque, bastion des « hussards noirs », selon la formule de Charles Péguy.

Les catholiques crient au sacrilège lorsqu'on décroche progressivement les crucifix ou les images de la Vierge des salles de classe. Mais à part quelques débordements organisés par la presse conservatrice, qui appelle à une « croisade de la désobéissance civile », le mouvement n'est pas suivi. Au fond, la laïcisation de l'école publique arrange le plus grand nombre. À commencer par les enfants de minorités – athées, juives ou protestantes – obligés jusqu'ici d'apprendre sous la tutelle symbolique du catholicisme. Même si le mouvement protestant est plus divisé qu'on ne le pense parfois. Une branche milite en faveur de la séparation, une autre regrette de devoir fermer certaines de ses écoles à cause des nouvelles législations.

Un homme va convaincre : Ferdinand Buisson. Éducateur protestant converti à la libre-pensée et franc-maçon, il sera l'un des grands artisans de la loi de 1905. Pour l'heure, il milite aux côtés de Jules Ferry en faveur d'une école laïque, seul moyen de forger des citoyens « sans distinction d'opinions, de culte, d'origine[1] ». Cofondateur de la Ligue des droits de l'homme et bientôt président de la Ligue de l'enseignement, il s'est battu dès 1866 pour que les filles aient droit à des cours normaux, comme les garçons, en dehors de l'Église, c'est-à-dire qui ne se

1. Cité par Amandine Barb, *op. cit.*, p. 10.

résument pas à leur enseigner la couture ou à devenir de bonnes épouses. À ceux qui lui reprochent de vouloir une « école sans Dieu » qui tue l'âme des petits Français, il répond que l'école ne fait que combattre les préjugés : « Ce qu'elle veut tuer dans l'âme des petits Français du XXe siècle, ce n'est pas la foi, c'est la haine[1]. » Avec Condorcet, c'est Ferdinand Buisson qui a vraiment tracé le chemin dont s'inspire la loi interdisant les signes religieux à l'école publique. Il ne souhaite pas un catéchisme d'État antireligieux, mais ne croit pas non plus à la « fausse neutralité » invoquée par les familles pour refuser que l'école cultive l'esprit critique des élèves[2] : « Autant nous comprenons, comme le bon sens l'indique, la réserve qu'avaient en vue les républicains sous le nom de neutralité, autant nous protestons contre la fausse neutralité qui réduirait l'école à un état d'effacement, d'impuissance et d'insignifiance que nous ne saurons accepter pour elle[3]. »

---

1. Ferdinand Buisson, *La Foi laïque. Extraits de discours et d'écrits (1878-1911)*, Hachette Livre, 1913.

2. Surnommé la bible des « hussards noirs », son *Dictionnaire de pédagogie et d'instruction primaire*, publié en 1887 puis réédité en 1911, réunit des articles parus au cours de son long combat aux côtés de Ferry, de Combes puis de Briand. On y trouve une conception extrêmement claire et éclairée de la mission laïque de l'école publique. F. Buisson, *Nouveau Dictionnaire de pédagogie et d'instruction primaire,* 1911, Hachette.

3. Voici ce qu'il écrit juste avant ces lignes en novembre 1905 : « Les mêmes hommes qui n'y voulaient voir qu'un attentat contre la liberté, contre la religion, contre les pères de famille, ce sont eux

Jules Ferry, plus politique que philosophe, ira moins loin et tente par tous les moyens de calmer l'incendie que ses lois ont déclenché. Accusé par Jules Simon d'encourager l'« athéisme public », il concède un vague passage sur Dieu dans le programme d'enseignement moral laïque, qu'il distingue de l'enseignement religieux[1]. Il écrit aussi une « Lettre aux instituteurs » pour les rassurer, les guider dans leur tâche difficile, et leur donne pour conseil d'éveiller les consciences sans froisser inutilement. Toujours pour répondre, inlassablement, aux procès en persécution qu'on lui intente dans la presse conservatrice ou sur les bancs de l'Assemblée, il insiste sur l'importance démocratique d'une école publique qui n'assigne pas les élèves à leur religion : « Il importe à une société comme la nôtre, à la France d'aujourd'hui, de mêler sur les bancs de l'école les enfants qui se trouvent un peu

---

aujourd'hui qui, se tournant vers l'instituteur, vers l'institutrice, leur disent d'un air très entendu et très sentencieux : "N'oubliez pas qu'il y a une loi qui vous impose la neutralité, soyez neutres, mes bons amis !" Ils veulent dire "soyez nuls !". C'est sur ce malentendu voulu qu'ils espèrent fonder d'habiles opérations de stratégie politique » (F. Buisson, *Nouveau Dictionnaire de pédagogie et d'instruction primaire*, *op. cit*, p. 210).

1. L'enseignement moral laïque doit inculquer aux enfants une forme de morale universelle sans assignation religieuse. Voici ce que prévoient les programmes édictés le 27 juillet 1882 : « Sans s'occuper des prescriptions spéciales aux diverses communions, l'institueur s'attache à faire comprendre et sentir à l'enfant que le premier hommage qu'il doit à la Divinité, c'est l'obéissance aux lois de Dieu telles que les lui révèlent sa conscience et sa raison. »

plus tard mêlés sous le drapeau de la Patrie[1]. » « Quant aux écoles laïques, quant à la séparation de l'Église et de l'école, ajoute-t-il dans un autre discours, je nie absolument qu'elle ait revêtu, soit dans la loi, soit dans la pratique, le caractère de persécution que vous lui attribuez[2]. » De fait, le gouvernement a pris mille précautions pour appliquer ses circulaires interdisant les prières ou les crucifix avec doigté et ne pas créer d'incident. Une circulaire du 2 novembre 1882 recommande de ménager les populations lors du retrait des emblèmes religieux des bâtiments scolaires. Mais la colère reste vive.

De toutes les mesures engagées, c'est la fermeture de congrégations religieuses non autorisées qui suscite le plus de passions. À la veille des mesures prises par Jules Ferry, 158 000 congrégationnistes, dont de nombreux jésuites, enseignent à plus de 2 millions d'élèves, parfois en dehors de tout cadre légal et souvent pour leur inculquer la haine de la République[3]. Ferry, mais aussi Buisson et Gambetta, souhaite freiner cette propagande. L'accord des deux Chambres est loin d'être acquis. Le gouvernement est obligé d'agir par décrets. Quitte à affronter une fronde cléricale, agitée

1. Cité par Marceau Pivert dans *L'Église et l'École*, *op. cit.*, p. 100.

2. *Les Grands Discours parlementaires de la Troisième République*, textes présentés par Jean Garrigues, préface de Jean-Louis Debré, Armand Colin, 2004, p. 111-112.

3. Dimitri Demnard et Dominique Fourment, *Dictionnaire d'histoire de l'enseignement*, Erreur Perimes, 1982, p. 139-142.

par le duc de Broglie. Des incidents éclatent lorsque les policiers viennent fermer les établissements hors la loi. Ferry tient bon.

En quelques années, la République aura voté la municipalisation des pompes funèbres et des cimetières, le droit à des funérailles civiles et la laïcisation de l'hôpital. À la même période, en 1884, la loi Naquet rétablit le droit de divorcer, comme sous la Révolution, et l'on supprime les prières publiques ouvrant les sessions parlementaires. C'est dire l'immense œuvre de laïcisation et de progrès accomplie sous cette « République opportuniste », haïe par l'extrême droite comme par l'extrême gauche. Dans un discours prononcé à la Chambre en 1889, dans un climat électrique, Jules Ferry fera le bilan de son action en se disant profondément attaché à la « paix religieuse » : « Oui, nous sommes entrés dans la lutte anticléricale, mais la lutte antireligieuse, jamais, jamais[1]. »

Le bilan de Ferry ne s'arrête pas là. Sur les bancs de l'Assemblée, on lui reproche, à juste titre, d'avoir engagé la France dans une terrible aventure coloniale, sans véritable majorité pour le faire. Démentant cruellement ceux qui associent l'idée de laïcité à cet esprit de colonisation, la plupart des pères fondateurs de la laïcité l'ont combattue. Dans une passe d'armes

1. Cité et analysé par Gérard Delfau, *La Laïcité, défi du XXIe siècle*, *op. cit.*, p. 55-58.

célèbre à l'Assemblée, Clemenceau, l'un des hommes les plus laïques de son époque, se moque férocement de Jules Ferry et de son goût pour les missions civilisatrices : « Combien de crimes atroces, effroyables, ont été commis au nom de la justice et de la civilisation (...) La conquête que vous préconisez, c'est l'abus pur et simple de la force que donne la civilisation scientifique sur les civilisations rudimentaires, pour s'approprier l'homme, le torturer, en extraire toute la force qui est en lui au profit du prétendu civilisateur. Ce n'est pas le droit : c'en est la négation[1]. »

Une large partie de la gauche républicaine applaudit. La gauche révolutionnaire, elle, ne rêve que de revanche face à l'Allemagne. On imagine mal la violence des cris et des libelles contre celui qu'on appelle alors volontiers « Ferry-la-famine » ou « Ferry-Tonkin ». Lorsqu'il quitte le pouvoir, renversé en raison de sa politique coloniale désastreuse, une partie de la gauche se laisse séduire par les sirènes nationalistes et populistes du général Boulanger, qui aurait pu renverser la République. L'antiparlementarisme est au plus haut. Notamment à cause du scandale de Panama, une affaire de corruption qui éclabousse de nombreux républicains « opportunistes ». Les mesures antiterroristes, parfois disproportionnées, sont décriées

1. Discours prononcé à la Chambre des députés, le 28 juillet 1885, en réponse au discours défendant la colonisation de Jules Ferry.

par la Ligue des droits de l'homme comme des « lois scélérates ». Une seule chose met encore d'accord l'ensemble de la gauche : combattre Bismarck et l'Église.

De l'affaire Dreyfus à la bataille contre les congrégations

Si l'histoire récente de la laïcité est bien distincte de celle de la colonisation, elle est en revanche intimement liée à la lutte contre le racisme... Car c'est le rôle joué par l'Église et la droite cléricale dans le déchaînement raciste envers le capitaine Dreyfus qui a ravivé le désir de séparation. Pendant toute l'Affaire, le journal *La Croix* se vante d'être le « journal le plus antisémite de France ». En réalité, entre *Le Pèlerin* et *La Libre Parole* d'Édouard Drumont, il a de la concurrence. L'extrême droite est déchaînée et la gauche un temps divisée. Au début de l'Affaire, le groupe socialiste de l'Assemblée exhorte ses troupes à « ne choisir aucun camp » dans cette « guerre civile bourgeoise » : ni celui du « cléricalisme » ni celui de l'« oligarchie militaire »[1]. Des figures de la gauche radicale, comme Guesde, mais aussi Jaurès ou Clemenceau, ont bien failli basculer du côté de l'indifférence par antimilitarisme, haine des bourgeois et des

1. Jean-Paul Scot, *op. cit.*, p. 132.

banquiers. Le « J'accuse » de Zola les aura réveillés. Il sonne le sursaut d'un camp républicain soudé par le rejet de la droite cléricale et antisémite. Il faut dire que la République est en danger. La Ligue des patriotes a même tenté de marcher sur l'Élysée[1] à l'occasion des obsèques de Félix Faure, le 23 février 1899.

À l'opposé, le camp des progressistes constitue un gouvernement de « défense républicaine » qui dit vouloir résister à un triple péril : « nationaliste, antisémite et clérical ». Il est conduit par Waldeck-Rousseau, sénateur de la Loire modéré, porté par une majorité fragile. L'anticléricalisme est un peu le ciment qui permet de faire tenir ensemble républicains modérés, radicaux, socialistes et radicaux-socialistes. Ce serait donc en principe le moment de décréter la séparation, prévue dans de nombreux programmes depuis plusieurs élections. Mais le pays reste sous tension. Le gouvernement choisit de cicatriser en priorité les plaies béantes de l'affaire Dreyfus et de réhabiliter le capitaine. En revanche, pour patienter, on s'attelle au dossier des congrégations, qui traîne depuis trop longtemps. Les républicains

1. Déroulède est arrêté puis acquitté en raison de son immunité parlementaire. Quelques mois plus tard, le président Émile Loubet est agressé à coups de canne par un nationaliste dans une tribune de l'hippodrome d'Auteuil. Les républicains répondent par une immense marche à Lonchamp, sous très haute protection policière, aux cris de « Vive la sociale ! » et « Vive la république ! ».

les soupçonnent toujours d'alimenter la guerre des deux France en tenant un double discours, légaliste en apparence, mais violemment clérical et antirépublicain en sous-main.

On touche là à l'un des aspects de cette histoire qui explique en partie la méfiance historique des républicains français envers le communautarisme. Comme dirait Millerand, alors ministre du Travail, « la République n'est pas un régime oppressif ou intolérant, mais elle ne saurait permettre à quiconque, sous prétexte de religion, de faire campagne contre elle[1] ». Alors que le pape Léon XIII accepte enfin la République, bien des congrégations continuent de prendre le parti de la réaction, de l'antisémitisme et de la contre-révolution. La presse républicaine s'angoisse à l'idée de voir le « parti noir » reprendre le pouvoir. C'est loin d'être un fantasme. La France vit au bord du coup d'État permanent. L'influence grandissante des congrégations – qui ont soufflé sur les braises de l'antisémitisme pendant l'affaire Dreyfus – menace à la fois l'unité et l'égalité. Le siège de *La Croix*, tenue par les assomptionnistes, est perquisitionné. Les locaux de la congrégation abritent aussi un comité Justice-Égalité, qui sert à financer les campagnes de candidats factieux, rêvant de gagner les élections pour mieux renverser la République. Inculpés, le directeur de *La Croix* et le fondateur du comité seront accusés

1. Gabriel Merle, *Émile Combes*, Fayard, 1995, p. 232.

de vouloir former un « État dans l'État[1] ». Les évêques sont furieux. Waldeck-Rousseau persiste à présenter ces congrégations comme un danger mortel : « Trop de moines ligueurs, trop de moines d'affaires ! » Ferdinand Buisson les accuse de vouloir maintenir la « domination des consciences[2] ».

L'homme qui lui succède à la présidence du Conseil et qui va poursuivre ce combat contre les ligues le paiera de sa réputation. Il s'agit d'Émile Combes, décrit encore aujourd'hui sur les bancs de la droite, et parfois d'une certaine gauche, comme un « bouffeur de curés », antipathique et tyrannique. En fait de tyran, cet homme rond, montre de gousset et barbiche, était surnommé le « petit père Combes » en raison de sa bonhomie provinciale. Fils d'un modeste tailleur, il a grandi dans une famille nombreuse et pauvre, avant de s'élever grâce aux études. Comme ne se lasseront pas de le rappeler les cléricaux, il est passé par le petit et le grand séminaire, où sa vocation s'avère peu sérieuse. Le jeune homme préfère s'orienter vers des études de psychologie et de médecine avant d'entrer en politique. Il n'est ni athée ni vraiment partisan de la séparation, croit au spiritualisme plus qu'au positivisme et préfère le concordat, ne serait-ce que pour ses vertus politiques. Un moyen de contrôle qu'il utilise avec zèle pour hâter la laïcisation de l'enseignement.

1. Gérard Delfau, *La Laïcité, défi du XXIe siècle*, *op. cit.*, p. 66-67.
2. Ferdinand Buisson, *La Foi laïque*, *op. cit.*, p. 111.

Combes ne va pas jusqu'à interdire les congrégations religieuses autorisées faisant réellement œuvre de bienfaisance, comme les asiles. Il se contente d'appliquer avec fermeté la loi de 1901. Adoptée par son prédécesseur, elle consacre la liberté de s'associer en échange d'un contrat passé avec l'État et du respect de ses lois civiles. La loi autorise l'État à dissoudre toute communauté cléricale refusant de se déclarer ou qui enseigne « sans autorisation ». Leur nombre a presque doublé depuis la Révolution. Environ 753 agissent en dehors du cadre légal[1]. L'immense majorité va accepter de se régulariser. 300 d'entre elles, principalement jésuites, refusent de demander une autorisation, entrent en dissidence et deviennent « dissoutes de plein droit[2] ». Des incidents éclatent à Paris et en Bretagne. La polémique enfle et la campagne des législatives de 1902 se fait largement sur ce thème : le parti de la défense catholique ou celui de la défense républicaine.

C'est le Bloc des gauches qui l'emporte, par 368 voix contre 220. Parmi les députés élus, 269 ont posé la question de la séparation dans leur programme. Au cours de l'année 1903, les propositions de loi séparative fleurissent. La plus aboutie est signée Francis de Pressensé,

1. C'est l'estimation avancée par Georges Trouilleau, rapporteur à la Chambre du projet de loi sur les associations. Il donne des chiffres précis qui semblent confirmés par des historiens catholiques. Cité par Pierre Roy, *in* Jean-Marc Schiappa (dir.), *1905 ! La loi de séparation des Églises et de l'État*, Syllepse, 2005, p. 88.

2. Jean-Marie Mayeur, *op. cit.*, p. 24.

membre fondateur de la Ligue des droits de l'homme et militant dreyfusard. Sa proposition comporte 98 articles aux formulations familières, comme la « République ne protège, ne salarie ni ne subventionne aucun culte ». Elle est signée par 56 députés de gauche dont Jaurès et Briand. Mais elle n'est pas examinée. Émile Combes vient de prendre les rênes du gouvernement après la démission de Waldeck-Rousseau, pour raisons de santé, et reste attaché au concordat. En revanche, sa politique de contrôle des congrégations s'accélère.

Une loi du 7 juillet 1904 décide de leur interdire l'enseignement. « Qui n'est pas libre ne peut former des citoyens libres », déclare alors Ferdinand Buisson, qui préside la commission chargée de préparer la loi[1]. Les congrégations dénoncent un « régime d'exception ». Face aux nombreuses critiques, Buisson s'explique, encore et toujours. Ces mesures ne visent pas le religieux mais le fanatisme : « Nous n'entendons nullement faire la guerre à l'idée religieuse, encore moins supprimer la liberté religieuse. Ce que nous voulons combattre, ce n'est pas l'idée religieuse, c'est l'idée ecclésiastique, l'organisation cléricale ou plutôt la tyrannie cléricale. C'est surtout l'établissement, au service de la contre-révolution, de tout un système de contre-éducation qui, sous prétexte de religion, perpétue les superstitions, les préjugés et les fanatismes[2]. » Une philosophie que partage Émile

1. Gabriel Merle, *op. cit.*, p. 311-312.
2. Ferdinand Buisson, *La Foi laïque*, *op. cit.*, p. 159.

Combes : « Ce n'est pas à la religion que nous nous attaquons, c'est à ses ministres qui veulent s'en faire un instrument de domination[1]. »

De fait, même sous Émile Combes, la République n'a jamais été jusqu'à menacer la liberté de religion. Les religieux sont restés libres de leurs sermons, de se mêler aux affaires publiques en tant que citoyens, la liberté de l'enseignement demeure, l'école obligatoire peut être, au choix, privée ou publique. Ces républicains refusent simplement que l'instruction puisse se faire dans le cadre de congrégations qui, si elles sont exclusivement enseignantes, ont dix ans pour fermer. Les deux tiers ferment immédiatement dans l'année. D'après Combes lui-même, sur 16 904 établissements concernés, seules 3 000 restent ouvertes en toute illégalité[2]. Les autres rouvrent avec des enseignants laïques. En revanche, on estime à 30 000 le nombre de religieux français partis fonder des établissements à l'étranger. C'est une migration et une reconversion sans précédent, qui a modelé en quelques mois le visage de la France pour les siècles à venir. On peut contester la méthode… mais serions-nous toujours en république, sous un régime laïque, garant des libertés de tous, sans cette transition ?

De nos jours, les femmes et les hommes politiques

---

1. Discours prononcé le 13 septembre 1903. Retranscrit dans *1905, la séparation des Églises et de l'État*, *op. cit.*, p. 114.

2. Chiffres donnés lors du discours d'Auxerre prononcé le 4 septembre 2004. Voir *ibid.*, p. 158.

sont détestés parce qu'impuissants. À l'époque, ils l'étaient parce qu'ils transformaient la société. Cette politique vaudra à Combes un déluge d'insultes et de menaces. Le désaveu va bien au-delà des cléricaux. Des républicains modérés se détournent de son gouvernement. Mais la colère la plus forte, celle qui marque encore nos mémoires, vient bien sûr du Vatican.

Depuis août 1903, le sage pape Léon XIII, plutôt conciliant, a été remplacé par un pape intransigeant, sans expérience diplomatique ni bagage universitaire. Pie X, l'homme qu'admire encore aujourd'hui l'extrême droite catholique, gouverne l'Église avec l'aide d'un secrétaire d'État, Rafael Merry del Val, obsédé par le complot « judéo-maçonnique » et le « laïcisme ». L'un des premiers discours du souverain pontife consiste à réaffirmer son statut de « guide suprême », tant au point de vue spirituel que politique : « Il est nécessaire que nous nous occupions aussi de politique[1]. » Un droit d'ingérence au nom duquel il mène une guerre féroce contre le projet de loi sur les congrégations, qu'il qualifie publiquement d'« odieuse exception », détruisant l'enseignement chrétien et donc produisant une génération d'enfants « sans foi et sans morale »[2].

Entre un Combes gallican et un pape intégriste, le « concordat » ne pouvait tourner qu'au « discordat » raillé par Clemenceau.

---

1. *Ibid.*, p. 116-117.
2. *Ibid.*, p. 129-130.

Une première crise intervient à propos de la nomination des évêques. Combes veut renforcer le droit d'ingérence de l'État. On trouve finalement un compromis. Mais alors c'est le Vatican qui force son avantage, en cherchant à s'ingérer dans les affaires politiques de la France. La crise survient en amont et en aval de la visite diplomatique du président Loubet au roi d'Italie, Victor-Emmanuel II, en avril 1904. Nécessaire du point de vue des intérêts français, la visite est perçue comme une « offense » par le Saint-Siège, qui ne reconnaît pas Rome comme capitale de ses territoires annexés et rappelle la France à l'ordre en vertu de son « pacte bilatéral avec le Saint-Siège ». L'affaire serait restée confidentielle si la mise en garde n'avait pas opportunément fuité dans *L'Humanité* le 17 mai 1904. Dans un éditorial foudroyant, Jaurès dénonce « une provocation ». Puisque la rupture diplomatique est « virtuellement accomplie », il estime qu'il ne reste plus qu'à « déduire, sans fièvre mais sans faiblesse, les conséquences nécessaires de la provocation » : « L'entière émancipation de la France, débarrassée enfin de toute ingérence politique de l'Église, n'est pas seulement la condition absolue de son libre développement intérieur : elle apparaît maintenant comme une nécessité nationale. »

Sous pression, Émile Combes rappelle l'ambassadeur de France au Vatican en signe de protestation mais se garde d'aller plus loin. La France est au bord de la séparation quand une nouvelle crise éclate. Cette fois à propos de deux évêques français jugés trop républicains par le Saint-Siège, qui les convoque. L'un est soupçonné d'être intime avec une carmélite, l'autre d'être franc-maçon. Tous deux ont surtout le défaut d'être « ralliés » à la République. Le gouvernement français demande au Saint-Siège de renoncer à cette convocation dégradante. N'étant ni entendu ni écouté, il se voit contraint de rompre ses relations diplomatiques avec le Vatican, cette fois pour de bon. Dans les faits, le concordat est rompu. Par quoi le remplacer, si ce n'est par la séparation ?

Un an plus tôt, contre l'avis de Combes, une commission parlementaire a été chargée d'imaginer un projet de loi dans ce sens. Combes ne s'y rallie qu'après la rupture avec le Vatican, qu'il annonce officiellement le 4 septembre 2004 à Auxerre : « Le pouvoir religieux a déchiré le concordat. En ce qui me concerne personnellement, il n'est pas dans mes intentions de le rapiécer. » Même s'il peut se flatter dans ses Mémoires d'avoir « familiarisé l'esprit public avec l'idée du divorce[1] », il n'en a pas pris l'initiative. C'est l'intransigeance vaticane et l'absurdité même du concordat qui ont rendu inévitable la séparation. Combes n'aura pas le temps de la mettre en œuvre. L'affaire des fiches le renverse. Un député conservateur accuse le général Louis André, ministre de la

1. Émile Combes, *Mon ministère. Mémoires (1902-1905)*, introduction et notes de M. Sorre, Plon, 1956.

Guerre, positiviste et dreyfusard, de se renseigner sur la solidité des convictions républicaines des officiers grâce aux loges maçonniques. Harcelé et insulté, Combes démissionne, en se plaignant d'être « traqué depuis dix-huit mois par une coalition d'ambitions impatientes et de haine cléricale ou nationaliste[1] ».

La grande loi de 1905

Au moment où la loi de séparation est enfin prête, la presse anticléricale ne s'est jamais aussi bien portée. Un journal satirique comme *Les Corbeaux*, en référence aux tuniques noires des curés, moque sans retenue les hommes d'Église : gras, avides, inquisiteurs et concupiscents[2]. Leurs colporteurs sont attaqués par les camelots du Roi, qui vendent *L'Action française*. Après s'être montrée si virulente contre le capitaine Dreyfus, la presse catholique se déchaîne désormais contre le projet de loi de 1905, perçu comme un « instrument de guerre » contre l'Église. Les évêques annoncent qu'ils la combattront. Des voix discordantes se font entendre. L'archevêque de Besançon, Mgr Fulbert-Petit, fait partie de ceux qui y croient : « Si la séparation était une œuvre de paix et non

1. Cité par Jean-Marie Mayeur, *op. cit.*, p. 37.
2. Guillaume Doisy, *« Les Corbeaux » contre la calotte. La lutte anticléricale par l'image à la Belle Époque*, éditions Libertaires, 2007.

une machine de guerre[1]. » Des croyants, favorables ou méfiants, échangent dans les pages du *Siècle*, qui milite en faveur d'une loi libérale. Raymond Poincaré prévient : « La séparation sera libérale ou ne sera pas. » Anatole France partage cet avis. De son côté, le congrès international de *La Libre Pensée* de septembre 2005 distribue des cartes postales où l'on peut voir le Sacré-Cœur transformé en Palais du Peuple.

Dans ce climat passionné, la commission parlementaire mise en place dès 1903 a pris le temps d'auditionner longuement toutes les parties. Ses travaux et les tempéraments des hommes qui l'animent vont s'avérer décisifs. Leur préparation, fine et délicate, consciente des enjeux, a permis d'aller vers une proposition solide. Elle doit beaucoup à l'intelligence de son président, Ferdinand Buisson, élu à ce poste par ses pairs pour le rôle qu'il a joué dans la laïcisation de l'éducation. Le rapporteur du texte, Aristide Briand, député socialiste indépendant et avocat de métier, s'avère habile tacticien. C'est Jaurès, dont il est proche, qui l'a convaincu d'accepter cette lourde mission, alors que personne ne croit alors aux chances du projet. Il s'entoure de collaborateurs talentueux pour rédiger un long rapport préparatoire, qui retrace la très longue histoire des rapports entre l'État et les cultes et compare les avantages de la séparation aux différents régimes de sécularisation déjà essayés, en France ou

1. Cité par Jean-Marie Mayeur, *op. cit.*, p. 46.

à l'étranger. En tout, la commission a rédigé 1 500 pages, qui concluent à la nécessité de réaliser enfin la séparation.

Lorsque le débat sur la loi s'engage à l'Assemblée, rien n'est joué. La droite est unie contre le projet. La gauche peut se déchirer. Il existe alors deux partis socialistes. Le Parti socialiste de France, fondé en 1902, réunit les courants de Jules Guesde et d'Édouard Vaillant au sein d'un « parti de révolution et d'opposition à l'État bourgeois ». Gauchiste par nature, hostile au gouvernement, Jules Guesde n'est pas loin de considérer le combat pour la laïcité comme une diversion bourgeoise. Ce qui ne l'empêche pas de verser dans un discours antireligieux aussi violent que contre-performant.

L'autre parti socialiste, le Parti socialiste français de Jean Jaurès et d'Aristide Briand, a également été fondé trois ans plus tôt, sur une base plus réformiste. Il se définit comme un « organe de transformation sociale et de défense républicaine ». Sa méthode est légaliste et non révolutionnaire. Jaurès peut se montrer très critique envers l'Église, « devenue le centre de résistance à la démocratie et au progrès humain[1] », mais sa position est très différente d'un Jules Guesde. Il s'oppose à la religion ayant des prétentions politiques, au cléricalisme, c'est-à-dire à l'intégrisme, sans être antireligieux ni renoncer à méditer sur les liens entre

1. Cité par Jean Rabaut, *Jean Jaurès*, Perrin, 1981.

socialisme et christianisme originel. En 1901, en pleine polémique sur les congrégations, alors que se jouait aussi la partition des deux partis socialistes, il a subi une véritable tornade médiatique, agitée aussi bien par la droite cléricale que par la gauche antireligieuse, pour avoir laissé sa fille Madeleine faire sa première communion. Sali et calomnié, soupçonné d'être lui-même religieux et d'avoir confié sa fille aux congrégations qu'il combat, le socialiste est sommé de se justifier. Il explique qu'il est lui-même « affranchi de toute religion et de tout dogme », depuis l'adolescence, mais que sa fille et sa femme, elles, sont restées attachées à cette tradition. Un choix qu'il respecte, même s'il aimerait le voir évoluer. Et Jaurès de s'interroger sur le droit d'« imposer par la force à tous les siens sa propre évolution ».

Cette polémique personnelle est à tous points de vue hautement politique. S'y dessine la différence entre deux gauches socialistes, l'une respectueuse des consciences et du privé, l'autre portant les germes du totalitarisme. La différence entre révolutionnaires et réformistes ne tient pas qu'à l'idéologie. Elle doit souvent beaucoup aux tempéraments. En l'occurrence, Jules Guesde est un homme brutal et sectaire, qui veut imposer ses idées, par la force s'il le faut. Jean Jaurès cherche toujours à convaincre. À la fois socialiste, passionnément républicain et démocrate, il rêve d'une « laïcité complète et loyale », acceptée du plus grand nombre, si ce n'est de tous. Et bien sûr, c'est lui, le laïque convaincant qui va réussir, là où Jules Guesde n'aurait même pas essayé.

Notons que les socialistes réformistes français n'auraient pas réussi sans l'aide du Parti radical, qui a façonné la France républicaine. Souvent francs-maçons, haïs par l'Église, discriminés sous l'« ordre moral », les radicaux ont joué un rôle décisif dans la laïcisation française, à toutes les étapes. Quand la loi de 1905 arrive enfin en débat, leur parti commence à décliner et rêve de retrouver l'âge d'or du radicalisme grâce à cet ultime combat, qu'ils n'ont jamais jugé secondaire. Alors que Jaurès lui-même y voit une étape à dépasser pour se consacrer enfin au combat social, les radicaux sont convaincus que l'émancipation par la laïcité est en soi une douce et belle révolution[1].

L'examen du projet de loi débute le 21 mars 1905. Des députés de droite dénoncent d'emblée une loi préparée par « les ennemis de l'Église ». Ils n'y voient qu'une « persécution religieuse mieux organisée ». La gauche révolutionnaire et antireligieuse, représentée par Maurice Allard, trouve le texte trop timoré et dépose un contre-projet. De sensibilité blanquiste, il se méfie d'une « séparation dont l'Église peut

1. Quatre ans plus tôt, Léon Bourgeois, le père du solidarisme, et des radicaux parisiens ont créé un Parti républicain-radical pour combattre « le cléricalisme, défendre la République et réaliser le programme de réformes démocratiques » formulé depuis longtemps par leurs pères.

parfaitement s'accommoder » et prône une séparation qui « amènera la diminution de la malfaisance de l'Église et des religions ». Un projet de laïcisation forcée, proche de l'athéisme d'État, qui envisage la réquisition des lieux de culte pour en faire des bibliothèques, des œuvres sociales ou de solidarité qualifiées d'« œuvres véritablement républicaines ». La voie proposée ressemble davantage à la future Révolution bolchevique qu'à la laïcité.

Le rapporteur Briand ironise sous les rires des députés : « S'il fallait donner un nom au projet de M. Allard, je crois qu'on pourrait justement l'appeler un projet de suppression des Églises par l'État. » Il en profite pour souligner l'équilibre de sa proposition de loi : « Un projet de séparation très net, mais en même temps très large, très équitable, capable de concilier les droits et les intérêts de l'État avec le souci de la liberté de conscience. » Il « supplie » ses amis de « la majorité républicaine, particulièrement (s)es amis de l'extrême gauche » de résister « au désir de faire une manifestation anticléricale qui, non seulement resterait inefficace, mais même pourrait mettre aux mains des ennemis de la République une arme dangereuse ». Il est chaudement applaudi. Le contre-projet Allard est rejeté par 494 voix contre 59. Grâce à lui, le projet Briand, si sulfureux, apparaît soudainement comme un juste milieu.

Le chemin parlementaire reste pavé de procès d'intention. Il faudra trois mois et demi et cinquante séances pour voter la loi. Tout au long des débats, Briand va habilement exciter l'extrême gauche pour faire taire l'extrême droite et positionner la loi au milieu. Jaurès, par sa stature et son talent oratoire, viendra plusieurs fois sauver le projet de l'enlisement.

Le titre Premier, celui des « Principes », comporte l'article 1 et l'article 2, soit l'âme de la loi de 1905. Il passe sans trop de difficultés. On y retrouve, ciselées avec brio, des formules martelées depuis des décennies. Comme souvent, le modèle politique français ne tient qu'à un mot, bien choisi. En l'occurrence, celui de « liberté de conscience » ouvre la loi de 1905 : « La République assure la liberté de conscience. Elle garantit le libre exercice des cultes sous les seules restrictions édictées ci-après dans l'intérêt de l'ordre public. »

L'article 2 reprend la formule de Francis de Pressensé, déjà expérimentée après la Révolution, sous le Directoire et la Commune : « La République ne reconnaît, ne salarie ni ne subventionne aucun culte. » L'un des rédacteurs du rapport Briand, Louis Méjean, fait ajouter un amendement qui stipule : « Pourront toutefois être inscrites auxdits budgets les dépenses relatives à des services d'aumônerie et destinées à assurer le libre exercice des cultes dans les établissements publics tels que lycées, collèges, écoles, hospices, asiles et prisons. » Le culte, en soi, ne peut être subventionné ou reconnu, sauf dans les cas de privation de liberté ou d'espaces clos où l'État est censé assurer la continuité de la liberté de conscience. Alors, il peut financer des aumôniers. Pourquoi cet ajout, qui ne s'applique qu'aux idées religieuses ? À part la volonté de faire passer la loi, rien n'explique cette concession.

L'article 13, plus cohérent, prévoit que l'État, propriétaire en titre d'un certain nombre d'églises, puisse participer à la rénovation des monuments cultuels classés : « L'État, les départements, les communes et les établissements publics de coopération intercommunale pourront engager les dépenses nécessaires pour l'entretien et la conservation des édifices du culte dont la propriété leur est reconnue par la présente loi. » Pour le coup, il n'y a pas de raisons que les bâtiments cultuels présentant une beauté architecturale et une valeur touristique soient exclus de l'effort d'entretien du patrimoine national.

C'est à l'article 4, portant sur les associations religieuses, que les esprits vont vraiment s'échauffer, au point de menacer la survie du projet. Propriété de l'État depuis la Révolution, les églises, les évêchés ou les presbytères des communes sont « mis à la disposition des évêques », mais à qui précisément les confier et sous quelle forme[1] ? L'enjeu est à la fois symbolique et financier. Conciliant, le projet de loi prévoit d'accorder la jouissance des lieux à des associations cultuelles formées dans le

1. Lire à ce sujet le passionnant chapitre de Jean-Marie Mayeur, *op. cit.*, p. 69-90.

cadre de la loi de 1901. Mais le fantôme de la lutte contre les congrégations et celui de la Constitution civile du clergé viennent hanter les débats. L'Église refuse de prendre le risque de voir des lieux de culte – source de sa légitimité – échoir entre n'importe quelle association, à qui l'État aurait donné sa bénédiction. Le député de droite Ribot se fait son porte-voix à l'Assemblée. Il exige des garanties... qu'Artistide Briand va donner en reformulant l'article 4[1]. Épuisé et touchant de sincérité, il explique en séance : « Nous voulons qu'à ceux qui parcourront les paroisses en essayant de susciter la guerre religieuse, aux prêtres qui, entraînés par la passion politique, tenteront d'ameuter les paysans contre la République en leur disant qu'elle a violé la liberté de conscience (*"Vous croyez qu'ils s'en priveront !" crie un député*)... vous puissiez répondre simplement : voici notre loi, lisez-la, et vous verrez qu'elle est faite de franchise et de loyauté (*vifs applaudissements à gauche et à l'extrême gauche et au centre*). »

1. Il est rédigé comme suit : « Dans le délai d'un an, à partir de la promulgation de la présente loi, les biens mobiliers et immobiliers des menses, fabriques, conseils presbytéraux, consistoires et autres établissements publics du culte seront, avec toutes les charges et obligations qui les grèvent et avec leur affectation spéciale, transférés par les représentants légaux de ces établissements aux associations qui, en se conformant aux règles d'organisation générale du culte dont elles se proposent d'assurer l'exercice, se seront légalement formées. » Cette formulation a été soufflée à Briand par Jaurès et Francis de Pressensé.

Jaurès vient prêter main-forte à son ami. Il [illegible] le fantasme de faire plier l'Église en provoquant artificiellement des schismes en son sein et lui préfère la noblesse du combat des idées : « La France n'est pas schismatique, elle est révolutionnaire ! » La formule séduit. Sur les bancs de l'extrême gauche, on approuve. C'est alors qu'il invoque le génie au service de la laïcité : « L'œuvre que la Commission nous soumet, œuvre de liberté, œuvre de loyauté, œuvre hardie, qui ne dissimule aucune arrière-pensée, est conforme au véritable génie de la France républicaine. » Il est vivement applaudi. Quand l'amendement modifiant l'article 4 est enfin voté, Jaurès s'écrie, soulagé : « La séparation est faite ! »

C'est presque vrai. La polémique rebondit à l'article 6. Les radicaux trouvent que Briand et Jaurès font trop de concessions à l'Église. De fait, la loi comporte des zones d'ombre destinées à éviter un bras de fer sans fin, que Briand redoute. Comprenant cette crainte, la droite cléricale tente d'obtenir la restitution des biens « spoliés » en 1789. Aristide Briand refuse. La République ne peut revenir en arrière. En revanche, il veut rassurer l'Église, convaincre les catholiques de bonne foi et isoler les excités. Il s'adresse à ses amis radicaux : « Vous reprenez votre liberté, il n'est que justice que vous laissiez à l'Église la sienne. » Sans peine, il persuade la Chambre d'indemniser les prêtres sortis du statut de fonctionnaires.

Vers la fin de la discussion parlementaire, la Chambre examine le titre V du projet de loi relatif à l'interdiction du « port de la soutane en dehors des offices religieux ». Cinq ans plus tôt, en septembre 1900, le maire du Kremlin-Bicêtre, Eugène Thomas, a pris un arrêté interdisant le port de la soutane sur le territoire de la commune : « Considérant, en outre, que si le costume spécial dont s'affublent les religieux, peut favoriser leur autorité sur une certaine partie de la société ; il les rend ridicules aux yeux de tous les hommes raisonnables, et que l'État ne doit pas tolérer qu'une catégorie de fonctionnaires serve à amuser les passants. » D'autres maires ont suivi, mais leurs arrêtés ont systématiquement été jugés illégaux par le Conseil d'État. De nombreux républicains n'y tiennent pas, ne serait-ce que par peur du ridicule[1]. On imagine la difficulté, pour la police, d'arrêter un prêtre. Elle est comparable à la tempête qui s'est abattue sur les policiers verbalisant des femmes en burkini sur la plage, ainsi qu'à celle qu'endure la police quand elle arrête des femmes en voile intégral dans certains quartiers. Mais contrairement au voile intégral, la soutane ne pose pas le même problème de sécurité ou d'identification... La mesure est abandonnée. Tout comme l'interdiction pure et simple des processions religieuses sur la voie publique, souhaitée par la commission Briand. Les processions extérieures d'un culte seront autorisées

1. Jean-Paul Scot, *op. cit.*, p. 250.

sous conditions, en conformité avec le code municipal, comme n'importe quelle manifestation.

Quant aux « signes religieux extérieurs » statiques, ils sont interdits dans la rue et sur les places publiques : « Il est interdit, à l'avenir, d'élever, d'apposer aucun signe ou emblème religieux sur les monuments publics. » Tout simplement parce que cet espace appartient à tous, à ceux qui croient ou ne croient pas. Lorsque les députés catholiques protestent, Briand les remet à leur place : « Votre conscience ne peut-elle donc être libre qu'à la condition de pouvoir opprimer celle des autres ? »

C'est enfin le moment de passer à l'explication des votes. Les députés de droite, comme Paul Lerolle, cherchent à excommunier les auteurs de la loi, qu'ils disent « animés jusqu'au bout d'un esprit de haine qui la fera apparaître à tous comme une loi d'apostasie nationale ». Personne n'est dupe. Les plus laïques sont déçus par les concessions qu'il a fallu faire. Beaucoup n'y voient qu'une « étape nécessaire dans la marche vers la laïcisation intégrale[1] ». Clemenceau se plaint. Le projet n'est plus à ses yeux qu'une « caricature de séparation ». Un compromis qui a toutefois le mérite d'exister. La loi est votée, par une majorité de 341 voix contre 233. Elle entre en vigueur le 9 décembre 1905. La fronde des cléricaux n'est pas terminée pour autant.

1. Ces propos de Jean Bepmale expriment l'amertume du camp des radicaux-socialistes vis-à-vis de l'article 4.

La crise des inventaires

Malgré tous les efforts entrepris par Briand et Jaurès pour rassurer le Vatican, il va se produire exactement ce qu'ils redoutaient : l'Église catholique n'accepte pas la séparation. Le 11 février 1906, Pie X publie une encyclique, *Vehementer nos*, qui condamne furieusement la loi et refuse, par principe, de reconnaître les associations cultuelles constituées selon les lois de la République. En coulisse, l'Église pèse de tout son poids pour susciter la « crise des inventaires », présentée encore aujourd'hui comme le signe d'une « laïcité de combat ». En réalité, il s'agit d'une campagne orchestrée par des radicaux catholiques pour empêcher les agents de l'État de recenser le patrimoine cultuel avant de le transférer aux associations s'étant conformées à la loi. Cela n'a rien de choquant. C'est même un député de la droite catholique qui a exigé cet inventaire. Mais *La Croix*, l'Action française, *La Libre Parole* de Drumont, ainsi que des notables comme la marquise de Mac Mahon, en appellent à la désobéissance civile.

L'inventaire se passe bien dans la majorité des communes. Des blocages sont observés en Bretagne, dans des territoires ruraux et en premier à Paris. À Sainte-Clotilde, le curé, plutôt libéral, se plaint d'avoir été débordé par des « intransigeants » de l'Action française venus bafouer son autorité pour défier le préfet. À la campagne, des paysans viennent avec leurs fourches, des barres de fer et des chevaux pour former des boucliers humains autour des églises. L'altercation peut s'avérer violente. L'inventaire doit se faire sous protection policière. Un jour, la catastrophe redoutée arrive. Dans les Cévennes, un brigadier doit tirer pour éviter à un receveur d'être transpercé par une fourche. Près de la frontière belge, chargé par 200 personnes menaçantes, le fils d'un receveur tire pour sauver son père et blesse mortellement l'un des manifestants[1].

À la Chambre, les débats s'enflamment. Aristide Briand rend responsables les « excitateurs » qui, à force de mensonges, ont porté la population « au degré de fanatisme voulu ». Il promet de faire respecter la loi « avec modération et prudence, mais aussi sans faiblesse ». Les politiques marchent sur des œufs. La crise des inventaires a déjà entraîné la chute du cabinet Rouvier. Le nouveau ministre de l'Intérieur, Clemenceau, qui a combattu l'article 4, n'a pas l'intention de s'embourber. Pourtant connu pour sa fermeté, il édicte une circulaire confidentielle invitant les préfets à suspendre l'inventaire s'il doit entraîner l'épreuve de force. On connaît sa formule, « compter les chandeliers dans une église ne vaut pas une vie humaine ».

Au congrès du Parti radical et radical-socialiste de Lille, Ferdinand Buisson, qui était lui aussi contre l'article 4, recommande de « déjouer la double

1. Jean-Marie Mayeur, *op. cit.*, p. 117-175.

tactique des ennemis de la République en ne leur accordant ni capitulation ni persécution ». Ne pas interdire les offices, ne pas fermer les églises, mais placer les biens sous séquestre en attendant de trouver le repreneur. La République veut l'apaisement. Le pape et son secrétaire d'État n'en veulent surtout pas. Ils ne rêvent que d'une fronde pour défaire la loi de 1905 et renégocier un concordat. Plusieurs évêques français prônant la conciliation sont réduits au silence par leur hiérarchie. Aristide Briand tente un énième compromis. Il fait approuver, en Conseil des ministres, le principe d'une simple déclaration, une fois l'an, pour pouvoir jouir des lieux de culte. Le gouvernement renonce à envoyer la police interrompre les offices pour « délit de messe », par peur de tensions inutiles. Le pari de l'agitation voulu par le Vatican est bientôt dévoilé au grand public, grâce aux fiches et à la correspondance saisies chez Mgr Montagnini, auditeur à la nonciature de Paris, qui est expulsé.

De crises déjouées en complots avortés, la République évite le pire. Le Vatican pensait que les fidèles se retourneraient contre la loi. C'est le contraire qui se produit. Les fidèles s'éloignent du Vatican et se lassent de son intransigeance. Vingt ans après la séparation, l'assemblée des évêques et des cardinaux continue de jeter l'anathème contre « les lois de la laïcité », considérées comme « injustes » parce que « contraires aux droits formels de Dieu ». Le « laïcisme », selon la formule des cléricaux, reste l'ennemi[1]. Du côté de la République, au contraire, on baisse la garde et l'on considère le combat gagné. L'enthousiasme militant meurt sur le front de la guerre, mondiale, qui commence en 1914. L'heure est à l'union sacrée. Bien que radical, Louis Malvy, ministre de l'Intérieur, envoie une circulaire aux préfets pour leur demander de tolérer les congrégations catholiques expulsées. Juste après la guerre, Aristide Briand lui-même va jouer les médiateurs pour rétablir les relations avec le Saint-Siège.

Le renoncement à l'Alsace-Moselle et la parenthèse vichyste

Depuis le vote de 1905, la laïcité française a connu deux immenses parenthèses. La première, territoriale, dure toujours. Il s'agit du statut dérogatoire accordé à deux départements d'Alsace et à celui de la Moselle. Une concession liée à l'histoire et à la lâcheté politique.

La France est sortie transformée, saignée à blanc, de la Première Guerre mondiale. Le climat d'avant-guerre est balayé. La « germanophobie », cet orgueil blessé depuis la perte de l'Alsace-Lorraine, est vengée

1. Déclaration du 10 mars 1925 et encyclique *Divini Illius Magistri*, 31 décembre 1929. Citées dans Henri Pena-Ruiz, *op. cit.*, p. 181.

par le traité de Versailles. La France récupère ses territoires. Que faire des lois non appliquées pendant sa période allemande, comme celle sur la laïcisation de l'école et la séparation ? Le droit local peut-il rester concordataire ? En toute logique, les lois françaises devraient automatiquement s'appliquer. On s'étonne même qu'on puisse penser autrement. Mais la population semble attachée au « droit local », avantageux au plan social, et les politiques veulent la ménager pour faire accepter la réintégration. Des flots d'exilés se croisent au cœur d'un territoire blessé par les conquêtes et reconquêtes. Au moment de l'annexion, l'Église catholique a plutôt tenu tête à Bismarck, qui voulait réaliser une forme de séparation, rompre les relations diplomatiques avec le Saint-Siège, nationaliser les écoles confessionnelles, tout en continuant à rémunérer les prêtres pour s'assurer de leur fidélité. Le Reich a fini par concéder une forme de concordat prévoyant le délit de blasphème[1]. Mais l'aspect antilaïque de cette forme de résistance n'est plus perçu après-guerre. L'Église, ce secours pour les âmes meurtries, devient un repère à ne pas bousculer. Lorsque Clemenceau, « Père la Victoire » et président du Conseil, refuse de participer au *Te Deum* à Notre-Dame, dans la droite ligne de sa conception laïque d'avant-guerre, son geste est mal perçu.

---

1. Lire le précieux rappel historique réalisé par Michel Seelig dans *Vous avez dit Concordat ?*, L'Harmattan, 2015.

Concernant l'Alsace-Moselle, un « régime transitoire » est prévu. La Chambre bleu horizon qui l'emporte après-guerre rétablit des relations diplomatiques avec le Vatican. Ce statu quo l'arrange. Le 1er juin 1924, l'Assemblée vote un droit à l'exception pour « la législation locale sur les cultes et les congrégations religieuses ». Le Cartel des gauches est contre. Il va se faire élire en promettant d'appliquer l'« ensemble de la législation républicaine » en Alsace-Lorraine. Édouard Herriot, qui prend la présidence du Conseil, l'a même annoncé. Mais l'Église est habile. Avec ses alliés conservateurs, elle lance une campagne de propagande visant à faire croire que l'abrogation du concordat signifierait la fin de l'ensemble du droit local et de ses avantages sociaux. Les habitants le croient. Des manifestations monstres, encouragées par le clergé alsacien, bloquent certaines communes. Même le parti communiste local, dissident, milite pour le maintien du statut dérogatoire. En 1933, alors que des associations laïques comme la LDH se battent pour permettre la dispense des cours de religion obligatoires, ils trouvent face à eux la colère de députés catholiques et celle d'autonomistes soutenus par Maurice Thorez. Celui-ci fait même un discours enflammé à la Chambre pour dénoncer une « politique impérialiste » et n'hésite pas à s'écrier : « Vive la libre disposition du peuple d'Alsace-Lorraine jusques et y compris sa séparation d'avec la France ! »

On comprend mieux pourquoi l'Alsace-Lorraine

n'est jamais revenue dans le giron français. Par peur d'exploser et de renforcer le courant « autonomiste » local, Édouard Herriot a renoncé à abolir le concordat.

La République n'est dès lors plus tout à fait « indivisible », ni laïque, mais de son côté, l'Église n'est plus aussi antirépublicaine. Certes, les cardinaux français se plaignent toujours du « recul de la religion » et de l'athéisme, source à leurs yeux de la « crise générale » que traverse le pays, mais Benoît XV condamne l'Action française, trop turbulente, et nuance la critique du « laïcisme »[1]. Le Front populaire, qui pense ces luttes laïques secondaires, renonce donc à appliquer la laïcité en Alsace et en Moselle. Il préfère se concentrer sur une politique sociale et les congés payés, dans l'espoir d'éviter le pire. Mais il confie tout de même le poste de ministre de l'Éducation nationale à Jean Zay, fidèle héritier de Condorcet et de Buisson.

Radical et franc-maçon, Jean Zay prend en charge le dossier de l'école dans un contexte délicat, où des élèves tracent des croix gammées à la craie avant de se battre, entre rouges et bruns, dans les cours de récréation. Pour tenter de ramener la paix en classe, il édicte deux circulaires que l'on peut considérer comme les ancêtres de la loi interdisant les signes religieux ostensibles à l'école publique. La première, édictée en juillet 1936, vise la propagande créant de l'« agitation politique » dans les écoles. Le ministre

1. Gérard Delfau, *Du principe de laïcité*, *op. cit.*, p. 192-197.

interdit « tout signe politique » et précise aux chefs d'établissement : « Vous voudrez bien considérer comme *un signe politique* tout objet dont le port constitue une manifestation susceptible de provoquer une manifestation en sens contraire. » Lorsque la bataille rangée se déplace sur l'identité religieuse, il édicte une seconde circulaire, en mai 1937, qui vise spécifiquement le « prosélytisme religieux » : « L'enseignement public est laïque. Aucune forme de prosélytisme ne saurait être admise dans les établissements, je vous demande d'y veiller avec une fermeté sans défaillance. » La guerre rattrape pourtant les écoles et le Front populaire. Quelques mois avant l'armistice, Jean Zay est arrêté et assassiné par la Milice.

Vichy sera l'autre parenthèse, cette fois provisoire, de l'histoire de la laïcité depuis 1905. On a souvent dit que les nazis n'étaient pas religieux et même parfois anticatholiques. Cela n'a pas empêché l'extrême droite française, nationaliste et cléricale, de collaborer ni de s'appuyer sur l'Église pour soutenir l'effort de « redressement national ». D'après Paxton, Pétain va même écraser « l'Église sous le poids de ses bienfaits[1] ». Des biens vacants lui sont attribués, la loi de 1901 est modifiée en faveur des congrégations, les établissements privés

1. Robert O. Paxton, *La France de Vichy (1940-1944)*, Seuil, 1974, p. 150.

confessionnels sont subventionnés, l'instruction religieuse est rétablie, à titre optionnel, dans les établissements publics… Comme l'écrit Gérard Delfau, « Vichy fut le régime le plus clérical – et le plus antisémite – de notre histoire[1] ».

Au sortir de la guerre, loin des pudeurs de Clemenceau, le général de Gaulle organise un *Te Deum* de la victoire à Notre-Dame le 26 août 1944. Mais il s'arrange pour que l'archevêque de Paris, qui s'est compromis avec l'occupant, ne puisse s'y rendre. Deux policiers placés devant chez lui s'en assurent[2]. Sans orgue ni cardinaux, pour la plupart assignés à résidence, la cérémonie est finalement abrégée au bout de quinze minutes à cause de coups de feu. Des tirs anarchistes qualifiés de « tartarinades-pétarades » par le Général, très agacé d'avoir dû interrompre ce moment solennel. Ses relations avec les cardinaux finiront par s'apaiser, dans la droite ligne d'un camp conservateur incapable d'imaginer la France sans clochers. Mais le Général a su préserver l'essentiel. Le projet de Constitution ébauché par des MRP catholiques omettait de reprendre la formule précisant que la République est « laïque ». Un « oubli » corrigé dans la nouvelle version, grâce à un amendement venant des communistes. La Constitution de 1946

1. Gérard Delfau, *Du principe de laïcité*, *op. cit.*, p. 201-202.
2. Régis Debray et Didier Leschi, *La Laïcité au quotidien. Guide pratique*, Folio. Gallimard, 2016, p. 42-43.

proclame, dès son article premier, que « La France est une République indivisible, laïque, démocratique et sociale ». Un préambule gravé dans le marbre. Pour le reste, la République ne retrouvera jamais son ambition émancipatrice laïque d'avant-guerre. Elle va même commencer à y renoncer.

La loi Debré ou le début d'un « concordat scolaire »

La loi Debré de 1959 constitue le premier coup de poignard, sans doute le plus grave, porté à l'équilibre de la séparation. Il est le fruit d'années de négociations avec le Vatican, qui n'a jamais renoncé à prendre sa revanche ni à reconquérir le territoire perdu par ses congrégations.

Au sortir de la guerre, l'Église s'oppose par tous les moyens à l'abolition du budget des cultes alloués sous Vichy à ses établissements privés. Le dossier empoisonne l'air, comme au bon vieux temps d'avant 1905. Les conservateurs du MRP sont du côté de l'Église. En liaison avec l'épiscopat, ils fondent en 1951 un Secrétariat d'études pour la liberté de l'enseignement. Des lois commencent à prévoir des bourses et des subventions pour le privé. En réponse, deux ans plus tard, des parents d'élèves laïques et des syndicats d'enseignants créent un Comité national d'action laïque (CNAL). Le but n'est pas de remettre en cause la liberté de l'enseignement, simplement de défendre la nécessité de réserver les fonds publics aux écoles publiques : « À école publique, fonds publics. À école privée, fonds privés. » La Ligue de l'enseignement et les communistes militent dans ce sens. La Constitution aussi, puisque son article 13 fait de « l'organisation de l'enseignement public gratuit et laïque à tous les degrés » un « devoir de l'État », donc une priorité.

La guerre scolaire menace de nouveau lorsque Guy Mollet décide de négocier, dans le plus grand secret, avec le Vatican. La guerre froide commence. Il a besoin des gaullistes pour éviter une coalition avec les communistes. C'est un moyen de les amadouer. Un homme propose ses services pour entamer la négociation en toute discrétion : François Méjean. Il a surtout pour qualité de porter le nom de son père, Louis Méjean, l'un des rapporteurs de Briand. L'homme n'est pas clérical, plutôt gallican, mais il est convaincu d'avoir à jouer lui aussi un rôle historique et va persuader le gouvernement de lui confier cette mission exploratoire[1]. En face, le Vatican fait monter les enchères. En échange de concessions *gallicanes*, comme le droit de regard sur l'épiscopat de France, il obtient de vrais reculs *concordataires*, comme le maintien du statut dérogatoire en Alsace et en Moselle, ou le rétablissement du financement

1. Raconté dans Jean-Marie Mayeur, *La Question laïque*, Fayard, 1997, chapitre VII.

public des écoles catholiques. Dans les deux cas, la séparation est affaiblie. Fort heureusement, cet accord, dont on a appris tout récemment la teneur, a échoué.

Mis en minorité à l'Assemblée, alors qu'une guerre sans nom pourrit en Algérie et que sa politique économique est contestée, le gouvernement de Guy Mollet, le plus long de la Quatrième République, chute en mai 1957. Deux ans plus tard, alors Premier ministre de la Cinquième République, Michel Debré donne son nom à une loi qui maintient l'œuvre désécularisatrice de Vichy, tout en détruisant une partie de ce que les grands hommes de la Troisième République ont construit[1].

À condition de passer un « contrat » avec l'État, sa loi prévoit de prendre en charge une partie du salaire des enseignants ainsi qu'une partie du budget de fonctionnement des établissements privés, en grande majorité catholiques. Grâce aux subventions de l'État, les écoles privées confessionnelles vont pouvoir sélectionner les meilleurs élèves tout en pratiquant des tarifs attractifs. Ce qui facilite leur essor, à rebours des efforts entrepris par la République pour contenir l'esprit de « congrégation ». Eddy Khaldi, fin connaisseur des rapports entre l'Église et l'école, y

1. Il faudra attendre 1978 et la publication d'un livre signé par le dirigeant du MRP Robert Lecourt, *Entre l'Église et l'État. Concorde sans concordat* (Hachette, 1978), pour avoir confirmation de ces tractations discrètes.

voit un recul dramatique, comparable à un « concordat scolaire[1] ».

Ce recul, terrible, est censé comporter un garde-fou : « Dans les établissements privés qui ont passé un des contrats prévus ci-dessous, l'enseignement placé sous le régime du contrat est soumis au contrôle de l'État. L'établissement, tout en conservant son caractère propre, doit donner cet enseignement dans le respect total de la liberté de conscience. Tous les enfants sans distinction d'origine, d'opinions ou de croyance, y ont accès. » En réalité, l'État n'impose jamais à une école d'accueillir tous les élèves et pourrait tout à fait imposer le respect des programmes sans financer les établissements privés, qui affirment de plus en plus leur « caractère propre » au détriment des valeurs républicaines, sur un mode parfois intégriste. Sans qu'aucun homme ou femme politique ose revenir en arrière. La loi Debré a pourtant fait l'objet d'un rejet sans précédent. Une pétition lancée en 1960 par le CNAL a recueilli 10 813 697 signatures, soit près de la moitié du corps électoral ! La gauche aurait pu défaire à temps ce que la droite avait semé. Mais François Mitterrand et un Parti socialiste tétanisé par la France catholique y ont renoncé.

1. Marceau Pivert, *op. cit.*, présentation p. 6.

Le renoncement de la gauche au projet Savary

La gauche revient enfin au pouvoir en 1981, après des années dans l'opposition. Parmi les 101 promesses du candidat Mitterrand, celle portant le numéro 90 promet qu'« un grand service public, unifié et laïque de l'éducation nationale sera constitué ». Il est aussitôt précisé que « sa mise en place sera négociée sans spoliation ni monopole ». Pas question de toucher à la liberté de l'enseignement, ni même de réserver les fonds publics aux écoles publiques. Qui voudrait voir sa réputation taillée en pièces comme Émile Combes ? Depuis le Cartel des gauches, l'Église catholique a su montrer sa capacité à nuire et même à faire tomber un gouvernement. Une partie de la droite française catholique vit déjà dans la terreur de voir des ministres communistes au gouvernement. Certains ne sont pas loin de penser que les chars de l'Armée rouge vont défiler le 14 juillet. François Mitterrand, profondément centriste, n'a pas du tout l'intention de ranimer les passions de la Troisième République.

Son ministre de l'Éducation, Alain Savary, prépare un projet de loi conforme à la promesse 90 le plus lentement possible. Les associations laïques s'impatientent et le font savoir lors d'un rassemblement commémorant les cent ans de la loi Ferry de 1882. Évoqué en Conseil des ministres, le projet Savary envisage simplement de rapprocher les écoles publiques et privées des collectivités territoriales. Pour mieux intégrer les maîtres et les enseignants du privé à la fonction publique. Une perspective floue, qui mécontente à la fois les laïques et les catholiques militants. Laborieux et négociateur, Savary consulte, tergiverse et travaille à se faire oublier. Son projet ne sort des cartons qu'après le tournant de la rigueur économique. Face à la grogne sociale et politique, Mitterrand doit rappeler qu'il est toujours de gauche... mais dans une France de droite.

En juin 1984, alors que le projet Savary devient enfin d'actualité, des organisations de parents d'élèves du privé catholique – fortement aidés par les réseaux de l'Église – se mobilisent. L'opposition tient son occasion de défiler contre un gouvernement usé. Les organisateurs, visiblement peu habitués à battre le pavé, parlent de 2 millions de manifestants. La police n'en compte que 850 000. Même si le nombre exact se situe plutôt autour du million, la manifestation reste impressionnante. C'est l'une des plus importantes de l'après-guerre. Et la première fois, depuis Mai 68, que le pavé n'est pas battu par la gauche. Toutes les figures de la droite veulent en être et défilent aux côtés des évêques et de Mgr Lustiger ; de Simone Veil à Valéry Giscard d'Estaing en passant par Jacques Chaban-Delmas et Jacques Chirac. Contre quoi manifestent-ils ? Contre un projet illisible, sous un mot d'ordre flou : « Pour l'école libre. » En réalité, la liberté de l'enseignement n'a jamais été menacée. À moins de considérer que la République menace la démocratie, ou qu'elle n'a pas son mot à dire sur la qualité de l'enseignement qu'elle finance.

François Mitterrand avait-il l'intention d'aller jusqu'au bout ? On peut en douter. Le 14 juillet 1984, il annonce le retrait du projet Savary, en même temps que la nomination d'un nouveau gouvernement et d'un nouveau Premier ministre. Depuis, la gauche de gouvernement garde un souvenir terrifié de la marche pour l'école privée. Comme si le fil reliant la gauche à l'époque glorieuse de la Troisième République s'était brisé. En renonçant à l'esprit combatif de la séparation, la gauche a pris le risque de vider la laïcité de sa substance progressiste et de la partager avec la droite. Pour le meilleur : un consensus républicain plus large, comme au moment de la loi sur les signes religieux à l'école publique. Et parfois pour le pire : une catho-laïcité à géométrie variable, qu'on invoque surtout pour tenir bon face à l'islam, tout en se montrant accommodant quand il s'agit des écoles catholiques.

Peu s'en souviennent, mais c'est François Bayrou, alors ministre de l'Éducation nationale d'Édouard Balladur, qui a proposé la plus grande régression depuis la loi Debré. En 1993, il s'apprête à sauver une disposition visant à aller plus loin que la loi Falloux, jusqu'à déplafonner les moyens publics accordés à l'école privée. Le Conseil d'État et une manifestation monstre en auront raison. Le 16 janvier 1994, un million de partisans de l'école laïque marchent dans les rues à l'appel du CNAL. Cette fois, c'est la droite qui saura s'en souvenir. Le ministre de l'Éducation ne reviendra plus sur sa proposition. En revanche, tirant les leçons des tergiversations de Lionel Jospin, il édicte une circulaire qui commence à réglementer le port de signes religieux « ostentatoires ». C'est-à-dire le voile et non une médaille de baptême.

La loi égalitaire sur les signes religieux à l'école publique

On a tout écrit et tout lu sur cette loi. Qu'elle était raciste, « islamophobe », une loi d'« exception », coloniale, voire vichyste ! Ses adversaires religieux se sont déchaînés contre elle comme d'autres s'étaient déchaînés, un siècle plus tôt, contre la laïcisation de l'école. Avec la même mauvaise foi.

Au plus fort du débat, j'ai moi-même entendu une universitaire spécialisée dans l'étude des sciences religieuses, devenue depuis sénatrice écologiste et même vice-présidente de la commission des lois du Sénat, expliquer à une salle principalement composée de sympathisants des Frères musulmans qu'avec cette loi, la France faisait aux musulmans ce qu'elle avait fait aux Juifs. C'est évidemment tout le contraire. La loi s'inspire des circulaires antifascistes de Jean Zay. Elle n'est pas l'enfant de Ferry le colonisateur mais de Ferry le laïque, de Condorcet l'antiesclavagiste, de

Clemenceau l'anticolonialiste, et de Ferdinand Buisson l'antiraciste, prêt à froisser les familles (contrairement à Ferry) pour combattre les préjugés et les superstitions.

Rappelons que la colonisation n'a jamais voulu, ni de près ni de loin, interdire les signes religieux ou faire reculer les identités confessionnelles. C'est même le contraire… La laïcité n'a jamais été appliquée dans les territoires coloniaux, pas même dans les trois départements français d'Algérie, en raison du statut de l'indigénat ! Les affiches de l'école coloniale adoraient montrer les femmes musulmanes en voile, si exotiques. Oser assimiler la volonté d'éduquer tous les enfants d'une même nation dans le respect de l'égalité à une « mission civilisatrice » voulant dominer culturellement les enfants d'une autre nation relève tout simplement de la propagande. De celle qui fait le jeu de la nouvelle campagne « cléricale », intégriste, contre l'école laïque. Mais visiblement, l'astuce est plus facile à repérer quand l'attaque vient de la religion majoritaire.

Au lieu de faire bloc autour de cette loi, comme l'auraient fait les grands hommes de la Troisième République, les progressistes se sont divisés pour savoir s'il fallait ou non légiférer sur le voile à l'école. Ce n'est pas tant le clivage entre gauche réformiste et révolutionnaire qui a joué, que celui entre gauche « démocrate » et gauche « républicaine ». Culpabilisée par l'histoire coloniale, tétanisée par le chantage à l'« islamophobie », la gauche démocrate n'y a vu qu'une loi de droite choquant des musulmans. Se souvenant de son histoire, la gauche républicaine a pris le risque d'endurer les procès en « islamophobie » pour sanctuariser l'école laïque. Comme la loi Veil autorisant l'avortement, la loi sur les signes religieux ostensibles a réuni tous les républicains de bonne foi. Pour une raison simple… Contrairement à ce que proclament ses détracteurs, il ne s'agit pas d'une loi d'exception, mais d'une loi d'égalité.

Rappelons qu'elle vise tous les signes religieux ostensibles à l'école publique et pas seulement le voile. Bien sûr, c'est le *hijab* qui a suscité le plus d'émotion. Mais cela s'explique autrement que par le racisme… Par le féminisme. Contrairement à la croix (déjà retiré des murs des écoles) ou à la kippa, le voile a une double résonance : religieuse et genrée. On peut débattre à l'infini sur ce que signifie le voile et nous l'avons fait. Des femmes le portant ont mille fois été interrogées et chacune a une réponse qui lui appartient : « c'est pour moi », « c'est pour Dieu », « c'est par pudeur », « c'est mon choix ». Il est certain que la plupart des femmes d'aujourd'hui portent le voile volontairement. Ce qui ne veut pas dire qu'un choix n'est pas conditionné ou suggéré. Le débat n'est pas là. Il ne porte pas sur la *signification* individuelle du voile, qui relève de chacun et surtout de chacune, mais sur la *résonance* collective du voile, qui nous concerne tous et toutes.

Même les savants les plus fondamentalistes sont obligés de reconnaître que rien dans le Coran n'oblige à porter un voile pour être une bonne musulmane. Du temps de Mahomet, il n'était question que de tendre un voile dans une pièce pour éviter aux femmes du Prophète d'être vues par ses ennemis. Pour sortir faire leurs besoins la nuit, on leur recommandait de rabattre un châle sur leur « poitrine »[1]. Ce sont les islamistes qui ont transformé cette consigne en obligation de se couvrir les cheveux, pour ne pas ressembler aux Occidentales et en faire un signe de soumission à leur idéologie. À l'image de cette consigne de Youssef al-Qaradawi, théologien vedette des Frères musulmans : « Ce vêtement ne doit pas ressembler à ce que portent les mécréantes, les Juives, les chrétiennes et les idolâtres. L'intention d'imiter ces femmes est interdite en islam qui tient à ce que les musulmans se distinguent et soient indépendants dans le fond et dans la forme. C'est pourquoi il a ordonné de faire le contraire de ce que font les mécréants[2]. » En Égypte comme en Algérie, comme en France, les réseaux « fréristes » ne sont jamais loin quand il s'agit de poser cet emblème sur la tête des femmes.

La France, comme une grande partie du monde arabe, ne comptait quasiment pas de voiles, sauf un fichu traditionnel, jusqu'à ce que la révolution islamique iranienne puis de jeunes prédicateurs sunnites

1. Leïla Babès, *Loi d'Allah, loi des hommes*, Albin Michel, 2002.
2. Youssef al-Qaradawi, *Le Licite et l'illicite en islam*, Paris, Al-Qalam, 1992.

relancent la mode. Un mouvement qui a connu une nette accélération après la première guerre du Golfe et la guerre civile en Algérie. Au moment où les islamistes menaçaient de tirer sur les écolières algériennes ne portant pas le voile, des jeunes filles nées en France se sont mises à trouver « rebelle » de le porter. Songent-elles parfois à Katia Bengana, cette jeune Algérienne de dix-sept ans, assassinée en 1994 à la sortie de son lycée, pour avoir tenu tête aux groupes islamistes et être allée à l'école sans voile ? Ailleurs, de très nombreux pays comme l'Iran ou l'Arabie Saoudite continuent d'imposer le voile aux femmes en signe de « pudeur » et de soumission, au lieu de demander aux hommes de contenir leurs pulsions. C'est dans ce contexte mondial que de jeunes Françaises, nées dans une démocratie laïque arrachée à la théocratie, cèdent à la mode – très politique – du voile.

Qu'elles le choisissent librement ne change rien. La loi sur les signes religieux n'a pas été votée en raison de la signification personnelle du voile mais pour préserver l'école des troubles liés à cette résonance. C'est ce que rappelle Patrick Weil, politologue et historien ayant siégé parmi les sages de la commission Stasi : « Nous n'avons proposé l'interdiction des signes religieux à l'école, comme l'avait fait Jean Zay en 1938, que parce qu'ils étaient des facteurs de trouble à l'ordre public et pas à cause du sens de ces signes[1]. »

1. « Les Matins de France Culture », 6 juin 2016.

La République laïque n'a pas voulu engager ce bras de fer. Pendant une décennie, tant qu'elle a pu, elle a tenté de s'en accommoder et de regarder ailleurs. La gauche n'a pas voulu légiférer en 1989 lorsque la première affaire du voile éclate à Creil. Le trouble ne concerne alors qu'une poignée de lycéennes et leurs familles turques traditionnelles. L'UOIF tente déjà de politiser l'affaire en radicalisant ces familles et en faisant échouer le rendez-vous de conciliation avec le chef d'établissement[1]. La polémique prend de l'ampleur. Mais le Premier ministre de l'époque, Lionel Jospin, « exclut d'exclure » les élèves. Il préfère renvoyer la balle au Conseil constitutionnel. Des intellectuels de gauche – Élisabeth Badinter, Régis Debray, Alain Finkielkraut, Élisabeth de Fontenay, Catherine Kintzler – lui demandent de se ressaisir, dans l'intérêt des élèves ne voulant pas porter le voile : « D'une seule phrase, vous avez désarmé ces milliers de jeunes musulmanes qui se battent ici et là pour leur dignité et leur liberté. Leur plus sûr allié contre l'autoritarisme des pères était l'école laïque et républicaine. Aujourd'hui, elles l'ont perdu[2]. » Le Conseil

1. Venus avec les familles, ses militants tentent d'enregistrer le directeur à son insu et de lui faire tenir des propos racistes. Manque de chance, le directeur, qui est un bon républicain, ne tient aucun propos raciste.

2. Élisabeth Badinter, Régis Debray, Alain Finkielkraut, Élisabeth de Fontenay et Catherine Kintzler, « Profs, ne capitulons pas ! », tribune parue dans *Le Nouvel Observateur*, 2-8 novembre 1989.

d'État renvoie le politique à ses responsabilités ? Lionel Jospin se décharge sur les chefs d'établissement : à eux de décider, au cas par cas... Il est faux de dire que la France n'a pas essayé la tolérance. Elle a essayé. Mais ça n'a pas marché.

Tolérer le voile à l'école publique pendant quinze ans n'a pas freiné son succès. Cherchant visiblement à tester les limites de cette tolérance, ce phénomène s'est accompagné de demandes dérogatoires toujours plus nombreuses. Les professeurs ont assisté, éberlués, à l'émergence d'une génération d'élèves traitant de « putes » ou de « mécréantes » les femmes, parfois leurs mères, ne portant pas le voile. Des livres et des rapports, comme *Les Territoires perdus de la République* ou le rapport Obin mais surtout les auditions de la commission Stasi, ont fait remonter des cas hallucinants d'élèves contestant l'enseignement de la Shoah, d'autres séchant la piscine pour ne pas avoir à montrer leur corps, quand elles ne refusent pas de serrer la main de leur professeur masculin ou de prendre la parole en classe car « la voix des femmes est impure »[1]. Ce sont ces comportements, ces troubles liés au retour de l'intégrisme, qui vont interroger la France au plus profond d'elle-même, notamment sa conception de

1. Jean-Pierre Obin, *Les Signes et manifestations d'appartenance religieuse dans les établissements scolaires*, rapport au ministre de l'Éducation nationale, de l'Enseignement supérieur et de la Recherche, juin 2004. Emmanuel Brenner (dir.), *Les Territoires perdus de la République*, Mille et une nuits, 2004 ; rééd. Pluriel, 2015.

l'égalité hommes-femmes et de l'école laïque. A-t-elle surréagi ? Fallait-il encore attendre ? En réalité, elle a trop tardé. Il fallait sans doute agir plus tôt, avant que le coup d'arrêt ne suscite autant de résistance.

En 2003, Jacques Chirac décide de mettre sur pied une commission de réflexion « sur l'application du principe de laïcité dans la République ». Sa présidence est confiée à un centriste, alors médiateur de la République : Bernard Stasi. Devenu français à sa majorité, l'homme s'est toujours battu pour une vision à la fois exigeante et généreuse de l'intégration à la française. Auteur de *L'Immigration, une chance pour la France*, il n'a jamais cessé de dénoncer les atermoiements de la droite vis-à-vis de l'extrême droite. Ce qui lui a valu de devenir l'une des bêtes noires du FN. Jean-Marie Le Pen lui a même dénié publiquement le droit de faire de la politique en raison de ses origines immigrées[1]. Les autres sages composant la commission Stasi sont insoupçonnables de racisme. On y retrouve la crème des juristes, des philosophes, des enseignants, tous venus d'horizons très divers, allant du

1. Le 6 février 1986, à l'occasion d'un débat sur France Inter, Bernard Stasi et Jean-Marie Le Pen ont cet échange :

« Bernard Stasi : Je n'ai pas les mêmes convictions que vous.

— Jean-Marie Le Pen : C'est un peu normal, puisque vous êtes fils d'immigré et vous n'avez été français qu'à l'âge de dix-huit ans.

— Bernard Stasi : Vous avez le culot de me dire qu'en tant que fils d'étranger je n'aurais pas le droit de faire de la politique ?

— Jean-Marie Le Pen : Je crois que c'est une question de bon goût. »

républicanisme au multiculturalisme, de la laïcité réelle à la laïcité plus « démocrate » que « républicaine »[1]. Ensemble, ils ont mené une série d'auditions, longues et instructives, très suivies grâce à leur diffusion sur la Chaîne parlementaire : 140 personnes représentant la société civile, les partis politiques et les instances religieuses du pays. Du côté des partis, le Front national, représenté par Bruno Gollnisch, s'est montré le plus hostile à l'idée de légiférer, conformément à la tradition de l'extrême droite cléricale méfiante envers l'école laïque.

Les témoignages les plus marquants, ceux qui n'ont laissé aucun doute sur la montée du radicalisme

---

1. Mohammed Arkoun, professeur émérite d'histoire de la pensée islamique à la Sorbonne (Paris III), Jean Baubérot, président honoraire de l'École pratique des hautes études (EPHE), titulaire de la chaire d'histoire et sociologie de la laïcité à l'EPHE, Hanifa Cherifi, médiatrice au ministère de l'Éducation nationale, Jacqueline Costa-Lascoux, juriste, directrice de recherche au CNRS, Régis Debray, philosophe et écrivain, professeur des universités, Michel Delebarre, ancien ministre, député-maire de Dunkerque, Nicole Guedj, avocate au barreau de Paris, Ghislaine Hudson, proviseure au lycée de Dammarie-les-Lys, Gilles Kepel, professeur des universités à l'Institut d'études politiques de Paris, Marceau Long, vice-président honoraire du Conseil d'État, Nelly Olin, sénatrice-maire de Garges-lès-Gonesse, Henri Pena-Ruiz, philosophe et écrivain, maître de conférences à l'IEP de Paris, Gaye Petek, présidente de l'association ELELE, Maurice Quénet, recteur d'académie, chancelier des universités de Paris, René Rémond, professeur des universités, président de la Fondation nationale des sciences politiques, Raymond Soubie, président d'Altédia, Alain Touraine, sociologue, directeur d'études à l'École des hautes études en sciences sociales (EHESS) et Patrick Weil (directeur de recherche au CNRS).

religieux à l'école, sont venus des enseignants. En les écoutant, la France a réalisé le poids des tensions religieuses, le retour d'une forme de radicalisme agressif, et donc la nécessité de s'en protéger. Mais le tournant, celui qui a vraiment décidé l'immense majorité des membres de la commission à proposer une loi – et non une simple circulaire qu'aurait pu retoquer la Cour européenne des droits de l'homme –, fut l'audition des élèves, voilées et non voilées.

La commission a accepté d'entendre la version d'une des militantes les plus en pointe pour défendre le port du voile à l'école sur les plateaux de télévision : Saïda Kada. Formée par les Sœurs musulmanes de Lyon (la branche féminine des Frères), son passage à l'Assemblée a fait très mauvaise impression. À chaque question ou presque, un militant homme venu l'accompagner répondait à sa place. À l'inverse, trois élèves de culture musulmane ne souhaitant pas porter le voile à l'école publique ont demandé à être auditionnées à l'abri des caméras, par peur des représailles. Sous l'œil attentif des sages, elles ont expliqué que si le voile devenait officiellement autorisé à l'école publique, elles n'auraient plus d'excuse pour ne pas le porter avant leur majorité... Un appel à l'aide qui a marqué les membres de la commission. Il fait alors écho à un mouvement médiatisé, Ni Putes Ni Soumises. Porté par des féministes issues de l'immigration maghrébine, il dénonce la régression de leurs droits dans les quartiers populaires et le retour d'une vision archaïque et misogyne de la religion, au nom de laquelle toute fille un peu libre ne peut plus sortir seule ou sans voile sans se faire insulter.

Dans cette affaire, la commission Stasi n'avait que deux choix difficiles. Céder aux demandes des élèves voilées, et les jeunes femmes ne souhaitant pas porter le voile auraient perdu le sanctuaire de l'école publique. Ou tenir bon, en réaffirmant le caractère laïque de l'école publique, et celles préférant le voile à l'école publique n'auraient alors qu'à s'inscrire dans une école privée. C'est le deuxième choix qui a été privilégié, à l'unanimité sauf une voix : celle de Jean Baubérot, qui l'a fait savoir.

Dans un esprit typiquement républicain, la commission a aussi proposé de reconnaître les fêtes de Kippour et de l'Aïd comme des jours fériés, d'améliorer l'enseignement du fait religieux, de prévoir une offre variée dans les cantines, ou de recruter des aumôniers musulmans pour les prisons... Pour des raisons politiques, le gouvernement n'a retenu que la loi interdisant les signes religieux ostensibles. Elle est votée le 15 mars 2004.

Contrairement aux pronostics des opposants à la loi, très peu d'élèves ont quitté l'école publique pour s'inscrire dans le privé. La plupart ont préféré ôter leur voile à l'intérieur de l'école le temps de finir leurs études secondaires. Ce qui leur a permis de résister aux pressions extérieures, de mûrir leur choix de le porter ou non pour le restant de leurs jours. N'est-ce pas très exactement la vocation de l'école dont rêvait Condorcet ? Loin d'être une loi d'exception, la loi de mars 2004 s'inscrit fidèlement dans l'histoire de l'école laïque française, qui est de défendre l'égalité contre les superstitions et les préjugés. Le procès en laïcité à géométrie variable n'est pas totalement infondé. Mais ses symptômes sont à chercher ailleurs.

Une laïcité à géométrie variable selon la droite et la gauche

Une certaine gauche aura toujours tendance à se montrer plus exigeante envers l'Église catholique qu'envers l'islam, par culpabilité coloniale et peur du racisme. Une certaine droite ne semble invoquer la laïcité que face à l'islam, sans jamais vouloir l'appliquer à l'Église catholique. Au fil des alternances, la République, elle, aura fini par se montrer exigeante envers tous les cultes. On peut même dire que le consensus républicain autour de la notion de laïcité progresse. Il est bien mieux établi que sous la Troisième République, mais reste fragile. À l'image des divisions au sein de la gauche et des divergences entre la droite chiraquienne et la droite sarkoziste.

Sensible à l'héritage radical-socialiste et gaulliste, Jacques Chirac considère la loi de 1905 comme l'une des « colonnes du temple » républicain. Nicolas Sarkozy, lui, n'a jamais respecté ce pilier. Rêvant de rejouer l'alliance du sabre et du goupillon, sa vision de la laïcité se situe quelque part entre ses influences américaines et un pragmatisme autoritaire l'incitant au bonapartisme, donc au concordat. Sa gestion du Conseil français du culte musulman en témoigne. Ministre de l'Intérieur, il a cru pouvoir marier de force musulmans républicains et intégristes au sein d'un conseil musulman pour avoir un interlocuteur... Avec pour principal effet de banaliser et d'institutionnaliser les fondamentalistes de l'UOIF. La polémique sur le voile a été en partie déclenchée par sa visite, en « ami », à leur congrès annuel de 2003. Ce jour-là, il récolte une volée de sifflets pour avoir simplement rappelé la nécessité de poser tête nue sur les photos du permis de conduire. Une scène qui a choqué. En échange de leur participation au CFCM, l'UOIF espère alors obtenir qu'aucune loi contre le voile ne soit votée. Bien qu'opposé à cette loi, Nicolas Sarkozy n'est pas en mesure de leur donner satisfaction. Une fois élu président, il va interdire même le voile intégral dans la rue, selon une vision qui n'est pas laïque mais sécuritaire. Ce n'est pas la laïcité mais l'ordre public qui interdit aux citoyens de se balader nu ou de cacher son visage. Ce que prévoit la loi du 20 octobre 2010 : « Nul ne peut, dans l'espace public, porter une tenue destinée à dissimuler son visage. » Cette interdiction, sans doute nécessaire, a pu faire croire à certains que Nicolas Sarkozy défendait la laïcité. C'est tout le contraire. Il l'a rejointe parfois sur un registre sécuritaire, mais l'a menacée le reste du temps.

Convaincu que l'ordre passe par la religion, il a même voulu « toiletter » la loi de 1905 ou plutôt l'amputer[1]. Puisqu'il a proposé de supprimer son cœur, son article 2 interdisant de reconnaître et de subventionner les cultes. Dès 2005, pour l'anniversaire de la loi de séparation, il met en place une commission Machelon qui rend un rapport proposant des aménagements dans ce sens. Fort heureusement, elle va se heurter à de très fortes résistances. Il faut dire que Nicolas Sarkozy a frappé fort, en prononçant coup sur coup deux discours, celui du Latran et celui de Riyad, qui resteront dans les annales de l'anti-laïcité. Jean-Luc Mélenchon, qui a consacré un livre à les décortiquer, parle d'un « président-prédicateur[2] ».

À Riyad, au cœur d'un pays finançant l'islam radical, le président français a prononcé cette phrase étonnante : « L'Arabie Saoudite et la France n'ont pas seulement des intérêts en commun. Elles ont aussi un idéal en commun[3]. » Ce fut pire au Latran...

1. Ce souhait, formulé dès 2004 dans un livre intitulé *La République, les religions, l'espérance* (Cerf), sera répété à plusieurs reprises, notamment lors d'une conférence délivrée le 19 septembre 2005 à l'Académie des sciences morales et politiques, en ouverture d'un colloque sur le thème : « La laïcité française dans son contexte international : singularité ou modèle ? »

2. Jean-Luc Mélenchon, *Laïcité. Réplique au discours de Nicolas Sarkozy, chanoine de Latran*, Bruno Leprince, 2008, p. 65.

3. Discours prononcé le 14 janvier 2008.

Jamais président de la République française n'avait mis autant d'enthousiasme à accepter le statut de chanoine d'honneur qu'accorde symboliquement le Vatican à chaque nouvel élu. D'ordinaire, par respect pour l'histoire, pour ne pas réveiller les mauvais souvenirs du concordat, les présidents s'y rendent en catimini... Pas Nicolas Sarkozy. Les laïques se souviendront longtemps de l'appel lancé ce jour-là, le 20 décembre 2007, depuis la basilique des papes : « J'appelle de mes vœux l'avènement d'une laïcité positive, c'est-à-dire d'une laïcité qui, tout en veillant à la liberté de penser, à celle de croire et de ne pas croire, ne considère pas que les religions sont un danger, mais plutôt un atout[1]. » Ce ne fut pas la seule phrase malheureuse. Tout son discours tend à épouser la vision revancharde, cléricale et papiste, de la séparation : « Je sais les souffrances que sa mise en œuvre a provoquées en France chez les catholiques, chez les prêtres, dans les congrégations, avant comme après 1905. »

Ce jour-là, le président français ne va pas se contenter de prendre le parti du Vatican contre les pères de la séparation, il va aussi marcher sur le corps des pères de l'école laïque : « Dans la transmission des valeurs et dans l'apprentissage de la différence entre le bien et le mal, l'instituteur ne pourra jamais remplacer le curé ou le pasteur, même s'il est important qu'il

1. Cité par Jean-Luc Mélenchon, *op. cit.*

s'en approche, parce qu'il lui manquera toujours la radicalité du sacrifice de sa vie et le charisme d'un engagement porté par l'espérance. » Jamais président n'avait osé placer le curé au-dessus de l'instituteur, symbole de la République, au mépris de l'histoire de ce pays[1]. Et ce ne sont pas que des mots. La revanche a bien eu lieu.

Dans deux ouvrages aussi détaillés que convaincants, *Main basse sur l'école publique*[2] et *La République contre son école*[3], Eddy Khaldi et Muriel Fitoussi décrivent une « mise à mort de l'école laïque ». Suppressions de postes d'enseignants et même de leur formation, arrêt des rares programmes d'accompagnement personnalisé, rien n'est négligé pour l'affaiblir. Dans le même temps, les réseaux les plus radicaux de l'enseignement privé catholique, ceux visant à ouvrir des écoles plutôt intégristes comme la Fondation pour l'école ou la Fondation Saint-Matthieu, sont reconnus d'utilité publique, choyés fiscalement et renforcés. En 2008, un an après le fameux discours du Latran, la France signe les accords Vatican-Kouchner. Par ce pacte, la France *reconnaît* les diplômes et les grades délivrés par « les

1. Voir à ce sujet Ariane Chemin et Vanessa Schneider, *Le Mauvais Génie*, Fayard, 2015.
2. Eddy Khaldi et Muriel Fitoussi, *Main basse sur l'école publique*, Démopolis, 2008.
3. Eddy Khaldi et Muriel Fitoussi, *La République contre son école*, Démopolis, 2011.

établissements d'enseignement supérieur catholiques reconnus par le Saint-Siège », qu'ils soient canoniques ou profanes, sans autre vérification. Ce qui va non seulement à l'encontre de l'article 2 de la loi de séparation mais brise aussi le monopole détenu par l'université publique depuis 1880. Ces mêmes années, plusieurs lois viennent aggraver le déséquilibre de la loi Debré[1]. La loi Carle, votée en 2009, oblige les maires à financer la scolarisation des enfants de leur commune hors de leur territoire, même s'il s'agit d'une école privée confessionnelle. Du jamais vu pour favoriser l'exode scolaire.

Une fois retournée aux affaires, la gauche n'a pas cherché à revenir sur cette fausse équivalence entre école publique et école privée. Elle semble dramatiquement acquise. Depuis l'échec du Cartel des gauches, le renoncement au projet Savary et la capitulation des accords Lang-Cloupet de 1992 (qui achèvent d'instaurer une forme de parité public-privé dans les moyens attribués aux personnels), la gauche n'a cessé de faire des concessions à l'école privée. L'article 67 de la loi de refondation de l'école suit cette pente en permettant aux écoles privées de toucher des subventions pour l'organisation d'activités périscolaires, dans le cadre de la mise en place des rythmes scolaires. La logique de la loi Debré ne laisse guère le choix.

1. Eddy Khaldi et Muriel Fitoussi, *op. cit.*

Le clivage droite-gauche persiste néanmoins au niveau des moyens alloués à l'école publique. Lorsque, conformément à ses engagements de campagne, François Hollande restaure les formations et les milliers de postes supprimés par son prédécesseur, la droite l'accuse de creuser la dette publique. Ce qu'elle ne reproche jamais aux 10 milliards versés aux écoles privées au titre de la loi Debré... Cette même droite a soutenu la loi interdisant le voile à l'école publique au nom de l'égalité hommes-femmes et de la laïcité, mais elle mène campagne contre un programme visant à combattre les stéréotypes de genre à l'école : les ABCD de l'égalité. À l'entendre, la mesure porterait atteinte à la morale des bons pères de famille, en imposant une « théorie du genre » censée redéfinir les hommes et les femmes, voire convertir les hétérosexuels en homosexuels, selon les fantasmes et la littérature produits par le Vatican. Mobilisée aux côtés de parents intégristes catholiques et musulmans, cette droite n'a clairement pas renoncé au cléricalisme de ses origines ni au combat contre l'« école sans Dieu ». Au lieu d'assumer l'héritage des pères de l'école laïque, le gouvernement de Jean-Marc Ayrault a juré ses grands dieux qu'il ne voulait surtout pas enseigner « la théorie du genre » et ravalé son programme.

Son successeur à Matignon, Manuel Valls, incarne une gauche plus laïque. Admirateur de Clemenceau, persuadé qu'il fallait une loi d'interdiction du voile lorsqu'il conseillait Lionel Jospin, il n'a jamais eu peur de défendre une conception très républicaine de la loi de 1905, quitte à froisser son camp. Dans un livre argumenté sur la complexité de ces enjeux, *La Laïcité en face*, il dénonce aussi bien les aveuglements d'une certaine gauche envers l'islamisme que les erreurs commises par Nicolas Sarkozy envers l'UOIF. Il se pose aussi des questions sur la nécessité de certaines évolutions de la loi, dit ses doutes sur la nécessité de financer des mosquées, mais conclut que la « laïcité reste le meilleur chemin[1] ».

C'est également un fin connaisseur de la laïcité et de Jaurès, auxquels il a consacré des livres, qui s'installe rue de Grenelle au début du quinquennat Hollande. Le ministre de l'Éducation nationale, Vincent Peillon, s'inspire clairement de Ferry et de Buisson pour réintroduire à l'école un cours de « morale laïque ». Cet enseignement moral et civique (EMC) va s'avérer particulièrement précieux après les attentats de Paris de 2015. Najat Vallaud-Belkacem, qui lui a succédé, encourage les enseignants à s'en saisir pour organiser des débats qui fortifient l'esprit critique contre les préjugés ou les théories du complot. 1 000 « référents laïcité » sont formés pour aider les enseignants à faire face aux questions et situations troublant la vie des écoles. La ministre promet également de renforcer les

1. Manuel Valls, *La Laïcité en face*, entretiens avec Virginie Malabard, Desclée de Brouwer, 2005, p. 109.

contrôles des établissements privés hors contrat et les conditions pour une école.

L'école n'est pas obligatoire en France. Seule l'instruction l'est. La loi Ferry du 28 mars 1882 exige l'instruction primaire pour tous les enfants, filles et garçons, mais les parents peuvent choisir de les mettre dans l'école de leur choix et même de ne pas les mettre à l'école, pour les instruire à domicile. Cela concerne peu d'enfants. En 2013, on dénombrait 948 établissements hors contrat, accueillant environ 60 000 élèves ; deux fois moins pour l'instruction à domicile. Mais ces chiffres et ces choix sont en augmentation, pour de bonnes et de moins bonnes raisons. Certains parents déscolarisent leurs enfants pour faire le tour du monde. D'autres ne veulent pas que leurs enfants soient pervertis par la mixité ou les mécréants... C'est évidemment ce qui inquiète les pouvoirs publics.

Aussi surprenant que cela puisse paraître, jusqu'ici, il était plus difficile d'obtenir une licence IV pour ouvrir un débit de boissons que d'ouvrir une école. Une simple déclaration suffisait. Sans toucher le moins du monde à la liberté de l'enseignement, le ministère de l'Éducation a décidé d'être plus exigeant. Les établissements hors contrat passeront d'un régime de déclaration à un régime d'autorisation (les autorités ayant quatre mois pour faire des vérifications). Concernant l'instruction à domicile, le nombre de contrôles pour mieux évaluer la progression des apprentissages est augmenté. Les résistances n'ont pas tardé. Sitôt l'annonce faite, les associations catholiques ont dénoncé une atteinte à la « liberté pédagogique ». Le Parti chrétien-démocrate de Christine Boutin a même lancé une pétition dénonçant un « coup d'État contre les écoles libres ». À croire que la droite cléricale n'acceptera jamais que la République se mêle de l'école. Elle invoque la protection des enfants quand il s'agit de militer contre le mariage pour tous, mais refuse qu'on contrôle mieux les écoles privées quand il s'agit vraiment de les protéger… d'un niveau d'instruction lamentable comme de propagandes intégristes et sectaires. C'est pourtant le seul moyen de s'attaquer à la racine idéologique du terrorisme : le fanatisme.

Décidément, les fractures restent profondes, et sont à géométrie variable, quand il s'agit de passer des paroles aux actes en matière de laïcité.

IV

Lignes de fracture

Qui peut croire que le combat laïque est terminé ? Nos aînés l'ont cru. Depuis la Première Guerre mondiale, après des siècles d'efforts acharnés, les anticléricaux ont désarmé… Pas les théocrates. L'intégrisme, ce nouveau nom du cléricalisme pouvant s'appliquer à l'instrumentalisation politique liberticide de n'importe quelle religion, préparait sa revanche[1]. Par le biais des écoles privées catholiques en Europe, d'instituteurs formés par les Frères musulmans en Égypte ou de professeurs islamistes en Algérie, la réaction a lentement avancé ses pions pour défaire la sécularisation voulue par la République française depuis la Révolution, par Atatürk lorsqu'il proclama la fin du califat ottoman, quand elle n'a pas attendu le naufrage

1. Gilles Kepel décrivait parfaitement, dès 1991, ces mouvements religieux partis à la reconquête du monde dans *La Revanche de Dieu* (Seuil, 1991). Nous décrivions avec F. Venner son avancée dans *Tirs croisés : la laïcité à l'épreuve des intégrismes juif, chrétien et musulman* (Calmann-Lévy, 2003).

de la Révolution bolchevique et du communisme pour redorer les toits des églises orthodoxes et raviver le rêve d'un nouvel empire chrétien.

Prospérant sur la fin proclamée des idéologies, animé du furieux désir de résister aux avancées du féminisme et de conserver les privilèges du patriarcat, le retour d'un ordre moral politico-religieux s'observe sur tous les continents, dans toutes les confessions, depuis la fin des années 1970 et 1980 : poussée d'une droite religieuse anti-communiste aux États-Unis, suivie de l'évangélisation de l'Amérique latine, explosion de l'islam politique comme alternative à l'échec du nationalisme arabe, révolution islamique en Iran, revanche de l'Arabie Saoudite sur l'Iran au profit d'un djihad en Afghanistan, noyautage des Territoires occupés par les ultra-orthodoxes en Israël, meurtre décisif d'Yitzhak Rabin par un fanatique, passage de la stratégie nationale à une stratégie internationale des Frères musulmans, 11 septembre, confessionnalisation des identités, réaction identitaire chrétienne en Europe... Tout s'est enchaîné, depuis cinquante ans, pour favoriser la radicalisation religieuse au détriment de la modernité, de l'égalité et de la laïcité.

Face à la revanche, des athées et des blasphémateurs prennent des risques inouïs pour tenir bon et renverser le cours des choses, surtout dans les pays musulmans. Partout, des laïques se soulèvent, se réveillent et tentent de faire bouclier. Le reste des démocrates commence lentement à sortir du coma, mais en ordre dispersé. Ce sont ces lignes de fracture que nous allons maintenant observer.

L'issue de ce rapport de force serait plus rassurante si tous les démocrates des pays sécularisés s'entendaient au moins pour diagnostiquer le danger et choisissaient d'y répondre par davantage de laïcité. Au lieu de céder à l'esprit munichois en cherchant des excuses au fanatisme ou de tomber dans l'excès de la colère nationaliste et raciste. Mais le monde ne fonctionne pas ainsi. À chaque carrefour de l'histoire, il existe des faux prophètes, des mots piégés, des clivages qui se brouillent, des semeurs de confusion qui facilitent les retours en arrière, parfois en toute bonne foi.

Dans l'histoire immédiate qui nous occupe, il existe deux axes expliquant ces lignes de partage. Le premier porte sur le choix du modèle laïque : républicain ou démocrate. L'autre axe concerne l'appréciation du danger et sa priorité. Entre ceux qui redoutent d'abord le danger raciste et ceux qui redoutent d'abord le danger fanatique. Non pas que l'on ne puisse pas être antiraciste et laïque, bien au contraire, mais dans quel ordre combattre ?

L'intégrisme ou le « laïcisme », qui est l'ennemi ?

L'immense fossé qui sépare les différents groupes se revendiquant de la laïcité tient moins à l'interprétation de la loi de 1905 qu'à la vigilance, ou non, envers ses ennemis. Il y a ceux qui continuent de penser comme Gambetta : « L'intégrisme, voilà l'ennemi ! » Et ceux qui, à force de redouter uniquement le danger du racisme, finissent par basculer du côté de ceux qui crient : « Le laïcisme, voilà l'ennemi ! »

Presque tous les grands corps qui ont porté et permis la séparation française sont malades ou affectés par cette division. Le Parti radical, qui a aiguillé si longtemps la vie politique française sur le chemin de la laïcité, résiste sans avoir les forces du siècle dernier. La franc-maçonnerie, qui a fourni les plus grands défenseurs de la République laïque, tient bon avec 160 000 adhérents (à jour de cotisation), mais elle pèse moins que sous la Troisième République. Le reste des forces militantes du féminisme et de la laïcité, deux idées plus populaires que jamais dans l'opinion, nagent dans un brouillard épais.

L'une des principales associations laïques de France, la Ligue de l'enseignement, qui bénéficie de l'essentiel des subventions accordées au titre de l'éducation populaire et compte 35 000 associations, dérive depuis longtemps. Dans *Frère Tariq*, j'ai décrit l'entreprise de noyautage menée par Tariq Ramadan et ses militants au sein de la commission « Laïcité et islam » hébergée par la Ligue de 1997 à 2001[1]. Quel était l'objectif de cette commission ? « Faire l'analyse circonstanciée de la présence musulmane dans la société française pour chercher les voies d'une intégration harmonieuse dans le cadre intangible de la laïcité et de sa philosophie politique. » Voilà pour la déclaration d'intention. Dans les faits, l'influence croissante des militants des Frères musulmans, associée à celle de chercheurs favorables à une nouvelle laïcité, l'ont fait dériver en organe de complaisance envers l'intégrisme.

Contestée en interne par des militants de la Ligue restés attachés à sa tradition laïque, la commission a été récupérée par la Ligue des droits de l'homme, avec pour partenaires deux collectifs pro-voile proches des Indigènes de la République : le Collectif féministe pour l'égalité et le CRI (Collectif contre le racisme et l'islamophobie). Une des figures de cette nouvelle commission « Islam et laïcité », la sociologue Sonia Dayan-Herzbrun, défend régulièrement le prédicateur Tariq Ramadan ; mais attaque l'écrivain algérien menacé de mort Kamel Daoud, accusé par des intellectuels tranquillement assis à Paris de faire le jeu de l'orientalisme… parce qu'il a osé dénoncer crûment la violence masculine arabe qu'il voit à l'œuvre lors du réveillon tragique

1. Caroline Fourest, *Frère Tariq*, *op. cit.*

de Cologne, où des centaines de femmes ont été agressées[1].

À force de confondre tous les Arabes, islamistes ou agresseurs, avec des victimes du racisme, certaines organisations finissent par défendre des intégristes, sexistes et antisémites, comme s'il s'agissait du capitaine Dreyfus… Ainsi la LDH n'est plus cette grande dame vigilante envers l'antisémitisme, animée par des enseignants laïques, mais une ligue d'avocats ayant mis un point d'honneur à défendre les islamistes pendant les années noires en Algérie, et qui se bat désormais surtout contre les lois antiterroristes.

Toujours au chapitre des déboussolés, on ne sait plus où classer certaines chapelles de la Libre-pensée, toujours anticléricales quand il s'agit du catholicisme mais criant à l'« islamophobie » dès qu'il s'agit de l'islam.

La confusion gagne même les féministes. Ne parlons pas de celles qui ont rejoint les Indigènes de la République pour soutenir le port du voile autour du collectif « 8 mars pour toutes », mais d'une institution

1. « Kamel Daoud recycle les clichés orientalistes les plus éculés », Lemonde.fr, 11 février 2016. Signé par Noureddine Amara (historien), Joel Beinin (historien), Houda Ben Hamouda (historienne), Benoît Challand (sociologue), Jocelyne Dakhlia (historienne), Sonia Dayan-Herzbrun (sociologue), Giulia Fabbiano (anthropologue), Darcie Fontaine (historienne), David Theo Goldberg (philosophe), Ghassan Hage (anthropologue), Muriam Haleh Davis (historienne), Laleh Khalili (anthropologue), Tristan Leperlier (sociologue), Nadia Marzouki (politiste), Pascal Ménoret (anthropologue), Stéphanie Pouessel (anthropologue), Thomas Serres (politiste), Elizabeth Shakman Hurd (politiste), Seif Soudani (journaliste).

sociale comme le Mouvement français pour le planning familial. À l'occasion de son 29e congrès, juste après les attentats de Paris, le Mouvement a voté une motion qui ne dit pas un mot de la montée de l'intégrisme, pourtant régulièrement dénoncé quand il s'agit des commandos anti-IVG... En revanche, la même motion « refuse de voir la question féministe instrumentalisée dans un débat de hiérarchisation des cultures et des oppressions[1] ». En clair, le Mouvement refuse de condamner l'intégrisme tant qu'il y aura du racisme.

Dans un autre registre, le Parti de gauche, qui a pris son envol suite aux errements du NPA sur le voile, peut produire de très bons outils laïques, comme le *Petit manuel de laïcité à usage citoyen* de Pascale Le Néouannic[2], se montrer vigilant envers Nicolas Sarkozy, l'Église, les subventions accordées aux lieux de culte, réclamer le retour de l'Alsace et de la Moselle dans le giron républicain, tout en se montrant timide quand il s'agit de dénoncer l'idéologie islamiste.

---

1. Le Planning familial « propose, en tant que mouvement d'éducation populaire, de partir de la parole des personnes. Il ne s'agit pas, pour nous, de proposer un "vivre-ensemble" qui ferait fi des inégalités quotidiennes que vivent les personnes, des discriminations dont elles sont l'objet : il s'agit de construire ensemble une alternative, un projet de société égalitaire, inclusive, qui s'appuie sur l'éducation et la participation de toutes et tous, participation qui ne peut voir le jour que si l'on est reconnu.e, valorisé.e, respecté.e. *signé* : Le bureau national, 02 avril 2016. »

2. Pascale Le Néouannic, *Petit manuel de laïcité à usage citoyen,* Bruno Leprince, 2011.

La boussole laïque de certains fonctionne quand il s'agit de l'Église ou de la Manif pour tous, mais s'affole quand le même intégrisme, en plus violent, se revendique d'une religion minoritaire. C'est le cas de la gauche Mediapart tendance Edwy Plenel, qui a mis son énergie à relayer la propagande des Frères musulmans sous prétexte de défendre indistinctement, de façon paternaliste et orientaliste, tous les musulmans… et même le burkini !

À ce rythme, l'opinion finira par croire que seule l'extrême droite défend la laïcité. Voilà qui ferait ses affaires… C'est heureusement faux. Toute la gauche n'a pas perdu le nord, loin de là. Il existe une gauche *Charlie* qui a payé le prix et continue de se battre contre tous les fanatismes et leurs « idiots utiles », des sursauts, la marche du 11 janvier, des associations comme l'UFAL ou le comité Laïcité-République qui ont toujours tenu bon, des femmes qui se battent contre le voile et les départs en Syrie dans les quartiers populaires, et surtout une majorité de Français, de droite comme de gauche, ayant compris que la laïcité était justement le meilleur moyen de résister, ensemble, à la spirale infernale voulue par les incendiaires, fanatiques ou xénophobes.

Ce que révèle la crise à l'Observatoire de la laïcité

La crise qui a secoué l'Observatoire de la laïcité en janvier 2016, un an après les premiers attentats de Paris, n'est pas liée, comme on a pu le lire parfois, à un désaccord théorique sur l'interprétation de la loi de 1905. Mais à cette fracture entre vigilants et « idiots utiles ».

En principe, l'Observatoire est censé être du côté des vigilants... C'est même sa mission : « assister le gouvernement dans son action visant au respect du principe de laïcité en France ». Rattaché aux services du Premier ministre, il doit proposer des « mesures permettant une meilleure mise en œuvre de ce principe ». La personnalité de ceux qui l'animent en a décidé autrement. Imaginé par Jacques Chirac, l'Observatoire a vu le jour en avril 2013, sous François Hollande et son Premier ministre Jean-Marc Ayrault. Le nouveau président de la République socialiste s'est engagé à défendre la laïcité pendant sa campagne. C'est même le passage qui a fait décoller l'enthousiasme du public lors de son discours au Bourget. La mise en place de cet Observatoire devait servir à tenir cette promesse. Elle a été brisée par le choix de son président.

Issu de cette gauche démocrate tendance chrétienne sociale, Jean-Louis Bianco n'a jamais brillé par son intérêt pour la laïcité. Sa première interview en tant que président de l'Observatoire consiste à déclarer que tout va pour le mieux dans le meilleur des mondes :

« Il apparaît, au fil des rapports que nous avons demandés, que les atteintes à la laïcité ont peut-être été surestimées[1]. » Des propos qui semblent nier les désordres entraînés par les demandes d'accommodements intégristes. La maladresse va aller plus loin, jusqu'à se couper des laïques vigilants et se rapprocher de ceux qui les attaquent. Trois ans et quelques attentats après cette première déclaration, Jean-Louis Bianco boycotte le Prix de la laïcité 2016, organisé depuis treize ans à la Mairie de Paris par le comité Laïcité-République. Réunissant les principales organisations laïques, il rend alors hommage à Charb et au courage de Samuel Mayol, un directeur d'IUT attaqué pour avoir dénoncé les défaillances laïques d'un président d'université proche des réseaux mitterrandiens[2]. D'où peut-être le désistement de Jean-Louis Bianco... Quelques mois plus tôt, il se rendait en revanche volontiers au colloque de la Ligue de l'enseignement, conclu par Edwy Plenel, et qui mettait en valeur des militants proches de Tariq Ramadan.

Le divorce entre laïques éclate au grand jour à l'occasion d'un appel, « Nous sommes unis », relayé

1. « La France n'a pas de problème avec sa laïcité », propos recueillis par Stéphanie Le Bars, Lemonde.fr, 25 juin 2013.

2. Samuel Mayol, directeur de l'IUT de Saint-Denis, a été vivement attaqué et traîné dans la boue, victime de sanctions universitaires, par le président de son université, pour avoir mis fin aux pratiques d'une petite mafia communautariste et intégriste, qui utilisait notamment le local associatif comme local de prière. Il a finalement été blanchi.

par l'Observatoire de la laïcité après les attentats du 13 novembre 2015. Alors que la France est sidérée par l'horreur, le texte de l'appel condamne à peine les attentats et s'inquiète surtout des « amalgames ». Pas en n'importe quelle compagnie. Il est signé de tous ceux qui pratiquent justement l'amalgame... entre laïques et « islamophobes ». Au choix, le rappeur islamiste Médine, qui chante « Crucifions les laïcards comme à Golgotha ». Nabil Ennasri, proche du Qatar, qui a organisé les mobilisations musulmanes intégristes contre le mariage pour tous. Ou encore le Collectif contre l'islamophobie en France (CCIF), qui manipule les chiffres pour pousser les musulmans dans les bras de prédicateurs salafistes comme Rachid Abou Houdeyfa, pour qui « la musique transforme ceux qui l'écoutent en porcs »... Beaux alliés pour un appel à l'« union » après les attentats du Bataclan. Mais qui a donc bien pu avoir l'idée de tous les rassembler aux côtés de l'Observatoire de la laïcité ?

La cheville ouvrière de cette « union » contre nature est une organisation de jeunesse qui a toute la confiance de Jean-Louis Bianco : Coexister[1]. Un nom que l'on confond parfois avec une campagne de SOS-Racisme. Un credo sympathique. Et de fait, les jeunes qui y militent sont très souriants et sympathiques. Hélas, leur vision de la laïcité relève plus de la kermesse que de la République.

---

1. Fiammetta Venner, « Coexister ou l'ambition laïcité zéro », *ProChoix*, n° 66, hiver 2016.

Fondée par un jeune militant catholique, Samuel Grzybowski, l'organisation a pour principale ambition de fortifier le vivre-ensemble grâce au dialogue interreligieux... En finançant des voyages entre jeunes, issus de différentes confessions. Coexister fait partie du réseau Global Interfaith Youth Network – Religions for Peace – fondé pour faciliter la résolution des conflits grâce au religieux. En 2015, sa présidente honoraire se nommait Meherzia Labidi, ancienne députée du mouvement islamiste Ennahdha en Tunisie... tendance Frères musulmans. Pour le plaisir de dialoguer, il arrive que les jeunes de Coexister fréquentent des militants religieux très politiques, voire radicaux, comme l'organisation salafiste BarakaCity[1]. À l'occasion, la branche orléanaise de Coexister organise un atelier bricolage en vue d'exposer des voiles islamiques pour la Journée mondiale du hijab. À Paris, le président de l'association a également soutenu l'initiative du Hijab Day à Sciences-Po, où des étudiants proposaient de « se couvrir les cheveux d'un voile le temps d'une journée », par solidarité et aussi, selon son

1. Cette ONG organise des voyages humanitaires, notamment en Syrie. Son président refuse de serrer la main des femmes. Le visage de ses militantes est d'ailleurs masqué, par pudeur, sur le site de l'ONG. Autant de signes qui n'empêchent pas Coexister de voler au secours de BarakaCity lorsqu'une banque s'inquiète de ses activités et décide de fermer son compte. Dans un tweet, Samuel Grzybowski écrit : « Le Conseil d'administration de Coexister a voté le départ du CIC, notre banque depuis 4 ans, par solidarité avec @BarakaCity » (16/10/2014).

communiqué, pour essayer la « décence » : « Si toi aussi tu trouves que ce serait sympa d'essayer la décence. » Un niveau de bêtise sexiste rarement atteint.

Tout cela ne serait pas si grave, juste le symptôme atterrant d'une génération dépolitisée mais reconfessionnalisée, si les pouvoirs publics n'avaient choisi Coexister comme partenaire pour reconquérir la jeunesse... En l'occurrence, Coexister finance ses activités grâce à une subvention sur trois ans de 450 000 euros, accordée au titre de « La France s'engage ». Pis, c'est elle que l'Observatoire de la laïcité a choisie pour coréaliser un ouvrage financé par le ministère de l'Éducation nationale pour expliquer *Charlie* dans les écoles après les attentats du 7 janvier : *L'Après-Charlie. 20 questions pour en débattre sans tabou*[1]. On craint le pire quand on connaît la confusion de l'organisation et plus encore en entendant Jean-Louis Bianco argumenter sur ces sujets.

Qu'a-t-il répondu suite à la polémique sur l'appel « Nous sommes unis » ? Le président de l'Observatoire s'est dit victime d'une chasse aux sorcières de la part d'« intégristes laïcistes », le vocabulaire de l'Église[2]. Il a aussi déclaré ne pas connaître tous les membres controversés de cet appel. Ce qui prouve son manque d'intérêt pour les organisations attaquant les laïques. Pis, quand l'animateur des « Matins de France Culture »

1. Coédition éditions de l'Atelier et Réseau Canopé, 2015.
2. Lemonde.fr, 19 janvier 2016.

lui demande s'il regrette d'avoir appelé à lutter contre les « amalgames » en compagnie d'un rappeur chantant « Crucifions les laïcards » comme Médine, Jean-Louis Bianco répond qu'il ne cautionne pas mais que « *Charlie* dit bien pire[1] ». Une phrase terrible... Elle montre que le président de l'Observatoire de la laïcité, chargé d'expliquer *Charlie* dans les écoles, ne sait pas faire la différence entre droit au blasphème (ce que fait *Charlie*) et incitation à la haine (ce que fait Médine). Pour le président de l'Observatoire de la laïcité, c'est du pareil au même. Pardon, critiquer la religion serait « bien pire » qu'appeler à tuer les laïques...

Avant de s'enfoncer, au tout début de la polémique, le président de l'Observatoire a aussi tenté d'expliquer qu'il n'avait pas signé l'appel. Son nom figurait pourtant en tête des personnalités associées au communiqué de « Nous sommes unis », relayé avec enthousiasme par le rapporteur de l'Observatoire, Nicolas Cadène. Très présent sur les réseaux sociaux, le bras droit de Jean-Louis Bianco ne semble pas avoir mesuré dans quel climat de chasse aux laïques nous vivons. Parfois il s'y joint. En janvier 2016, alors que France Inter invite Élisabeth Badinter pour commémorer tristement l'« anniversaire » du massacre de *Charlie Hebdo*, il s'agace publiquement de ses propos. Qu'a-t-elle dit ce jour-là ? Qu'il faut défendre la laïcité « sans avoir peur d'être traité d'islamophobe ». Qu'a fait croire le

1. « Les Matins de France Culture », 5 février 2016.

Collectif contre l'islamophobie qui la prend aussitôt en chasse ? Qu'Élisabeth Badinter défendait le droit d'être « islamophobe ». Une malhonnêteté que l'Observatoire devrait combattre au lieu de se joindre à la meute des lyncheurs. Ce qu'a fait Nicolas Cadène. D'où la pétition lancée par Laurence Marchand-Taillade (Parti de gauche) et Mohamed Sifaoui pour exiger un changement d'équipe. Ainsi que la démission de trois membres de l'Observatoire (Jean Glavany, Françoise Laborde, Patrick Kessel) puisque la clarification n'est pas venue[1].

C'est dans ce contexte qu'est intervenu le recadrage du Premier ministre, Manuel Valls. Vigilant sur ces sujets, il s'inquiète depuis le début du manque de clarté de l'Observatoire de la laïcité mis en place par son prédécesseur. Lorsqu'un invité du dîner du CRIF lui demande publiquement ce qu'il pense de cette nouvelle polémique, il répond franchement : « L'Observatoire de la laïcité – qui est placé sous ma responsabilité – ne peut pas être quelque chose qui dénature la réalité de cette laïcité. Il doit être clair sur les appels que l'on signe : on ne peut pas signer des appels, y compris pour condamner le terrorisme, avec des organisations que je considère comme participant d'un climat nauséabond, ça n'est pas possible. » Piqué au vif et poussé vers la porte, Jean-Louis Bianco a répliqué qu'il était indépendant tout en faisant jouer

1. Caroline Fourest, « Pourquoi Jean-Louis Bianco a fâché tant de laïques », Lemonde.fr, 21 janvier 2016.

ses réseaux pour convaincre l'Élysée de le garder. Il a même chargé deux universitaires, Jean Baubérot et Raphaël Liogier, de coordonner un appel pour réclamer son maintien. 150 universitaires ont signé. On y trouve des chercheurs de bonne foi, mal informés ou naïfs, et tout ce que l'université compte d'idiots utiles et de compagnons de route de l'intégrisme[1].

L'université de l'aveuglement volontaire

La principale menace qui pèse sur la laïcité ne pousse pas en banlieue, mais dans les salons de l'université française. Dans un monde à feu et à sang à cause de l'intolérance religieuse, l'université américaine et européenne produisent des discours qui ne permettent ni d'expliquer ni de contrer le radicalisme religieux, mais visent au contraire à mettre en procès le « laïcisme »

1. Comme Pascal Boniface (soutien de Tariq Ramadan et coauteur d'un livre avec Médine, il liste ses ennemis comme « faussaires » en oubliant de dire qu'il est l'un des rares essayistes de France à avoir été condamné pour plagiat et contrefaçon), François Burgat (dans l'un de ses livres édité au plus fort des massacres en Algérie, *L'Islamisme en face*, il dénonce comme relevant de la propagande les « manipulations médiatiques » tendant à accréditer le « recours supposé à la violence » des islamistes algériens), Nacira Guénif (signataire et membre active des Indigènes de la République), Vincent Geisser (promoteur du concept d'« islamophobie » dans un sens intégriste), Sonia Dayan-Herzbrun (commission « Islam et laïcité »), Christine Delphy (Collectif féministe pour l'égalité proche des Indigènes de la République), Éric Fassin, Esther Benbassa…

et à faciliter le travail de sape de l'extrémisme, au nom de la tolérance, du « post-sécularisme », du multiculturalisme, de la laïcité « ouverte » ou « inclusive ».

Ce phénomène, particulièrement visible aux États-Unis, est bien décrit par Joan Stavo-Debauge dans *Le Loup dans la bergerie*[1]. Un livre qui souhaite « attirer l'attention des sociologues et des philosophes sur les dangers politiques du post-sécularisme en cette période de fondamentalisme religieux ». À partir de ses travaux sur les créationnistes américains, il montre l'influence universitaire des fondamentalistes chrétiens et la complaisance dont ils bénéficient chez des auteurs comme Charles Taylor, considéré comme l'un des théoriciens actuels du multiculturalisme. En France, de toutes les disciplines, la sociologie est la plus touchée par cette cécité. En particulier la sociologie spécialisée dans l'étude du fait religieux ou des discriminations, deux prismes qui empêchent de regarder en face le danger du fanatisme, par peur du racisme ou par fascination pour le réveil religieux.

Il existe, fort heureusement, des universitaires travaillant de façon critique sur ces phénomènes, mais ils se sentent parfois isolés. Gilles Kepel, l'un des rares chercheurs à avoir publié des livres précieux pour expliquer le retour en force des fondamentalismes, s'est vu retirer son département d'études arabes à l'IEP

1. Joan Stavo-Debauge, *Le Loup dans la bergerie. Le fondamentalisme chrétien à l'assaut de l'espace public,* Labor et Fides, 2012.

de Paris, au moment où le printemps arabe se levait[1]. En face, les chercheurs complaisants vis-à-vis de l'intégrisme sont mieux lotis.

Pour quelques intellectuels capables d'alerter et d'expliquer, la recherche publique comme privée fabrique des contingents d'aveugles volontaires, prêts à justifier l'injustifiable, voire à fustiger ceux qui voient. La cécité se doublant souvent de campagnes visant à intimider ceux qui voient. Une scène l'illustre dramatiquement. Elle se déroule le 24 avril 2014 sur le plateau de « Ce soir ou jamais », sur France 3. L'émission a pour titre : « Djihadistes français en Syrie : que faire ? ». Quand l'un des rares experts des réseaux jihadistes, David Thomson, ose expliquer que des fanatiques français pourraient revenir frapper la France, c'est la levée de boucliers. Face à lui, deux invités s'esclaffent et dénoncent une machine « à faire peur ».

La première, légèrement voilée, s'appelle Hanane Karimi. Régulièrement présentée dans les médias comme sociologue, c'est en fait une doctorante en sociologie et une militante. Porte-parole du collectif « Les Femmes dans la Mosquée », elle écrit notamment des textes pour le Centre de recherche sur la

1. « J'en veux à l'université française qui a détruit complètement les études arabes au moment même où Mohamed Bouazizi s'immolait par le feu, déclenchant la révolte arabe », a-t-il expliqué au lendemain des attentats (« Le 13 novembre ? Le résultat d'une faillite des élites politiques françaises », propos recueillis par Frédéric Koller, letemps.ch, 26 novembre 2015).

législation islamique et l'éthique, rattaché à la Faculté des études islamiques animé par Tariq Ramadan et le très radical Youssef al-Qaradawi.

L'autre invité à lui couper la parole s'appelle Raphaël Liogier. Il lève les yeux au ciel : « Pourquoi partent-ils si loin, si l'ennemi est déjà ici ? J'aimerais bien savoir », ironise-t-il, content de lui. Puis il clôt le débat en sous-entendant que l'expert fait le jeu du racisme : « Moi je pense que vous êtes en train de diffuser la représentation qui motive un certain nombre de Français qui se représentent cette guerre comme étant un terrorisme potentiel contre le territoire européen et qui fait le jeu du populisme. » Ce qui permet à Hanane Karimi de dénoncer « un glissement dangereux », au service de « politiques qui vont encore cibler des populations musulmanes parce qu'elles sont potentiellement dangereuses ». Et de conclure que c'est là le « danger ». Quelques mois plus tard, la France sera mortellement frappée par des djihadistes français revenus de Syrie ou ayant pris leurs ordres là-bas. C'était *là* le danger…

Raphaël Liogier n'a pas pour autant disparu des plateaux de télévision, bien au contraire. Il faut dire qu'il occupe un poste où il n'a pas à rendre de comptes. Professeur des universités à l'Institut d'études politiques d'Aix-en-Provence, il dirige depuis 2006 l'Observatoire du religieux, fondé par Bruno Étienne. Un organisme au service de la liberté religieuse. Son président ne fait même pas l'effort de cacher son mépris envers la laïcité : « la Laïcité, c'est la schizophrénie au pouvoir, le double langage, les préjugés, les évidences d'une culture dominante qui n'a jamais à s'expliquer parce qu'a priori "universelle"[1]. »

Militant pour un modèle de sécularisation plus anglo-saxon, Liogier reproche principalement à la laïcité française de ne pas accepter les mouvements religieux radicaux et sectaires. Dans son vocabulaire, tout est toujours inversé. L'obscurantisme est laïque, les sectes (comme Moon, le mouvement Raël, Khrisna ou le Temple Solaire) sont des « nouveaux mouvements religieux » et ceux qui s'en inquiètent sont des « inquisiteurs modernes »[2]. C'est l'expression qu'il utilise à propos d'élus ou d'associations comme le député Alain Vivien, la Mission interministérielle de vigilance et de lutte contre les dérives sectaires ou l'UNADFI, qui défend les familles victimes d'emprise sectaire. Son Observatoire du religieux n'hésite d'ailleurs pas à fréquenter ces « nouveaux mouvements religieux », ni à s'exprimer sur leurs sites, où il assimile la laïcité à « une culture dominante » construite par des élites et des lobbys imposant « l'image de ce qui est une bonne ou une mauvaise religion »[3].

---

1. La phrase figure dès la quatrième de couverture de son livre, *Une laïcité « légitime ». La France et ses religions d'État*, Médicis-Entrelacs, 2006.

2. *Ibid.*, p. 77.

3. Vidéo du CICNS, une association revendiquant l'expression « nouvelles spiritualités » (i.e les sectes), qui désigne « tout

Toute la grille de lecture de ce chercheur-militant réside dans ce présupposé. Spécialiste du bouddhisme, il est passé à l'étude de l'islam en se demandant pourquoi le bouddhisme avait bizarrement meilleure presse, « comment et pourquoi une religion qui avait suscité une fascination orientaliste, tout comme le bouddhisme, était devenue son négatif, l'incarnation de la mauvaise religion, anti-démocratique, intolérante, meurtrière et fanatique[1] ». Oui, vraiment, pourquoi... On se le demande. Raphaël Liogier ne croit pas du tout que cela puisse être dû aux violences répétées commises au nom de l'islam. Il penche plutôt pour un « deux poids, deux mesures » raciste. De son propre aveu, c'est Jean Baubérot qui l'a mis sur cette piste, en lui conseillant de « s'intéresser à l'imaginaire occidental, européen et français en particulier, à l'égard de l'islam ». Liogier ne nie pas qu'il existe, ici ou là, quelques fanatiques musulmans, mais à l'entendre, « notre rapport à l'islam n'est qu'un prétexte » pour laisser libre cours à « un nouveau racisme culturel, qui est alimenté par le fantasme d'une colonisation inversée »[2]. Un fantasme que

---

groupe à vocation spirituelle, éducative ou thérapeutique qui aspire à répondre honnêtement aux questions essentielles que se pose l'homme, à améliorer l'existence individuelle et les sociétés dans lesquelles nous vivons » (https://www.youtube.com/watch?v=YcZw-DeXAJbI&list=PLuZTFRNKu_8vvrHolLQb6sB_ZdOhdpqlV).

1. Raphaël Liogier, *Le Mythe de l'islamisation*, Seuil, 2012, p. 198.

2. « Raphaël Liogier dénonce "la laïcité au service de l'hygiénisme identitaire" », Middle East Eye, version française, 27 octobre 2015.

ce chercheur, très féru d'explications psychanalytiques, attribue à une « blessure narcissique » de l'Occident... laquelle remonterait à la crise de Suez. Et pas du tout au fait que Khomeyni ait imposé une révolution islamique en Iran, ni au 11 septembre ou à Daech.

Dans son livre sur *Le Mythe de l'islamisation*, il amalgame des propos authentiquement xénophobes (tenus par les tenants du complot Eurabia ou Riposte laïque) avec de simples mises en garde, tout à fait précises et documentées, envers le radicalisme politique des Frères musulmans, qu'il s'agisse de Tariq Ramadan ou de l'UOIF[1]. Une organisation qui l'invite presque chaque année à son congrès annuel et qu'il refuse de considérer comme « fondamentaliste » : « On nous dit que c'est une organisation islamiste, quelque chose

1. Quand je souligne la complaisance de Liogier envers l'UOIF, il rétorque, comme dans une vidéo publiée par « Là-bas si j'y suis » de Daniel Mermet, qu'il ne « fait pas partie de l'UOIF », ce que je n'ai jamais dit. C'est d'ailleurs une technique assez habituelle. Quand une critique le gêne, il invente, parfois de toutes pièces, un propos pour y répondre et discréditer son adversaire intellectuel. En débattant donc avec lui-même... J'ai ainsi eu la surprise de lire, sous sa plume, que j'avais reproché à l'Observatoire du religieux d'« être financé par l'Arabie Saoudite ». Une phrase non sourcée, délirante, qui lui permet de me discréditer sur trois pages et de me faire passer pour menteuse, sans jamais mentionner mes travaux ou mes déclarations réelles, sans doute plus embarrassants. L'accusation est d'autant plus absurde que dans *Charlie Hebdo*, nous avions avec Fiammetta Venner reproché au contraire à l'Observatoire de surestimer le danger wahhabite, venu d'Arabie Saoudite, pour mieux minimiser le danger de ses anciens obligés devenus ses ennemis jurés (les Frères musulmans).

d'extrêmement dur, mais ce que j'ai trouvé dès la première année où j'y suis allé, c'est qu'ils étaient au contraire plutôt mous[1]. »

Il faut dire que Raphaël Liogier apprécie en général les visions plutôt « dures » de la religion. Sur les sites communautaires musulmans comme SaphirNews ou dans ses livres, il va jusqu'à prendre la défense de prédicateurs salafistes, grossièrement sexistes et littéralistes[2], quand il ne présente pas le port du voile intégral comme une tendance « hypermoderne[3] ». Il en veut pour preuve que les femmes se mettant à le porter disent le faire pour « se retrouver », se « rapprocher de Dieu » mais surtout d'« elles-mêmes », et refont souvent « l'ameublement de leur habitation » avant leur métamorphose[4]... Ce qu'il semble trouver très « moderne ».

---

1. Des propos tenus sur le site de OummaTV (http://www.oummatv.tv/Raphael-Liogier-Les-francais). Précisons que les orateurs préférés de ce rassemblement annuel de l'UOIF sont Hani Ramadan (qui présente la lapidation comme un acte de purification et le sida comme un châtiment divin) ou Youssef al-Qaradawi (approuvant le fait de brûler les homosexuels et auteur d'une fatwa autorisant les attentats kamikazes).

2. Comme l'imam de Brest, qu'il présente comme un simple fondamentaliste spiritualiste « axé sur l'individu, sa transformation personnelle, comment pratiquer le sport... », SaphirNews.com, 9 mars 2016.

3. Raphaël Liogier, *La guerre des civilisations n'aura pas lieu*, CNRS Éditions, 2016, p. 132.

4. L'étude, citée et commentée par Raphaël Liogier dans *Une laïcité « légitime »*, est « soutenue par l'Observatoire du religieux ». Elle a été réalisée par Agnès De Féo et a donné lieu à un documentaire : *Sous la burqa*, Sasana Productions, 2010.

Ce chercheur ne se contente pas de banaliser le sexisme archaïque et sectaire, il donne aussi des consignes pour l'encourager. Il a imaginé une « Muslim Pride », où les femmes défileraient en voile intégral pour défier les lois « iniques » interdisant de se voiler à l'école publique ou de cacher son visage dans l'espace public : « J'appelle à la désobéissance civile ! » C'est le cri qu'il lance dans une vidéo, avec en arrière-fond une photo de femmes en niqab noir arborant fièrement des pancartes bleu-blanc-rouge et des pin's pour la Palestine[1]. Un appel au micro de Oumma.com, décidément lieu de rencontre entre islamistes et partisans du modèle anglo-saxon, tous réunis dans une même détestation de la laïcité française.

Jean Baubérot et les sept familles de la laïcité

Jean Baubérot sans doute l'universitaire qui a le plus écrit et milité en faveur d'une « nouvelle laïcité ». Non pas concordataire ou papiste, mais accommodante envers les minorités religieuses et les « nouveaux mouvements religieux ». Comme ses élèves, il ne dit jamais « sectes ». Dans ses livres, il rappelle que la France a été condamnée par la Cour européenne des droits de l'homme pour « violation de la liberté de religion » des Témoins de Jéhovah, notamment suite

1. OummaTV, 26 juin 2011.

à des redressements fiscaux, et consacre un chapitre entier à ironiser sur la lutte contre les sectes, perçue comme du « maccarthysme » : « Le domaine des groupements qualifiés de “sectes” est peut-être celui où la vulgate intégriste républicaine obtient le plus d'emprise. »

On notera le goût pour le renversement de vocabulaire, typique de l'école Baubérot. L'universitaire répugne à parler d'« intégrisme » pour désigner le radicalisme religieux, mais l'emploie systématiquement pour désigner les « intégristes » laïques et républicains[1]. Question de priorité. Pour mieux servir son projet, l'universitaire propage un mythe : celui d'une France apaisée, où les religions n'auraient plus d'appétit politique. La seule agressivité, le seul danger, viendrait de la laïcité « antireligeuse », « répressive » et « militante », qui veut « imposer une sécularisation complète ». Les raisons qui favorisent un tel retour de l'attachement à la laïcité sont évacuées en une ligne. Elles ne mentionnent ni l'intégrisme ni le terrorisme, même après les attentats de janvier 2015.

Cet aveuglement ne serait pas si grave si l'universitaire n'avait pas occupé, pendant seize ans, l'une des rares chaires consacrées à la laïcité en France : « Histoire et sociologie de la laïcité » à la section « Sciences

1. Jean Baubérot, *L'Intégrisme républicain contre la laïcité*, éditions de l'Aube, 2006.

religieuses » de l'École pratique des hautes études. Son approche arrange alors formidablement les affaires de la gauche au pouvoir, qui vient d'enterrer le projet Savary et doit le faire accepter aux laïques[1].

Elle a besoin d'un intellectuel pour habiller son renoncement en modernité. Ce sera Jean Baubérot. Sa chaire d'« Histoire et de sociologie du protestantisme » est opportunément transformée en chaire d'« Histoire et sociologie de la laïcité »[2]. Un poste prestigieux, taillé sur mesure, qui lui permet d'être présenté comme l'« historien de la laïcité », d'exercer un quasi-monopole universitaire, d'influencer les principaux décideurs du Parti socialiste et même de favoriser la fameuse dérive de la Ligue de l'enseignement... Lui-même reconnaît avoir approché cette dernière dans une optique militante : « J'ai pris contact avec la Ligue en 1985, précisément parce qu'elle m'apparaissait opérer un tournant suite à l'échec de 1984. » Depuis, le tournant a bien été pris. Aux militants de la Ligue qui le lui reprochent, il écrit : « Toutes les personnes de la Ligue, qui m'ont demandé de travailler avec elles, étaient parfaitement au courant de ma position[3]. » Quelle position ? Celle que Jeanne

1. Jean Baubérot, *Vers un nouveau pacte laïque ?*, Seuil, 1990.

2. C'est l'analyse d'Eddy Khaldi, qui souligne dans un article le contexte politique particulier ayant présidé à cette promotion fulgurante et à la création d'une chaire sur mesure au sein de la section « Sciences religieuses » de l'École pratique des hautes études.

3. Mail collectif du 6 mai 2014.

Favret-Saada qualifie de « néo-laïcité ». Cette lecture, juge l'anthropologue, sert au mieux à « promouvoir les religions », « au pire, à réviser la loi de 1905 »[1].

C'est bien ce qui ressort de l'approche proposée par Jean Baubérot, dès 1990, dans l'ouvrage *Vers un nouveau pacte laïque ?*. Un rapport-manifeste conçu avec la Fédération protestante et la Ligue de l'enseignement. Son projet est encore plus clair dans la *Déclaration universelle sur la laïcité au XXIe siècle*, qu'il publie à l'occasion du centenaire de la loi de séparation[2]. Elle propose de garantir l'« autonomie » de l'État « à l'égard de toute religion et conviction », tout en prévoyant la possibilité d'« accommodements religieux » sur le modèle canadien… Sa vraie source d'inspiration.

Dans *Une laïcité interculturelle. Le Québec, avenir de la France ?*, paru en 2008, Jean Baubérot, admirateur inconditionnel du Québec, plaide ouvertement pour l'importation d'une « laïcité d'inclusion » allant jusqu'aux accommodements dits raisonnables : « L'accommodement raisonnable rend possible une sortie de l'alternative désastreuse du "tout ou rien", face aux

1. Jeanne Favret-Saada, « La concorde fait rage : sur le « nouveau pacte laïque », *Les Temps modernes*, n° 605, août-septembre-octobre 1999.

2. Rédigé avec son amie la professeure canadienne Micheline Milot et son ami le professeur mexicain Roberto Blancarte, le texte aurait circulé auprès d'autres amis et chercheurs pour aboutir à cette Déclaration (historique à ses yeux).

demandes des minorités[1]. » Et tant pis si ce modèle est justement en crise, critiqué pour ses dérogations au respect de l'égalité hommes-femmes au nom du religieux... Comme cette salle de sport donnant sur la rue et qui a fini par givrer ses vitres pour ne pas perturber des Juifs ultra-orthodoxes, visiblement troublés par la vue de femmes faisant du vélo d'appartement. Des Canadiennes et la presse s'en sont émues. Jean Baubérot, lui, ne voit pas où est le problème. Homme de terrain, il nous raconte sa conversation autour d'un café avec une jeune Canadienne, qu'il décrit comme « élancée et à la tenue sexy », auprès de qui il tente de comprendre en quoi cela est si choquant[2]. La femme voit, l'universitaire ne voit pas.

Il compare le fait de givrer cette vitre pour cacher le corps de femmes au fait d'avoir autorisé les femmes à se balader torse nu, comme les hommes, dans les rues de Montréal. Alors qu'il s'agit de l'exact opposé. Dans un cas, nous parlons d'une mesure visant à cacher le corps des femmes et uniquement leur corps. Dans un autre, il s'agit de banaliser le corps de tous. Dans un cas, on sert l'inégalité. Dans l'autre, on rétablit l'égalité. Mais le féminisme n'est pas la boussole intellectuelle de Jean Baubérot, surtout attaché à la liberté religieuse. Il ne cache pas qu'il comprend mieux les

1. Jean Baubérot, *Une laïcité interculturelle. Le Québec, avenir de la France ?*, éditions de l'Aube, 2008, p. 12.
2. *Ibid.*, p. 45 *sq.*

revendications des militantes canadiennes voilées de Présence musulmane. Comme elles, il caricature ces polémiques sur les accommodements religieux et les assimile à de faux débats aux relents racistes.

En toute logique, Jean Baubérot préfère fréquenter les fondamentalistes et les mouvements sectaires que les « intégristes républicains ». Il intervient très régulièrement au congrès annuel de l'UOIF, dont il attribue la mauvaise image au fait d'être « diabolisée dans les médias[1] ». À l'en croire, l'islam politique « non modéré » et rétrograde ne serait pas intégriste, ni même communautariste, contrairement au

1. À le lire, l'UOIF aurait rompu avec l'idéologie fériste égyptienne des débuts et accepté le principe de la citoyenneté française. Simplement parce que, au milieu des années 1990, l'UOIF – qui cherchait jusque-là à radicaliser les étudiants arabes étrangers – s'est mise à accepter l'idée de former de futurs radicaux en France, ce qu'ils appellent poliment et astucieusement passer d'un « islam en France » à un « islam de France ». Il écrit : « Cette nouvelle vision conduit l'imam de Bordeaux, Tareq Oubrou, à prôner la « charia des minorités » et imprègne « le discours de la foi engagé de Tariq Ramadan qui vise à coupler la foi avec des engagements citoyens non nécessairement religieux et politiquement situés à gauche » (Baubérot, *L'Intégrisme républicain contre la laïcité*, *op. cit.*, p. 80). Toute la méconnaissance de ces réseaux réside dans ces quelques lignes. Jean Baubérot feint d'ignorer ou ignore que la « charia des minorités » (qui consiste à adapter ses principes religieux aux lois du pays) proposée par Oubrou, par ailleurs plutôt proche de l'extrême droite catholique et opposé au mariage pour tous, est loin de faire consensus. Oubrou est tout à fait minoritaire au sein de l'UOIF, sa vision est même combattue en interne par Tariq Ramadan, qui propose aux militants de s'engager comme citoyens... pour faire évoluer « les lois vers plus d'islam ».

« communautarisme républicain » et à son « double jeu » (*sic*)[1].

Très critique envers *Charlie Hebdo*, il reproche à l'hebdomadaire de mélanger la laïcité et « la dénonciation de la religion[2] ». En réalité, c'est lui qui mélange tout. Puisque *Charlie Hebdo* critique la religion au titre de la liberté d'opinion et défend la laïcité comme principe d'organisation. Quand il prétend « parler de laïcité aux enfants » dans un livre coécrit avec la très anti-*Charlie* et très pro-voile Rokhaya Diallo, ses ouvrages sont presque tous destinés à critiquer la loi de mars 2004 sur les signes religieux ostensibles comme une loi « d'exception », voulue par l'« intégrisme républicain ».

Toujours dans l'optique de renégocier la laïcité à la française, son livre sur *Les Sept Laïcités françaises* semble ériger en équivalences sept façons de vivre la laïcité, sans qu'aucune ne puisse se dire plus légitime qu'une autre au regard de 1905. Qu'il s'agisse de « laïcité ouverte », « identitaire », « gallicane » ou « concordataire »... Tout le problème réside dans l'adjectif, même mis entre guillemets. Car l'auteur ne parle pas seulement de vision « concordataire » ou « ouverte » de la laïcité, mais bien de « laïcité concordataire » ou de « laïcité identitaire ». Comme si le concordat et la séparation, le racisme et la fraternité pouvaient cohabiter,

---

1. Jean Baubérot, *L'Intégrisme républicain contre la laïcité*, *op. cit.*, p. 86.
2. Jean Baubérot, *Les Sept Laïcités françaises*, EMSH, 2015, p. 16.

alors qu'ils s'opposent. Même si l'on peut comprendre la nécessité de vulgariser pour tenir une formule ou un bon titre, le propos implicite est de réduire la loi de 1905 à un self-service où l'on peut choisir le menu et l'adjectif, sans se soucier de l'esprit ou de la lettre de la séparation. Un projet affiché dès le sous-titre du livre : « Le modèle français de laïcité n'existe pas ». Il n'existe, selon Baubérot, que des « représentations selon les acteurs sociaux », qui défendent chacun leur version comme étant « la vraie laïcité »[1]. Il parle même de « mystification républicaine » : « Tant que la laïcité française sera essentialisée en un modèle unique, nous dit-il, le malaise s'accentuera. » Tout au contraire, plus on donnera une explication confuse de la laïcité, plus le malaise risque de durer.

Il ne s'agit pas de nier qu'il existe tout un nuancier d'interprétations possibles de la loi de 1905 ou qu'il ne faut pas considérer les défis de l'époque. Reste qu'il existe bien un « idéal-type », un mode d'emploi, façonné par des siècles de combat contre des erreurs (le gallicanisme ou le concordat) qui ne peuvent être assimilés à la séparation finalement choisie. Si l'on

1. Les contours mêmes des sept laïcités tracés par Jean Baubérot posent question. Comme lorsqu'il choisit de réduire la laïcité républicaine à une laïcité « gallicane », voire identitaire, et mélange sous une même étiquette les tenants d'une droite anti-immigrés avec François Baroin, les partisans de la loi de mars 2004 sur les signes religieux ostensibles à l'école publique, un grand maître du GODF, ou encore Harlem Désir pour avoir changé d'avis sur la signification politique du voile entre 1989 et 2015…

veut être précis, au lieu de semer la confusion, il vaut bien mieux parler de familles d'interprétations allant des laïques (républicains) à des ultra-laïques (de tendance gallicane) en passant par les catho-laïques (concordataires), les pseudo-laïques (identitaires) et les néo-laïques (accommodants)... Soit un nuancier de cinq familles d'interprétations, où toutes les lectures de la laïcité ne se valent pas. Seule la première est fidèle à la séparation, telle que nous l'entendons depuis 1905.

Les laïques

Les laïques sont des républicains fidèles à la loi de 1905, à son exigence comme à son équilibre. L'adjectif « républicains » ne sert qu'à les distinguer de ceux qui penchent vers une vision démocrate ou autoritaire, identitaire, concordataire ou accommodante de la laïcité.

Héritiers de Briand, Buisson et de Jaurès, ils assument le combat anticlérical qu'il a fallu mener et qu'il faut parfois reprendre pour préserver la séparation. Ce combat suppose une vigilance de tous les instants envers le cléricalisme et son nouveau visage intégriste, que le danger vienne de la religion majoritaire ou d'une religion minoritaire, sans discrimination. Ils gardent à l'esprit que le politique n'est pas théologien ni théocrate et se doit de respecter l'ordre spirituel dans ses libertés fondamentales, dans la limite de la loi et de l'ordre public. Les laïques ne sont pas antireligieux, mais anti-intégristes. Même si, à titre personnel, ils ont bien le droit de critiquer la religion, au sein d'une démocratie qui garantit la liberté d'opinion.

Ces laïques peuvent être croyants, athées ou déistes. Ils font bien la distinction entre *le combat de conviction* (débattre d'une philosophie ou d'une croyance) et *le combat de principe* (débattre du cadre commun). La laïcité n'est pas une religion ni une croyance, mais une philosophie publique, au service d'un principe d'organisation. Un cadre qui permet à ceux qui croient comme à ceux qui ne croient pas de faire société ensemble et non de simplement coexister. Conformément à la Constitution et à la philosophie des Lumières, ils défendent la liberté de conscience, qui englobe la liberté de culte mais ne se réduit pas à la liberté religieuse. Cette liberté suppose de défendre le droit de critiquer le religieux et le droit au blasphème, même si l'on n'aime pas blasphémer soi-même.

Les laïques défendent la mission émancipatrice – et non civilisatrice – de l'école publique, destinée à former le libre jugement et l'esprit critique, loin des assignations identitaires ou religieuses, pour mieux défaire les préjugés et les superstitions. Dans la lignée du combat contre les congrégations et sans remettre en cause la liberté de l'enseignement, les plus ambitieux rêvent de réserver les fonds publics aux écoles publiques. À rebours des arrangements clientélistes et des accommodements politiciens, ils souhaitent l'application de l'article 2 de la loi de 1905 : « La République ne reconnaît, ne salarie ni ne subventionne aucun culte. » En toute logique, la fidélité à une République « indivisible » les pousse à souhaiter la réintégration de l'Alsace-Moselle dans la laïcité.

Les gallicans

On désigne par gallicanisme la tentation d'aller trop loin dans la volonté de contrôler le religieux par le politique. Dans la lignée des abus commis par la Révolution pour couper l'Église nationale du Vatican ou des articles organiques voulus par Napoléon. Aujourd'hui, le terme désigne des ultra-laïques qui, loin de l'équilibre de la loi de 1905, tendent à confondre *le combat de conviction* (comme critiquer le symbole du voile) avec *le combat de principe* (vouloir l'interdire partout).

Cette tentation peut avoir deux racines très différentes : la domination culturelle ou le combat antireligieux. La première se raccroche à la tradition nationaliste et autoritaire, le second à celle des hébertistes ou au stalinisme. Dans les deux cas, la démocratie laïque est menacée, et la liberté de conscience soumise à une vision intransigeante du politique.

Sans aller jusqu'à ces extrêmes, la tentation gallicane actuelle se contente de surréagir à la violence du danger fanatique. C'est le manque de véritable politique laïque qui provoque le désir de surenchère juridique au nom de la laïcité. Parfois, ce sont aussi les préjugés de ses interprètes. Les ultra-républicains ayant tendance à classer comme « communautariste » toute demande émanant d'une minorité – même lorsqu'il s'agit d'une demande d'égalité, comme le droit au mariage pour tous, et non une demande d'accommodement dérogatoire.

La frontière entre laïcité et ultra-laïcité n'est pas toujours simple à trouver. Des débats déchirent les laïques entre eux lorsqu'il est question d'interdire le voile aux nounous privées, les sorties scolaires aux mères accompagnatrices voilées, le voile à l'université ou le burkini à la plage. Avec le gallicanisme, la République souffre d'un défaut de « démocratie ». Avec les accommodants, au contraire, la démocratie souffre d'un défaut de République.

Les accommodants

Qu'ils se revendiquent de la laïcité « ouverte » ou « inclusive », les accommodants aspirent à une nouvelle laïcité, plus inspirée du modèle sécularisté américain ou canadien que français. Plus « démocrates » que « républicains », ils sont aussi plus multiculturalistes qu'universalistes, parlent plus volontiers d'inclusion que d'intégration, de diversité que d'égalité, de coexistence que de fraternité.

Comme l'a très bien souligné Henri Pena-Ruiz,

l'adjectif « ouvert » adossé au mot « laïcité » ne rime à rien. Demande-t-on aux droits de l'homme ou à l'égalité de « s'ouvrir » ? En réalité, cette expression ne sert qu'à la taxer de « fermée » pour mieux la combattre : « La notion de *laïcité ouverte* est maniée par ceux qui en réalité contestent la vraie laïcité, mais n'osent pas s'opposer franchement aux valeurs qui la définissent[1]. »

Très critiquée, cette notion a peu à peu été remplacée par celle, plus séduisante, de « laïcité d'inclusion ». Le projet reste le même : désigner la laïcité actuelle comme *excluante*. Beaucoup emploient ce terme de bonne foi, pour souligner que la laïcité est une maison commune, qui tend la main et respecte toutes les croyances. Ce qui est le cas. Pourquoi changer ? Vers quoi ? L'inclusion – plus que l'intégration – fait référence au Canada, donc à son modèle d'« accommodements raisonnables » ayant dérivé.

À l'origine, cette notion partait d'une bonne intention : assouplir la démocratie au travail pour ne pas discriminer, notamment les femmes enceintes ou les handicapés. Personne n'y trouvait à redire, jusqu'à ce que des groupes religieux retournent cette tolérance contre elle-même… En exigeant de pouvoir déroger au principe de l'égalité, notamment hommes-femmes, au nom de la supériorité de leurs croyances. Qu'il

1. Henri Pena-Ruiz, *Qu'est-ce que la laïcité ?*, Folio-Gallimard, 2003, p. 128.

s'agisse de porter un couteau en classe parce qu'on est sikh, de refuser de travailler le samedi parce qu'on est adventiste, ou de demander à être soigné en priorité aux urgences pour être rentré à temps pour faire shabbat... Tous ces cas ont défrayé la chronique et ont fini par agacer.

La Commission Bouchard-Taylor ne risquait pas de trouver une solution. Le Premier ministre Jean Charest l'avait chargée d'examiner la question des accommodements en février 2007, pour désamorcer les critiques. Mais il a bien mal choisi ses deux commissaires. Le premier, Gérard Bouchard, est surtout un spécialiste de l'interculturel et du suivi épidémiologique des populations. Ce qui n'a rien à voir... Le second, Charles Taylor, a théorisé un multiculturalisme très différentialiste, où la liberté religieuse l'emporte sur l'égalité. À la fois philosophe et politique (il a été candidat de la gauche canadienne), il considère l'« authenticité » culturelle comme la « base de l'idéal moderne », au point de militer en faveur d'une « politique de la différence » favorisant une vision très exotique, voire régressive des « droits culturels ». Par exemple quand il s'agit de tolérer le voile ou de l'excision au nom du respect des cultures[1]. Il a reçu le

1. « Avec la politique d'égale dignité, ce qui est établi est censé être universellement le même, un ensemble identique de droits et de privilèges ; avec la politique de la différence, ce que l'on nous demande de reconnaître, c'est l'identité unique de cet individu ou de ce groupe, ce qui le distingue de tous les autres » (C. Taylor,

prix Templeton, délivré par une fondation américaine très religieuse, pour sa contribution à la recherche dans le domaine des « réalités spirituelles ». Son avis sur la crise des accommodements religieux ne risquait pas d'aller vers plus de laïcité... Qu'en est-il sorti ? Un rapport inutile, se moquant des peurs irrationnelles et des médias, louant le statu quo. Depuis, le fossé n'a cessé de se creuser entre une gauche multiculturaliste totalement angélique et une droite chrétienne réactionnaire toujours plus intolérante. Les partisans d'un juste milieu, plus laïque, se retrouvant écrasés entre les deux.

Les concordataires

Il existe une catégorie d'interprètes qui n'ont jamais assimilé la subtilité de la séparation et penchent pour une vision toujours concordataire du lien entre le temporel et le spirituel. Nous parlons d'une droite bonapartiste et césarienne, pour qui la religion sert l'ordre. À cheval entre les gallicans et les accommodants, cumulant leurs travers, elle peut se montrer très souple envers les minorités religieuses, sur qui elle mise pour déverrouiller la laïcité. Le but étant de mettre un pied dans la porte

---

« La politique de reconnaissance », in *Multiculturalisme. Différence et démocratie*, Champs-Flammarion, 1997, p. 57).

et de réaffirmer la suprématie culturelle de l'identité catholique.

La gauche démocrate parle de « laïcité ouverte ». Cette droite bonapartiste parle de « laïcité positive ». Une expression souvent employée par le Vatican pour égratigner la laïcité actuelle jugée « négative », comme dans ce discours prononcé en 2005 par Benoît XVI à l'occasion d'un colloque italien sur la laïcité et la transcendance : « Un État sainement laïque devra logiquement reconnaître un espace dans sa législation à cette dimension fondamentale de l'esprit humain. Il s'agit en réalité d'une "laïcité positive" qui garantisse à tout citoyen le droit de vivre sa foi religieuse avec une liberté authentique, y compris dans le domaine public[1]. » Tout est dit. Il s'agit d'abattre la séparation pour *reconnaître* le rôle public de la foi et même l'intégrer dans la législation. Et c'est cette expression que l'on a retrouvée, deux ans plus tard, dans la bouche de Nicolas Sarkozy, le moins laïque des présidents de la Cinquième République.

Doué d'une certaine plasticité idéologique, peu soucieux de l'histoire des idées (sinon il n'aurait jamais osé déposer la marque « Les Républicains » comme nom de parti), l'homme peut tenir des discours dignes de l'extrême droite cléricale (quand Patrick Buisson

1. Colloque « Laïcité et liberté » organisé les 15 et 16 octobre 2005 par les fondations Magna Carta et Subsidiarité, en présence du président du Sénat italien.

lui écrivait ses textes), rêver d'agir comme Napoléon et s'inspirer pour l'essentiel du modèle américain, sa vraie référence.

Sa vision utilitariste de la religion, typiquement concordataire, est clairement énoncée dans son livre sur *La République, les religions, l'espérance*, paru du temps où il était ministre de l'Intérieur[1]. Dans ce recueil d'entretiens menés par un philosophe catholique ultra-conservateur et un prêtre dominicain, Thibaud Collin et Philippe Verdin, Nicolas Sarkozy trace les contours de cette laïcité « positive » censée renouveler la laïcité française, qualifiée de « sectaire ». Exactement comme chez les accommodants, la laïcité est jugée trop dure envers les religions et même envers les sectes. Un mot que Nicolas Sarkozy refuse d'employer pour éviter les « amalgames » (on ne le connaissait pas si sourcilleux). Lui aussi préfère parler de « nouveaux mouvements spirituels ». La même pudeur s'applique à l'UOIF, qu'il refuse de qualifier d'intégriste (il concède « orthodoxe »). En revanche, il n'a aucune difficulté à parler d'« intégrisme laïque », qu'il renvoie dos à dos avec l'intégrisme musulman : « Les deux doivent être rejetés avec une égale intensité[2] ! »

En fait de juste milieu, Nicolas Sarkozy cherche à justifier le fait d'avoir banalisé l'UOIF en l'intégrant

1. Nicolas Sarkozy, *op. cit.*
2. *Ibid.*, p. 88.

au sein du Conseil français du culte musulm
les besoins de sa politique d'apparat, réus
ses prédécesseurs avaient échoué, Sarkozy a commis deux erreurs. Se prendre pour Napoléon dans une époque où le concordat est révolu. Et croire qu'on pouvait plaquer l'exemple du Consistoire juif sur une communauté musulmane déchirée en deux à cause du fanatisme.

Autre anachronisme, Nicolas Sarkozy croit aussi que l'on peut couper le culte musulman de ses influences étrangères en le finançant. Ce qu'il appelle « toiletter » la loi de 1905 pour rayer son article 2 et pouvoir financer des mosquées. Un souhait porté par le rapport Machelon, chargé de lui faire des propositions dans ce sens[1]. Seule la résistance des laïques l'a empêché d'aller au bout de ses projets. Cette fausse bonne idée, qui répète cette fois toutes les erreurs du passé, aurait pu tuer la laïcité sans présenter aucun avantage en termes de « contrôle ». Les imams les plus réfractaires n'accepteront pas l'argent des pouvoirs publics et ne prêteront jamais allégeance à la République, pas plus que les prêtres ayant refusé la Constitution civile du clergé. Repartirions-nous vers un clergé constitutionnel ?

---

1. Commandé en octobre 2005 par Nicolas Sarkozy, alors ministre de l'Intérieur, le rapport a non seulement proposé le financement public des cultes mais de reconnaître l'utilité publique des religions en matière d'enseignement, d'action culturelle, d'humanitaire et d'intégration.

Si l'État devait soudainement financer le culte musulman pour construire des mosquées et former ses ministres, ne devrait-il pas le faire pour tous les cultes ? Juif et bien sûr chrétien ? À quelles conditions ? Ce danger saute soudainement aux yeux de Nicolas Sarkozy quand il n'est plus question d'islam mais de catholicisme : « Je ne suis pas favorable au financement des Églises par l'État parce que je connais trop bien la logique du "qui paye décide". Nous rentrerions alors dans un système des religions d'État, alors que l'État ne doit pas s'immiscer dans les questions internes des cultes, où il n'a aucune compétence et n'est pas à sa place[1]. » Comment justifier de faire avec l'islam ce que l'on refuse de faire avec l'Église catholique ? Même Nicolas Sarkozy est obligé de reconnaître que sa vision concordataire est tout simplement impraticable. Mais il n'est pas le seul à jouer régulièrement à l'apprenti sorcier. Des intellectuels l'ont rejoint dans ce registre hasardeux.

Pierre Manent a réussi l'exploit de proposer lui aussi un nouveau pacte national cumulant à la fois les inconvénients de la « catho-laïcité » et de la « néo-laïcité ». Son livre, *Situation de la France*, séduit deux publics en principe incompatibles : les identitaires et les accommodants, tous deux s'alliant sur le dos des laïques… L'ouvrage commence par disqualifier d'entrée et d'un revers de la main ceux qui pensent que la laïcité serait la solution au « problème posé par

1. *Ibid.*, p. 124.

l'islam » : « l'instrument de la laïcité est particulièrement inadapté à cette fin[1] ». Au lieu de tenir bon, il conclut en quelques pages – très théoriques, jamais concrètes – qu'il faut tout « céder » : « Nos concitoyens musulmans sont désormais trop nombreux, l'islam a trop d'autorité et la République, ou la France, ou l'Europe, trop peu d'autorité pour qu'il en soit autrement. Je soutiens donc que notre régime doit *céder*, et accepter franchement leurs mœurs [*sic*] puisque les musulmans sont nos concitoyens[2]. »

On notera, de bout en bout de l'ouvrage, une vision formidablement essentialisée de l'islam, vécu comme un bloc de mœurs et de coutumes archaïques, « lentes » à évoluer, sans que la guerre entre ses différentes interprétations soit jamais prise au sérieux. En vertu de quoi, au lieu de viser l'émancipation universelle, Manent propose de déverrouiller la laïcité et de répondre au « problème spécifique posé par l'islam » par une vision transcendantale et chrétienne de la nation : « Notre vie commune souffrira d'une sorte d'atrophie spirituelle, et d'abord d'un profond défaut de sincérité tant que nous resterons incapables de thématiser publiquement la relation intime qui lie la France à l'Église[3]. » En résumé, il propose une « alliance » dans laquelle pourront se retrouver tous les

---

1. Pierre Manent, *Situation de la France*, Desclée de Brouwer, 2015, p. 31.
2. *Ibid.*, p. 69.
3. *Ibid.*, p. 162.

monothéistes, au détriment des athées et des laïques. Ce sont ses dernières lignes : « L'avenir de la nation de marque chrétienne est un enjeu qui nous rassemble tous[1]. » Presque tous. La vision concordataire n'est décidément jamais d'une vision plus identitaire…

Les identitaires

Une menace terrible pèse sur la laïcité. Ses plus vieux ennemis ne cessent de s'en réclamer, sans bien sûr l'avoir réellement comprise ou acceptée. La laïcité suppose l'équilibre, l'égalité et la fraternité. Les identitaires, qui ne rêvent que de restaurer une nation chrétienne, ne l'invoquent pas comme un bouclier mais pour en faire un glaive contre les musulmans.

Leurs racines profondes remontent aux Vendéens, aux contre-révolutionnaires, et à cette droite nationaliste cléricale, antidreyfusarde, qui a toujours combattu la séparation. Il leur faut donc réécrire cette histoire s'ils veulent se l'approprier. Ainsi, à les entendre, la séparation n'est plus un divorce arraché à l'Église, mais un cadeau offert par le christianisme. Une religion jugée plus compatible avec la laïcité que l'islam. Ils en veulent pour preuve la célèbre phrase de Jésus, « Rendez à César ce qui est à César », censée prouver que le christianisme accepte la séparation des ordres

1. *Ibid.*, p. 173.

temporel et spirituel. Ce « denier de César » n'a pourtant jamais empêché l'Église de prôner la théocratie, depuis Constantin jusqu'au sacre de Napoléon, en passant par l'Inquisition. Ce sont les rapports de force qui font l'histoire. La séparation est un cadeau des républicains progressistes. Elle a bien failli échouer à cause de la droite cléricale et de l'Église, qui n'ont cessé de la combattre. Comme les fanatiques combattent aujourd'hui la sécularisation en terre musulmane. La preuve qu'une forme de laïcité est compatible avec l'islam, elle a existé pendant des années en Turquie, avant que l'AKP ne cherche à défaire cet acquis.

Il existe dans le Coran l'équivalent du denier de César. Une sourate dite de la « délibération » qui sépare le temporel du spirituel : « Que les hommes délibèrent entre eux de leurs affaires. » Un jour, si le rapport de force le permet, des hommes se rappelleront que Mahomet n'a pris aucune disposition pour sa succession et qu'il détestait qu'on prenne en note ses consignes politiques délivrées à Médine. Des savants et des intellectuels musulmans, comme Abderraziq, l'écrivent depuis 1925[1]. C'est la terreur pratiquée par les fondamentalistes qui empêche la réforme. Depuis la chasse aux sorcières lancée contre Averroès, les portes de l'*Ijtihad* (la grande période réformatrice de l'islam) se sont refermées.

1. Ali Abderraziq, *L'Islam et les fondements du pouvoir* (1925), La Découverte, 1994.

La colonisation européenne, dont sont nostalgiques les identitaires, n'a rien arrangé. C'est le progrès scientifique qui a permis à l'Europe de prendre l'avantage sur l'Empire ottoman, paralysé par le retour du fondamentalisme. Mais le fait de pouvoir associer la modernité à l'ancien colonisateur joue en faveur des fanatiques, qui disqualifient le moindre réformiste ou laïque comme vendu à l'Occident. Malgré la violence des intimidations et les menaces, des esprits libres résistent partout dans le monde musulman. Ils caricaturent le Prophète, se dévoilent, parfois se dénudent et réclament un état civil. Un jour, ils gagneront. Tout simplement parce que le sécularisme est plus épanouissant que la théocratie.

En attendant, si l'on ne veut pas faire le jeu des fanatiques, il est essentiel de ne pas confondre les victimes (les musulmans modernistes) et leurs bourreaux : des intégristes qui, eux, sont incompatibles avec la laïcité. C'est ce que font les identitaires en brandissant des emblèmes de résistance relevant non pas de la laïcité mais de la « tradition », comme le saucisson, le vin et les produits du terroir. C'est le cas du fameux « Apéro saucisson-pinard » organisé par Riposte laïque et le Bloc identitaire contre les prières de rue en 2010.

Ce jour-là festoyaient côte à côte d'anciens laïques rejetés pour leur dérive raciste et des militants ouvertement d'extrême droite. Ces groupes ne sont pas seulement « islamophobes », au sens de méfiants envers l'islam ou l'islamisme, mais « musulmanophobes » :

antimusulmans et non anti-islam[1]. Ils défendent des mesures liberticides et inégalitaires, comme l'interdiction du voile simple dans la rue ou l'initiative populiste de l'UDC suisse visant à interdire l'édification de minarets (et pas seulement l'appel du muezzin). Des postures qui relèvent de la domination culturelle et non de la laïcité.

D'autres extrémistes vont plus loin, et passent du racisme en paroles au racisme en actes. Ils s'en prennent aux mosquées, par des graffitis ou en déposant des têtes de cochon. Certains peuvent aller jusqu'à agresser des femmes portant le voile. Le risque de voir l'un de ces fanatiques identitaires s'inspirer du terroriste norvégien Anders Behring Breivik, qui a fait 77 morts et 151 blessés le 22 juillet 2011, n'est pas à écarter. Il est même très sérieux.

L'autre danger, électoral, concerne bien sûr les scores du Front national. Depuis que la laïcité est si populaire, lui aussi doit réécrire l'histoire pour se présenter en champion de la séparation… Alors qu'il vient d'une droite cléricale et antidreyfusarde qui l'a toujours combattue. Le FN reste le parti qui a le plus dénoncé le « laïcisme », qui a hébergé le plus grand nombre d'intégristes, comme Bernard Antony

1. La revue *ProChoix* a été l'un des premiers médias à consacrer un long article analysant la dérive sémantique de ce groupuscule. C. Fourest, « Affaire des Vosges : un jugement sévère qu'il faut accepter », octobre 2007 ; M. Sifaoui, « Merci Riposte laïque ! Merci Facebook ! », juin 2010.

de l'AGRIF. Longtemps député européen et cadre du FN, c'est lui qui a lancé la « fatwa » contre le film de Scorsese *La Dernière Tentation du Christ* et qui traîne régulièrement *Charlie Hebdo* en justice pour « christianophobie ».

Même sur les affaires du voile en France, le Front s'est montré très ambigu. En 1999, alors que des collégiennes voilées sont exclues, l'un des élus musulmans du FN, Sid Ahmed Yahiaoui, prend plutôt leur défense : « Refuser le foulard, un simple fichu sur les cheveux, recèle les germes totalitaires d'une possibilité d'interdire tout signe religieux à l'école. Sous le prétexte de laïcité, renverra-t-on en France, pays majoritairement catholique, les élèves qui portent la croix ou des médailles religieuses, fort heureusement acceptées à l'école, ou ceux qui portent la kippa ? » En 2002, dans une formule aussi sexiste que raciste, Jean-Marie Le Pen dira du voile : « Il nous protège des femmes laides. » Il ne voit donc aucune raison de l'interdire. L'aile catholique intégriste du FN a même organisé l'une des toutes premières manifestations contre la loi sur les signes religieux à l'école publique, devant l'Assemblée, le 22 novembre 2003, aux cris de « Non à l'exclusion laïciste de l'âme chrétienne de la France[1] ». Auditionné par la commission Stasi,

1. Dans un communiqué, Bernard Antony, alors toujours membre actif du FN, explique : « Sous le prétexte d'interdire le voile à l'école aux jeunes musulmanes, ce sont en fait les signes de la présence chrétienne que l'on veut effacer. La manœuvre est

le parti a choisi de se faire représenter par Bruno Gollnisch, qui a expliqué vouloir régler la question du voile à l'école par un simple « arrêté » ministériel, « par mesure d'hygiène ». Le but étant de viser le voile sans toucher aux croix... Développant une bien inquiétante vision de la « neutralité » à l'école laïque, il a aussi exigé que tous les fonctionnaires fassent état de leurs options philosophiques : « Tous les fonctionnaires membres de sociétés discrètes ou secrètes se déclarent pour que le citoyen, le justiciable ou le contribuable sachent à qui ils ont affaire. » L'ennemi visé est facile à reconnaître : il s'agit des francs-maçons, l'obsession des intégristes, justement parce qu'ils ont joué un rôle déterminant en faveur de la laïcité.

Marine Le Pen partage cette vision de l'école laïque. Le 18 novembre 2003, alors que des laïques se battent pour la loi interdisant le port de signes religieux ostensibles, elle hésite et déclare : « Je crains de tomber aussi entre les mains des laïcistes extrémistes qui empêcheraient demain, sous prétexte de laïcité, nos enfants d'aller à l'école avec leur médaille de baptême[1]. » Elle-même a mal vécu le jour où une responsable de l'école publique de Saint-Cloud lui a demandé de cacher sa médaille de la Vierge sous

grossière. Nous disons non à une loi de "laïcité" agressivement antichrétienne. »

1. France Info, 18 novembre 2003, repris par l'AFP et Reuters.

son pull… « La laïcité c'est aussi, et peut-être avant tout, la neutralité tout court. Mais cet aspect de la laïcité, qui devrait être prioritaire dans l'esprit du corps enseignant, a été largement laissé de côté », écrit-elle dans son autobiographie[1]. À quoi fait-elle allusion ? À sa jeunesse dans une école publique de Saint-Cloud, où des professeurs s'indignaient parfois de l'entendre défendre la colonisation ou la peine de mort en classe : « Aucun avis divergent n'était toléré sur le sujet et tous ceux qui osaient argumenter en faveur du maintien de la peine capitale étaient considérés par un certain nombre d'enseignants comme des fascistes[2]. » C'est pourtant le rôle de l'école laïque, celle de Condorcet et de Ferdinand Buisson, que d'émanciper les enfants des préjugés de leurs parents. Marine Le Pen, elle, veut une école qui respecte les préjugés de ses parents.

Voilà le vrai visage et la vraie histoire du FN, qui invoque la neutralité de l'école laïque et défend une vision chrétienne et cléricale de la nation… À l'opposé de l'idée républicaine, égalitaire et fraternelle, qu'est la laïcité.

1. Marine Le Pen, *À contre flots*, Jacques Grancher, 2011, p. 55.
2. *Ibid.*, p. 56.

V

Pour une véritable politique laïque

En politique, il est plus facile d'annoncer une nouvelle restriction du voile qui frappera les esprits que de mener une politique laïque de fond qui arrachera la racine du fanatisme dans les cœurs. Il est aussi plus populaire de prendre des mesures visant uniquement l'islam que de rétablir l'équilibre en se montrant aussi exigeant envers la religion majoritaire, en refusant toutes les demandes de dérogations à l'égalité et à la séparation, qu'elles viennent de groupes musulmans, de crèches Loubavitch, d'écoles catholiques ou de territoires comme l'Alsace et la Moselle. C'est pourtant ce combat universaliste, au long cours, courageux, juste et équilibré, qu'il faut mener.

La France en a cruellement besoin pour ne pas sombrer dans la discorde et le naufrage annoncé des passions qui déchirent, religieuses ou identitaires. Si elle doit se disputer, qu'elle se dispute, mais sur les idées et non en montant les identités les unes contre les autres. Cela suppose d'élire des politiques ayant une vision de l'histoire plus longue qu'un simple mandat de cinq ans. D'expliquer au plus grand nombre l'intérêt de cette politique moins spectaculaire, paraissant parfois moins urgente, parfois inutilement passionnée, mais qui forme un ensemble cohérent et donc plus efficace. De faire comprendre à tous que la laïcité ne vise aucune religion en particulier mais l'égalité et l'émancipation des préjugés.

C'est ce que nous allons entreprendre dans ces pages, en esquissant des pistes qui constituent à elles seules toute une politique laïque réelle, et non superficielle. Parfois en renonçant à la tentation de la mesure la plus visible, parfois en prenant le risque de réveiller la guerre scolaire, dans l'intérêt des générations futures. Les vieux combats d'idées valent toujours mieux que les guerres tribales ou religieuses. Surtout si, à force de les redouter, on abandonne le terrain aux extrêmes, qui finiront par l'emporter.

Au milieu du champ de bataille, la laïcité n'a besoin ni d'être assouplie, ni d'être toilettée, ni d'être ouverte, positive, inclusive ou accommodante. Elle ne doit pas non plus se durcir ou retourner en arrière, ne surtout pas répéter les erreurs du gallicanisme ou du concordat. Elle ne doit pas devenir un instrument liberticide, ni servir un projet de domination culturelle à géométrie variable. Pour être fidèle à elle-même, elle doit faire preuve d'intelligence et de vigilance, trouver l'équilibre entre république et démocratie, selon les espaces, retisser du commun, dans le respect des consciences.

Pas de surenchère législative : rassurons nos compatriotes musulmans

Le temps d'une pause législative est venu. La loi de mars 2004 a permis de sanctuariser l'école laïque. Elle a aussi provoqué un malentendu et favorisé une propagande victimaire, savamment entretenue par les intégristes et leurs alliés, qu'il faut déjouer pour stabiliser la loi et retisser les liens brisés.

Son application ne doit pas tomber comme un couperet, sans effort de pédagogie, sans dialogue avec l'élève et sa famille, sans transmettre le sens républicain et égalitaire de cette exigence. Chaque jeune abandonné au sentiment d'injustice ou de persécution est un soldat perdu pour la République, et peut-être un soldat gagné pour l'armée des fanatiques. Beaucoup de nos concitoyens peuvent changer d'avis si l'on prend le temps de la pédagogie, avec générosité. Ils peuvent entendre que la laïcité les protège si on ne la brandit pas uniquement sur le mode du sermon, contre une seule religion. Ce temps presse pour désamorcer les bombes vivantes que nos ennemis tentent de dégoupiller sur notre sol.

Nous vivons dans une époque suspendue entre deux attentats, où les Français de culture musulmane se sentent suspectés, où des femmes voilées se font agresser, où les fanatiques misent sur cette peur pour radicaliser. Inutile d'ajouter de la tension à la tension. Pas question d'interdire le voile simple à la plage ou dans la rue, comme le souhaitent des groupes d'extrême droite, fidèles à leur autoritarisme politique. Ce serait contraire à l'esprit de la laïcité et à la démocratie. En dehors de l'école et des sphères de service public ou de représentation, le voile qui ne cache pas le visage, et ne pose donc aucun problème de sécurité (contrairement au voile intégral), se combat par les idées, dans le respect des personnes. Avec tact et intelligence, il faut pouvoir débattre du symbole sans brutaliser celles qui le portent. Ceux qui agressent les femmes voilées, en les insultant ou en leur demandant de le retirer dans des espaces où il est autorisé, ne sont pas des alliés de la laïcité mais ses ennemis jurés, de ceux qui la font haïr et donc reculer.

L'équilibre démocratique des sphères de laïcité

Le génie de notre modèle tient à son équilibre entre république et démocratie. Par-delà de la seule distinction entre privé et public, il suppose un subtil réglage entre droits et devoirs selon les espaces, allant du plus « libre » au plus « civique ». Pour Alain Massot, qui a réfléchi sur ces distinctions, « l'espace civique concerne le rôle des individus en tant que citoyens[1] ». Je définirais l'espace libre

1. « Espaces civique, privé, public et l'Instruction publique », Skhole.fr, 21 juin 2010.

comme l'espace où la liberté de l'individu est maximale, et l'« espace civique » comme un espace où la citoyenneté prime sur la liberté individuelle. Pour préserver les libertés individuelles sans se désagréger, une société doit faire la distinction entre ces espaces libres et civiques[1].

— Le *domicile* est un espace privé libre, où chacun peut dire et faire ce qu'il souhaite, porter ce que bon lui semble, à condition bien sûr de ne pas nuire à la liberté et à l'intégrité physique d'autrui.

— La *rue* est un espace public libre et civique, où chacun est libre de faire, de dire et de porter ce qu'il souhaite, à condition de respecter les lois prévues pour protéger la sécurité et l'ordre public.

— Les *commerces* sont des espaces publics libres, où le client a le droit, comme au restaurant, de manifester ses préférences et ses goûts.

— Le *travail* est un espace public libre limité, où il faut savoir trouver un juste équilibre entre respecter la liberté de conscience d'un salarié, ne pas le discriminer, sans que la manifestation de son individualité nuise au bon fonctionnement de l'entreprise.

— Les *hôpitaux* sont des lieux privés ou publics de liberté limitée, où s'applique une Charte de la laïcité, où les patients doivent pouvoir manifester leurs besoins

1. Ce nuancier a déjà en partie été théorisé dans *La Dernière Utopie*, *op. cit.*

et leurs interdits religieux ou personnels sans nuire à la continuité des soins.

— L'*université* est un lieu public civique et libre, où l'étudiant majeur est libre de manifester ses opinions dans la limite de la mission de l'université, qui est de garantir un espace pacifié pour apprendre et transmettre l'esprit critique.

— L'*école publique* est le lieu public civique par excellence, où l'élève mineur fait l'apprentissage de la discipline et de la citoyenneté.

— Le *Parlement* et les *institutions publiques* sont des lieux publics civiques, où chaque représentant doit se conformer d'autant plus strictement à la loi qu'il ou elle la représente.

— Les *prisons* sont des lieux fermés civiques, où le détenu, par définition, est soumis à un régime de forte contrainte, où la liberté de conscience est respectée mais sa manifestation limitée.

Bien sûr, tout est affaire de proportionnalité. Un régime autoritaire pourrait être tenté de restreindre les libertés individuelles au nom du civisme. À l'inverse, un pays qui oublie de fortifier sa citoyenneté au nom de la liberté peut favoriser la tyrannie individuelle.

Pas de loi sur le voile à l'université mais réglementer le prosélytisme

Légiférer sur le voile à l'université serait contre-performant. Le voile n'a pas sa place à l'école laïque, au niveau du collège et du lycée, car il s'agit de temples républicains destinés à former le jugement de futurs citoyens mineurs. L'université incarne le lieu de l'âge adulte, où des étudiants majeurs font l'apprentissage d'une plus grande liberté politique, où l'on milite et se dispute. Interdire le voile à des étudiantes majeures, comme ce fut le cas longtemps en Turquie, ne ferait qu'offrir des raisons de se mobiliser pour le voile sur les campus. Il sera très facile aux intégristes, redoutablement doués pour jouer les martyrs, de convaincre d'autres étudiants de prendre parti pour eux. On voudrait faire naître une génération de radicaux pro-islamistes qu'on ne s'y prendrait pas autrement.

Si des étudiantes portent le voile mais veulent se destiner à des métiers, comme l'enseignement, où il est interdit de le porter, c'est leur choix et leur responsabilité. À un moment de leurs études, elles devront cesser de le porter ou s'orienter vers une autre branche. Si des étudiantes s'engagent dans une voie scientifique réclamant une certaine tenue vestimentaire par mesure d'hygiène et de sécurité, elles doivent s'y conformer. Mais cela doit pouvoir passer par des règlements et des circulaires, pas par une loi nationale.

Au nom de la liberté de conscience, il est normal de tolérer certains signes d'affirmation politique, comme le voile ou un keffieh, une main jaune contre le racisme ou un sigle féministe. Cela dit, cette liberté n'est pas sans limite. L'université n'est pas la jungle. L'exercice de la liberté d'opinion ne doit pas devenir prétexte à la tyrannie ou au prosélytisme agressif. Sur certains campus, des groupes religieux s'improvisent ligues de vertu et culpabilisent les étudiantes de culture musulmane qui ne portent pas le voile ou fument des cigarettes. Ce n'est pas acceptable. Un établissement a des règles et doit veiller à la liberté de conscience de tous ses étudiants, pas seulement celle des plus radicaux. Plutôt que d'interdire le voile, il faut soutenir les directeurs courageux, comme Samuel Mayol à l'IUT de Saint-Denis, qui a enduré calomnies et représailles, ainsi qu'une véritable persécution de la part du président de l'université, pour avoir mis fin à une salle de prière illégale et aux pratiques d'une petite mafia intégriste. De même qu'on a trop longtemps toléré les agissements d'un groupe extrémiste et violent comme le GUD au sein de la faculté de droit de Paris Assas, il ne faut pas tolérer les campagnes des extrémistes islamistes sur les campus.

Le monde est suffisamment violent, la liberté déjà sans limite sur les réseaux sociaux, pour que les universités ne servent de relais à des propagandes haineuses. C'est le cas de certains campus anglais ou belges, où il devient difficile de donner des conférences sur la laïcité ou le blasphème sans être attaqué par des étudiants islamistes se disant offensés. Ils refusent, violemment, qu'on aborde certains sujets. À l'université Goldsmiths de Londres, en 2015, Maryam Namazie, une laïque iranienne réfugiée en Angleterre, a dû faire face à un groupe d'étudiants islamistes éteignant la lumière pour interrompre sa conférence sur *Charlie Hebdo* et l'athéisme. À l'Université libre de Bruxelles, 60 militants très agressifs, proches des Indigènes du Royaume, m'ont empêchée physiquement de donner une conférence sur l'extrême droite pour me faire payer d'avoir soutenu la loi sur les signes religieux à l'école publique[1]. Je ne peux plus intervenir dans une université sans protection policière, ni bien sûr aucun membre de l'équipe de *Charlie Hebdo*. Protéger un membre du journal venant donner une conférence dans une université anglaise ou américaine peut coûter jusqu'à 20 000 dollars, le plus souvent à la charge de l'université. Contrairement à la France, où l'État considère qu'il est de son devoir de protéger la liberté d'expression.

Cette liberté a donc un coût, de plus en plus élevé.

1. L'intimidation, violente, s'était déjà produite quelques années plus tôt, contre une conférence qui portait sur les préjugés sécuritaires et victimaires. Quand le recteur de l'époque a voulu engager un chantier pour réfléchir aux « valeurs » de l'ULB, il a violemment été contesté, la personne chargée du chantier, Emmanuelle Danblon, a reçu des dizaines de menaces antisémites, puis le chantier a été abandonné. En revanche, le professeur qui a mené l'opération « burqa bla bla » visant à me lapider lors de ma seconde conférence a été sanctionné par le nouveau recteur et n'enseigne plus à l'ULB.

À l'inverse, donner la parole à un propagandiste islamiste ne nécessite aucun frais. Ses ambassadeurs et gourous sont de plus en plus souvent invités à prêcher devant les élèves, au nom de la tolérance, de l'ouverture d'esprit, du débat contradictoire, ou pour faire plaisir à des cercles d'étudiants radicalisés. Comment s'étonner d'un monde toujours plus obscurantiste si même les universités se transforment en tribunes au profit des fanatiques, au lieu d'éduquer à l'esprit critique et au libre examen ?

Abroger la loi Debré et sauver l'école laïque

C'est la mesure qu'aucun politique n'aura jamais le courage de prendre. Pourtant, rien n'est plus urgent que de consacrer à l'école laïque l'argent versé à l'école religieuse. La République a intérêt à ce que le plus grand nombre possible de ses enfants passe par son école, pour une éducation sans préjugés, guidée par l'esprit de Condorcet. Rien n'est plus important si l'on veut lutter contre la communautarisation et les tensions identitaires qui déchirent notre société. La solution n'est pas d'imposer ce choix par des mécanismes de sectorisation, que presque toutes les familles ont appris à contourner, ni de revenir sur la liberté de l'enseignement. Elle est de rendre l'école publique plus attrayante et prestigieuse. Donc de mieux la doter, en laissant l'école privée libre se débrouiller. À école publique, fonds publics. À école privée, fonds privés. Nous prenons le chemin opposé.

Aucun pays d'Europe, ni la Pologne ni l'Italie, n'est allé aussi loin que la France dans le subventionnement public d'écoles privées, à 96 % catholiques. L'État verse chaque année 7 milliards d'euros aux écoles privées, auxquels il faut ajouter 3 à 5 milliards, selon les années, versés par les collectivités locales. Soit plus de 10 milliards auxquels s'additionnent tous les versements complémentaires, négociés à chaque nouvelle concession.

Grâce à la loi Debré, l'Église a pu retisser son réseau d'écoles, de congrégations et prendre sa revanche sur l'école laïque. La guerre scolaire, c'est elle qui l'a gagnée. L'Assemblée plénière des évêques de France s'en est encore félicitée le 5 novembre 2006 : « Si la loi Debré n'existait pas, l'enseignement catholique poserait moins de questions, tant sa surface serait réduite et sa réalité devenue confidentielle. » Sans la loi Debré, l'école privée catholique coûterait plus cher et aurait moins de succès. Aujourd'hui, elle croule sous les demandes, refuse des dossiers, et s'affirme chaque jour plus conquérante. C'est en partie grâce aux réseaux de l'enseignement catholique que l'Église a pu déverser tant de jeunes dans les rues de France pour s'opposer au mariage pour tous... Les établissements catholiques d'antan, plutôt républicains, tendent à durcir « leur caractère propre ». Un « caractère » religieux invoqué pour refuser l'éducation à la sexualité, la déconstruction des stéréotypes de genre ou pour diffuser *Le Cri silencieux*, un film de propagande sanguinolent contre le droit à l'avortement. Comment préparer une France moderne dans ces conditions ? Ces têtes blondes, de moins en moins républicaines, n'inquiètent ni les conservateurs ni la gauche ayant tourné le dos aux ambitions de la Troisième République. Ils devraient.

Au nom de l'égalité légitime de tous les cultes, cette logique entraîne aussi le financement public d'écoles musulmanes, parfois et même souvent intégristes... Tout en affaiblissant l'école publique laïque, Nicolas Sarkozy a enclenché le processus consistant à reconnaître – et donc à subventionner – les écoles privées de l'UOIF. Pour l'instant, elles ne sont que quatre, financées en partie grâce au Qatar et à l'État, mais plusieurs dizaines d'autres établissements sont en projet. Inquiétant quand on connaît la propagande de l'organisation, décidée à empoisonner toutes les affaires de voile et à prendre sa revanche sur la loi de mars 2004.

À Lille, au lycée Averroès, on apprend aux élèves à respecter la figure tutélaire de Hassan al-Banna, le fondateur de l'islam fasciste. C'est ce que démontrent plusieurs reportages inquiétants et ce que confirme un ancien membre de l'UOIF, Mohamed Louizi. Dans son livre, *Pourquoi j'ai quitté les Frères musulmans*, il décrit une scène survenue le 11 février 2011 dans les anciens locaux du lycée[1]. Avant de déménager dans

1. Mohamed Louizi, *Pourquoi j'ai quitté les Frères musulmans*, Michalon, 2016, p. 190.

un bâtiment financé en partie grâce à la Qatar Charity foundation, l'établissement était abrité au deuxième étage de la mosquée de Lille-Sud présidée par Amar Lasfar. Ce jour-là, un vendredi, les parents et les élèves sont invités à écouter le prêche délivré par le cofondateur du lycée Averroès, qui est aussi le vice-président de l'UOIF en charge de l'enseignement : Makhlouf Mamèche. Vêtu de blanc, il choisit de prêcher sur « L'Égypte : pays de Hassan al-Banna ». Alors que les Frères espèrent enfin prendre le pouvoir pour pourrir la révolution, il fait l'apologie de l'homme ayant impulsé le Hamas palestinien et pensé la radicalisation par le bas pour contrer la sécularisation, « contre l'emprise laïque occidentale et contre l'imitation aveugle de l'Occident ». Voilà l'esprit des écoles conçues pour former l'élite islamiste en France, parfois avec le soutien de la gauche lilloise et de Nicolas Sarkozy, qui a même limogé un recteur tentant de s'opposer à l'ouverture d'un lycée UOIF à Lyon[1].

À l'occasion, les collectivités locales et l'État financent aussi des crèches Loubavitch ou des lycées tenus par l'Opus Dei. C'est le cas du lycée Hautefeuille de Courbevoie, réservé aux garçons et conventionné. On y justifie, entre autres, la non-mixité par la nécessité de travailler sans être perturbé affectivement :

1. Alain Morvan a été démis de ses fonctions de recteur. Il le raconte dans *L'Honneur et les honneurs. Souvenirs d'un recteur « kärcherisé »*, Grasset, 2008.

« Avant le bac, il est bon qu'un jeune garde ses distances et sa liberté dans le domaine sentimental. Les amours trop précoces ne méritent pas le nom d'amour, car une personne trop jeune ne peut réellement se donner à l'autre[1] ». Ces établissements, clairement intégristes, n'ont pas à recevoir l'aide de la République.

Le ministère de l'Éducation nationale doit revoir certains contrats d'association et poursuivre l'effort engagé pour rendre plus difficile l'ouverture d'écoles privées hors contrat. On pense à l'école Saint-Projet de Bordeaux. Comment a-t-elle pu être autorisée ? En avril 2010, un reportage filmé en caméra cachée pour « Les infiltrés » (France 2)[2] dévoile des coulisses accablantes : des professeurs d'histoire réhabilitant Pétain, traitant de Gaulle de déserteur, présentant les SS comme une troupe d'élite, des gamins chantant des chants nazis ou riant des chambres à gaz… La diffusion du reportage suscite l'émotion, le recteur a déclenché une inspection, le collège a fermé mais l'école primaire reste toujours ouverte. La polémique a pris un tour plus politique. Alain Juppé, qui réclame des poursuites si les faits sont avérés, est fortement critiqué par l'opposition municipale. Car l'équipe intégriste en charge de l'école vient de Saint-Éloi, une église du centre-ville qu'elle occupe illégalement grâce

1. Lu sur le site du lycée Hautefeuille.
2. *À l'extrême droite du Père.*

à la mairie de Bordeaux. Elle lui a fait ce cadeau en 2002, au grand dam de l'évêque de la ville, alors en guerre avec ces traditionalistes. La décision du tribunal administratif qui leur enjoint de quitter les lieux n'a jamais été appliquée. Après des années de chantage et de tractations, le cardinal Ricard a fini par céder l'église aux extrémistes. Un pays qui dit s'inquiéter de la montée des communautarismes et du fanatisme religieux devrait s'alarmer de ces zones de non-droit...

Il faut aussi veiller à ce que le *home schooling* ne permette pas à des familles de déscolariser leurs enfants pour des raisons sectaires, pour les empêcher de découvrir une vie sociale mixte. Mais le meilleur moyen de sauver la République de l'intégrisme reste de sauver son école publique laïque du naufrage.

Depuis des décennies, on charge sa barque. Sans possibilité de sélectionner, elle doit permettre à 80 % d'une classe d'âge de réussir le baccalauréat. Or cette classe d'âge est bien plus disparate, socialement et culturellement, que sous la Troisième République. Les enseignants n'ont pas cessé d'être des hussards, mais leurs élèves, eux, ne sont plus aussi impressionnés par l'autorité verticale. Curieux, connectés en permanence à l'actualité, traversés par les crises identitaires de leur époque, ils demandent bien plus d'attention et d'interactivité. D'où l'importance, vitale, de réduire le nombre d'élèves par classe, surtout dans les quartiers défavorisés. Cela suppose, qu'on le veuille ou non, des moyens. Combien de quartiers populaires pourraient passer à dix élèves par classe si l'on consacrait les 11 milliards de l'école privée aux établissements de ZEP ? Il faut non seulement abroger la loi Debré, mais toutes les lois qui ont suivi : les accords Lang-Cloupet, Vatican-Kouchner, la loi Carle… Au lieu d'encourager l'évasion scolaire, il faut aider les 500 communes sans école publique à s'en doter.

Mais le redressement de l'école publique ne passe pas que par les moyens. Il faut également trouver de nouvelles façons de capter l'attention des nouvelles générations, en s'appuyant sur leur désir d'interactivité, en recourant davantage au débat et au numérique. Revoir la formation et même la fonction des conseillers d'orientation, qui ont massacré trop de talents. La scolarité, en France, s'apparente à un labyrinthe, où seuls les enfants de professeurs parviennent à s'orienter. L'école doit fournir des *coachs* pour transmettre les codes, la clef, aux enfants moins favorisés. Concernant la reproduction sociale, demandons-nous si l'uniforme n'est pas, comme dans les écoles anglaises, le meilleur moyen de protéger l'égalité des chances ? C'est peut-être un aspect du modèle anglo-saxon dont il faut s'inspirer. À condition, bien sûr, que l'uniforme n'assigne pas les élèves à leur genre, par une couleur ou une jupe obligatoire pour les filles.

Pas d'assignation dans les cantines

La polémique sur les menus confessionnels dans les cantines scolaires revient régulièrement sur la table. Rien n'est plus prévisible dans un pays où l'on aime se mélanger en partageant une assiette. Des établissements scolaires ont expérimenté toutes sortes de menus, parfois jusqu'à l'indigestion. Au nom du multiculturalisme, à la demande de certaines familles, les mairies en charge des cantines ont établi des menus avec porc et des menus sans porc. Des élèves ont rapporté des scènes surréalistes où ils se trouvaient séparés, le temps du déjeuner, entre « porc » et « sans porc ». Des parents ont protesté. D'autres mairies ont réagi dans le sens inverse. Au nom de la lutte contre le communautarisme, la mairie de Chalon-sur-Saône a annoncé qu'elle supprimait les « menus de substitution », même dans le cas où il n'y aurait que du porc à manger. Humiliation inutile, éprouvée aussi bien par de jeunes juifs que de jeunes musulmans.

La solution qui semble faire consensus est toute simple. Je l'ai proposée dès 2009 dans *La Dernière Utopie*. Il suffit d'offrir le choix, sous forme de self-service, entre un menu avec viande (pas tous les jours du porc) et un menu sans viande. Le croyant peut s'y retrouver sans avoir à décliner sa foi, sans être assigné à la religion de ses parents, ni avoir à manger séparément de ses camarades. C'est également ce qu'a proposé le député Yves Jégo. Il a lancé une pétition à succès réclamant l'obligation d'un menu végétarien alternatif dans les cantines. L'initiative, présentée comme une volonté de « clore ces guerres larvées », a recueilli plus de 150 000 signatures. Aux mairies de s'en inspirer.

La question délicate des examens

La polémique resurgit régulièrement. Faut-il ou non tenir compte des grandes fêtes religieuses pour décaler les examens ? La droite a fustigé la ministre Najat Vallaud-Belkacem pour avoir autorisé des élèves musulmans à reporter d'un jour leurs oraux de rattrapage du bac pour fêter l'Aïd… Avant de devoir avaler son chapeau. Car elle s'appuyait sur une circulaire du 18 mai 2004, éditée du temps de François Fillon. Elle stipule que « l'institution scolaire et universitaire doit prendre les dispositions nécessaires pour qu'aucun examen ni aucune épreuve importante ne soient organisés le jour [des] grandes fêtes religieuses » et que « des autorisations d'absence doivent pouvoir être accordées ». Les grandes associations laïques, et même l'Observatoire de la laïcité (c'est dire), ont protesté : « L'administration n'a pas à anticiper les éventuelles demandes, pour la bonne raison que cette démarche revient à assigner les élèves à leurs pratiques religieuses. C'est contraire à l'approche laïque. » De fait, le problème consiste à autoriser des aménagements en fonction de la religion des élèves, alors qu'il vaudrait mieux éviter en amont de faire coïncider les grands examens nationaux avec la date de grandes fêtes religieuses encore suivies. Ce n'est pas simple. La date de l'Aïd change chaque année et n'est connue parfois que quelques jours à l'avance, quand les examens du baccalauréat sont fixés depuis des mois. En cas de coïncidence malheureuse, une fois dans leur vie, les élèves croyants doivent privilégier leurs études et ne pas demander d'accommodements, impossibles à accorder à toutes les croyances et à tous les particularismes.

Si l'on devait respecter toutes les fêtes religieuses, majeures et mineures, de toutes les fois possibles et imaginables, il n'y aurait plus ni école ni vie en commun. Tout est affaire de proportion : l'institution doit tenter de l'anticiper, tenir compte des grandes dates pouvant générer des absences, sans désorganiser l'ensemble ni déroger au principe d'égalité.

Autoriser les accompagnantes scolaires voilées

Les mères se portant volontaires pour accompagner une sortie scolaire sont-elles des agents temporaires du service public, soumises au devoir de neutralité, ou des parents dont on doit respecter la liberté religieuse ? La question déchire, jusqu'au sein du monde laïque. Elle est moins juridique que philosophique.

Interrogé lorsqu'il était ministre de l'Éducation en

2011, Luc Chatel a choisi d'édicter une circulaire étendant l'interdiction de porter un signe religieux ostentatoire aux parents accompagnants. Ce qui privait de fait les mères portant le voile de cette possibilité. Après y avoir longuement réfléchi, je trouve cet interdit d'une très grande brutalité. Au risque de fâcher des militants laïques et parfois des amis, j'ai pris position contre cette circulaire, qui me paraît compromettre l'équilibre de mars 2004[1]. Autant il est légitime de demander à un enseignant et aux élèves de respecter la neutralité de l'espace scolaire, autant il est abusif de demander à une adulte de retirer son voile pour participer aux activités extrascolaires, ce pont entre l'école et les familles.

Des laïques de bonne volonté me rétorquent que c'est un moyen de protéger les enfants d'un référent adulte portant ce signe, dans des quartiers où les mères portant le voile sont parfois les seules à avoir le temps d'accompagner les sorties. C'est confondre le symptôme et la cause. L'école peut protéger la construction identitaire d'un enfant le temps de la scolarité, en lui demandant de faire l'effort d'une certaine discipline, mais elle ne

1. C'est la position que j'ai exprimée dans le journal *Zaman France* dès 2013 (https://www.zamanfrance.fr/article/caroline-fourest-aux-yeux-bloc-ultra-identitaire-je-fais-figure-dislamophile-5523.html), et réitérée devant des syndicats enseignants, ainsi que dans le film *La laïcité, jusqu'où ?* (« Cahiers de doléances », LCP, 2015) http://seunsa87.over-blog.com/2015/12/laicite-interview-de-caroline-fourest.html

peut pas résoudre à elle seule tous les problèmes liés à la ghettoïsation. Les enfants connaissent des mères voilées. Ce sont les mères de leurs camarades ou leurs propres mères. Il n'est déjà pas facile de leur faire comprendre la loi de mars 2004. Comment leur faire admettre que leur mère ou la mère de leurs copains n'ont pas le droit d'accompagner les sorties scolaires, contrairement aux autres parents ? Quel cadeau à la propagande victimaire et islamiste... Des collectifs comme « Mamans Toutes Égales » n'attendent que ça pour monter, devant chaque lycée, des piquets de mères martyres et retourner les enfants contre la laïcité.

Dans l'intérêt de tous, la surenchère a été évitée. Le Conseil d'État a permis de clarifier les enjeux juridiques. Un avis du 23 décembre 2013 considère que les accompagnants scolaires ne sont ni des agents ni des collaborateurs du service public mais des usagers. Ils ne doivent donc pas être « soumis, par principe, à la neutralité religieuse ». En revanche, il précise que « les exigences liées au bon fonctionnement du service public de l'éducation peuvent conduire l'autorité compétente, s'agissant des parents qui participent à des déplacements ou des activités scolaires, à recommander de s'abstenir de manifester leur appartenance ou leurs croyances religieuses ». C'est dans cet esprit que la ministre de l'Éducation nationale, Najat Vallaud-Belkacem, a tranché : « Le principe c'est que dès lors que les mamans (les parents) ne sont pas soumises à la neutralité religieuse, comme l'indique le Conseil d'État, l'acceptation de leur présence aux sorties scolaires doit être la règle et le refus l'exception. » Elle laisse la possibilité aux chefs d'établissement de refuser des parents pour mauvaise conduite ou prosélytisme. Ce qui peut s'appliquer à des parents ayant un comportement raciste comme intégriste. C'est le bon équilibre.

Laïcité au travail pour éviter les discriminations

Le travail est un lieu extrêmement difficile à réguler au niveau national sans tenir compte du cas par cas : nature du poste, domaine d'activité, situation de l'entreprise. En cas de conflit, rien ne remplacera le jugement délicat des tribunaux. Il faut souhaiter qu'ils continuent de résister aux accommodements religieux, sinon le législateur devra s'en mêler.

Un salarié n'a pas à être discriminé pour ce qu'il est (homosexuel, noir, musulman, juif, femme, etc.), mais n'a pas non plus à exiger un traitement de faveur pouvant désorganiser l'entreprise au nom de sa spécificité, confessionnelle ou autre. Un livreur ne peut pas refuser de transporter du vin ou une cargaison contenant du porc sous prétexte qu'il est musulman ou juif. À l'inverse, une entreprise n'a aucune raison de refuser l'embauche d'une comptable parce qu'elle est musulmane, même si elle porte le voile. C'est l'équilibre que recommande la commission Stasi.

La foi n'est pas une qualité supérieure à d'autres. Le droit du travail doit être suffisamment ouvert et protecteur pour permettre à chaque salarié une certaine souplesse dans le choix de ses congés, sans avoir à invoquer sa religion. Les croyants devraient pouvoir les faire coïncider avec leurs grandes fêtes et ceux sans religion doivent aussi pouvoir choisir leurs vacances. Il en va de même pour les pauses, où le fait d'être croyant ne doit pas donner plus de droits. L'entreprise n'est pas le domicile. Les croyants n'ont pas à privatiser l'espace commun pour leurs activités personnelles, comme exiger un local pour prier.

Concernant les tenues vestimentaires, tout est question de secteur et de proportionnalité. Chaque salarié doit se poser la question de l'adéquation entre son vêtement et son poste, faire un minimum d'efforts pour bien présenter, surtout s'il occupe un poste de représentation, en contact avec la clientèle. Cet effort doit être exigé dans la limite du respect du salarié, qui ne doit pas non plus être soumis à un diktat au nom des codes marketing ou esthétiques de son employeur. C'est encore plus vrai pour des postes « internes », comme comptable ou démarcheur téléphonique, où rien ne justifie d'avoir des exigences vestimentaires excessives. Chaque entreprise a le droit d'adopter un règlement mais ce règlement ne doit pas comporter des clauses abusives et disproportionnées.

Dans le cas de la crèche Baby-Loup, qui a fait tant de bruit, c'est le changement d'attitude d'une salariée, autant que le port de son voile, qui a créé le conflit[1]. Revenue d'un long congé maternité, cette ancienne directrice adjointe n'a pas voulu respecter le règlement de neutralité laïque adopté par la crèche pendant son absence. Baby-Loup était une institution à Chanteloup-les-Vignes, un quartier défavorisé où l'ouverture de cette structure permettait à des parents travaillant en horaires décalés de faire garder leur enfant. Menée par une féministe exilée chilienne, Natalia Baleato, la crèche a toujours veillé à éduquer les enfants dans un environnement sans jeux ni jouets sexistes, à ne pas réveiller les enfants à l'heure de la prière (comme le demandaient certains parents). Elle a aussi donné sa chance à une « grande gueule » qui avait arrêté ses études, et qui est devenue cadre grâce à Baby-Loup. Mais au retour de son congé maternité, l'ancienne « grande gueule » est devenue l'avocate du voile et multiplie les attitudes de défiance envers l'équipe, ses anciennes amies. Le chantage de cette salariée, qui voulait surtout une forte indemnité de licenciement, a épuisé l'équipe pédagogique. Procès, menaces, la crèche a finalement déménagé dans une banlieue qui en avait moins besoin.

C'est cette défaite symbolique que la mobilisation, soutenue par des personnalités comme Élisabeth Badinter ou Caroline Eliacheff, voulait éviter. À l'époque,

1. Caroline Eliacheff, *Comment le voile est tombé sur la crèche*, Albin Michel, 2013.

très peu de politiques, hormis Manuel Valls, ont osé s'engager aux côtés de Baby-Loup. La Halde a pris position en faveur de la salariée, avant de rétropédaler grâce au volontarisme laïque de sa nouvelle présidente, Jeannette Bougrab. L'Observatoire de la laïcité s'est bien gardé d'émettre un avis. La bataille s'est donc jouée devant les tribunaux.

Le débat juridique a porté sur la nature de cette structure dédiée à l'accueil de la petite enfance, certes privée, mais financée sur fonds publics et assurant de fait *une mission de service public*, comme l'a reconnu la cour d'appel de Versailles. Après plusieurs jugements contradictoires selon les chambres, l'un validant le licenciement et l'autre le cassant, au nom de la liberté de religion ou en considérant Baby-Loup comme un « employeur de droit privé », la crèche défendue par l'avocat Richard Malka l'a finalement emporté. La cour d'appel de Paris estima « qu'une personne morale de droit privé, qui assure une mission d'intérêt général, peut, dans certaines circonstances, constituer une entreprise de conviction » et donc se doter « de statuts et d'un règlement intérieur prévoyant une obligation de neutralité du personnel dans l'exercice de ses tâches », notamment « l'interdiction de porter tout signe ostentatoire de religion »[1].

1. Verdict du 27 novembre 2013. Expliqué dans Régis Debray et Didier Leschi, *La Laïcité au quotidien*, *op. cit*, « Entreprise de tendance », p. 68.

C'est bien l'enjeu : obtenir pour certaines entreprises philosophiquement laïques le droit d'être considérées comme une « entreprise de tendance » ou de « conviction ». Un statut accordé jusqu'ici aux entreprises religieuses pour leur permettre de déroger sur certains points aux règles de l'organisation du travail.

Cette souplesse ne doit pas aller jusqu'au droit, pour une entreprise catholique, de licencier un salarié parce qu'il divorce ou qu'on apprend son homosexualité. Cela relèverait de la discrimination envers un salarié pour ce qu'il *est* et non ce qu'il *revêt*, et bien sûr ce serait une violation de sa vie privée. Des limites doivent être posées sans ouvrir la brèche à des accommodements portant atteinte à l'égalité. Malheureusement, dans l'affaire Baby-Loup, la Cour de cassation a validé le licenciement, sans s'engager sur cette notion d'« entreprise de conviction ». D'où la nécessité d'une clarification législative.

Après plusieurs changements de rédaction, la loi Travail de 2016 (qui a fait tant débat) va peut-être permettre une meilleure lisibilité sur ce point. Méditant sur les errements de l'affaire Baby-Loup, le député Jean Glavany et la sénatrice Françoise Laborde ont soutenu un amendement précisant les contours de ce que peut être la « neutralité » en entreprise. Il est ainsi rédigé : « Le code du travail protège les droits personnels et les libertés individuelles des salariés. Les restrictions aux libertés autorisées doivent être justifiées par la nature de la tâche et proportionnées au but recherché. Au regard des difficultés que rencontrent certaines entreprises, la commission recommande qu'une disposition législative, prise après concertation avec les partenaires sociaux, permette au chef d'entreprise de réglementer les tenues vestimentaires et le port de signes religieux, pour des impératifs tenant à la sécurité, aux contacts avec la clientèle, à la paix sociale interne. » Espérons que cette précision apporte un peu de sérénité dans les entreprises. Contrairement à ce que l'on pourrait penser, ces clarifications sont peut-être le meilleur moyen d'éviter les discriminations.

Par les temps qui courent, un employeur hésite d'autant plus à embaucher un (ou une) salarié(e) de culture musulmane qu'il craint de ne pouvoir le (ou la) licencier en cas de radicalisation ou de comportements exigeant des aménagements sans fin. La peur peut même friser la terreur depuis qu'Hervé Cornara, un employeur ayant donné sa chance à un chauffeur salafiste, a été décapité. Un acte revendiqué au nom de l'État islamique le 26 juin 2015.

Dans ce climat, réaffirmer le droit d'exiger un minimum de laïcité en entreprise peut être le meilleur moyen de pacifier les esprits. C'est ce que démontre une étude menée sur les « discriminations religieuses à l'embauche » soutenue par l'Institut Montaigne, même si son ambition était à l'exact opposé[1]. Testant des

1. Marie-Anne Valfort, *Discriminations religieuses à l'embauche : une réalité*, Institut Montaigne, octobre 2015.

CV de candidats nés au Liban, elle déplore que les musulmans pratiquants aient moins de chances d'être embauchés que les non-pratiquants… sauf si leur CV signale un « attachement à la laïcité ». Ce qu'elle trouve odieux est en fait très rassurant. Car cela montre que les employeurs n'ont, en réalité, pas de problème à embaucher un Mohammed ou une Safia, même religieux, s'ils sont rassurés par un CV « garantissant que les convictions religieuses ne seront pas problématiques pour l'environnement professionnel ». La discrimination à l'embauche n'est donc pas liée à des préjugés racistes ni même religieux, comme le conclut abusivement l'étude, mais à la peur de comportements non professionnels, tout simplement. Le meilleur moyen de favoriser l'embauche n'est donc pas d'imposer la « discrimination positive » en faveur des religieux comme le suggère l'auteure (sur quels critères ?), mais au contraire de favoriser des règlements laïques qui permettront de licencier en cas de radicalisation ou d'exigences religieuses excessives. Avec ces garde-fous, un employeur n'aura plus d'excuses pour ne pas donner sa chance à un salarié de culture ou de pratique musulmane.

Pacifier les hôpitaux et les prisons

Une Charte de la laïcité est désormais affichée dans les hôpitaux publics. Elle rappelle aux patients qu'ils ne peuvent interrompre la continuité des soins pour des raisons de croyances. Aussi fou que cela puisse paraître au XXIe siècle, ce rappel s'est imposé après de nombreux cas, violents, allant jusqu'à mettre en danger les patients ou le personnel. Comme des parents Témoins de Jéhovah refusant qu'on transfuse leur enfant, ou ce mari ayant frappé le personnel car il ne voulait pas que sa femme soit accouchée par un homme, le seul médecin disponible ce jour-là. Son enfant est né trop tard, avec des complications cérébrales le handicapant à vie et il a porté plainte contre l'hôpital[1] !

Une autre question, non réglée, concerne les aumôneries. Si la laïcité interdit de financer les cultes, elle autorise « des dépenses relatives à des services d'aumônerie et destinées à assurer le libre exercice des cultes dans les établissements publics tels que lycées, collèges, écoles, hospices, asiles et prisons ». Il s'agit d'une concession faite à l'Église pour arracher le compromis de 1905, à un moment où la République devait se faire pardonner de mettre fin au salariat des prêtres. Cent ans plus tard, on ne comprend plus le sens de cet arrangement. Pourquoi l'État devrait-il financer des aumôniers dans les écoles ou les hôpitaux publics ? Si un élève veut voir un homme de foi, il peut attendre la fin de la classe ou les vacances. Si un patient veut voir un curé, un rabbin, un prêtre ou un imam, il peut le faire venir à l'hôpital. Sachant

---

1. Cécilia Gabizon, « Accouchement : un mari musulman condamné », *Le Figaro*, 11 juin 2008.

que si l'État rétribue quelques aumôniers, il n'a pas les moyens de le faire pour toutes les religions et finit toujours par discriminer les fois minoritaires et plus encore les philosophies non religieuses. Pourquoi les libres-penseurs n'auraient-ils pas droit, eux aussi, à un philosophe payé par l'État pour les réconforter à l'approche de la mort ? Cela n'a pas de sens.

Le cas des prisons est plus complexe. C'est un lieu de privation de liberté mais aussi de radicalisation. C'est en prison que la République fabrique ses pires ennemis, en mettant en relation des petits délinquants avec de grands djihadistes. Ils ont vite fait de les embrigader en leur faisant miroiter la « vraie » façon d'être musulman. Un aumônier plus républicain peut constituer un recours, un antidote à cette manipulation des textes. À condition d'être solide et bien formé. Ce qui est rarement le cas. Dans l'idéal, l'univers carcéral a surtout besoin de davantage de psychiatres et de philosophes. Plutôt que d'envoyer un aumônier par religion, il faudrait des aumôniers républicains de grand talent, à la fois psychanalystes, philosophes et connaissant parfaitement chaque spiritualité, pour apaiser les esprits, dans les hôpitaux comme dans les prisons. Ce n'est pas un rêve inaccessible. Encore faut-il s'en donner les moyens et créer ces postes et ces filières. Par exemple en allant puiser dans ces fonds alloués à la construction indirecte de lieux de culte, à des aumôneries religieuses ou à l'école confessionnelle…

Sanctionner les prêcheurs de haine

La liberté d'expression ne peut se confondre avec le droit d'inciter à la haine. Dans une époque où des groupes terroristes nous déclarent la guerre et recrutent leurs soldats sur notre sol, grâce à leur propagande, il est légitime de sanctionner des discours pouvant radicaliser pour tuer. Plus de quarante « prêcheurs de haine » ont été expulsés depuis l'arrivée de la gauche, en 2012... contre quinze sous Nicolas Sarkozy. Ce mouvement s'est logiquement accéléré après les attentats de Paris. Ce ne sont ni des mesures « islamophobes », comme on peut le lire sur des sites victimaires, ni même des mesures si exceptionnelles.

Ces limites à la liberté d'expression sont prévues par nos lois antiracistes, ainsi que par la loi de 1905. Son article 35 prévoit de sévir « si un discours prononcé ou un écrit affiché ou distribué publiquement dans les lieux où s'exerce le culte contient une provocation directe à résister à l'exécution des lois ou aux actes légaux de l'autorité publique, ou s'il tend à soulever ou à armer une partie des citoyens contre les autres ». La sanction peut aller de trois mois à deux ans en cas de provocation « suivie d'une sédition, révolte ou guerre civile ». Celle prévue en cas de provocation à la haine et surtout d'apologie du terrorisme est plus lourde depuis novembre 2014. Elle peut aller jusqu'à sept ans de prison et 100 000 euros d'amende. Dans une circulaire datée du 12 janvier 2015, Christiane

Taubira a demandé aux procureurs de la République de « faire preuve d'une extrême réactivité ». Hélas, l'immensité de la toile et le flot de haine déversé en continu la rendent difficile. Depuis les attentats de janvier 2015, tout de même, plusieurs personnes ont été condamnées pour avoir fait l'apologie des frères Kouachi et de leurs crimes. Un premier pas vers le reflux de la barbarie sur le Net. Mais la vraie révolution viendra des plates-formes.

Alors qu'une photo de seins nus ou un dessin blasphématoire se voient dénoncés et supprimés sur Facebook en un temps record, les menaces et les vidéos haineuses fleurissent sur le Web, parfois pour menacer les musulmans anti-Daech. Les images glorifiant les crimes des terroristes mettent parfois des heures à être retirées. Seule Dailymotion, entreprise créée en France, mène une politique vraiment responsable. Ses équipes sont réactives. YouTube, Twitter et Facebook amorcent un début d'autocritique. Le fait de fermer des comptes de djihadistes leur a valu d'être publiquement menacés par Daech. Les associations antiracistes tentent de les sensibiliser. Des engagements ont été pris. À suivre. Le chemin sera long vers une vie numérique moins violente et plus apaisée, où la démocratie ne se confond pas avec la loi du plus violent, celui qui menace et crie anonymement, sans prendre ses responsabilités.

Veiller à la neutralité de la voie publique

La rue est un espace commun. Au Québec, des Juifs ultra-orthodoxes créent régulièrement la polémique en exigeant d'apposer un *érouv* (une délimitation symbolique) sur la voie publique pour permettre aux plus religieux de sortir en dehors de chez eux pendant le shabbat. En France, ce sont les prières de rue qui choquent, à juste titre.

Des croyants s'arrogent le droit de privatiser une rue pour prier sur la voie publique, toutes les semaines, parfois en empêchant les riverains de passer. Souvent parce que ces fidèles ne viennent pas seulement du quartier mais des environs pour écouter un prédicateur en particulier. Rien ne justifie de le tolérer. Si ce n'est la peur de représailles, électorales voire physiques. Pendant des années, j'ai mis en garde les élus contre cet accommodement, dont les images régalent l'extrême droite. Marine Le Pen a dénoncé une « occupation » pour faire oublier l'Occupation avec un grand O, à propos de laquelle on l'interrogeait (son père ayant encore dérapé). Les beaux esprits ont cru malin de réagir en minimisant la nuisance des prières de rues. Rien de tel pour pousser des électeurs dans les bras de l'extrême droite. Le meilleur moyen de lui couper l'herbe sous le pied, c'est de ne plus tolérer ces dérogations.

Les mouvements religieux ne sont ni au-dessus des autres ni des lois. Si leurs activités attirent trop de monde, il leur suffit de se cotiser et de louer un local plus grand, comme le ferait n'importe quelle association.

La rue, comme les institutions, doivent rester des lieux communs et ne pas porter l'empreinte d'une confession. D'où la polémique, tout aussi légitime, à propos des crèches de Noël à l'entrée des mairies. Même les États-Unis interdisent cette pratique et l'encadrent strictement[1]. En France, une partie de la droite et de l'extrême droite, celle-là même qui dénonce les prières de rue, n'y voit aucune atteinte au principe de laïcité. Elle s'émeut même qu'on puisse s'en émouvoir. Notamment en 2014, lorsqu'un tribunal administratif a donné raison à la Libre-Pensée de Vendée. Celle-ci avait porté plainte contre l'installation d'une crèche particulièrement démonstrative dans le hall du Conseil général : deux statues géantes de Jésus et Marie. Une installation parfaitement contraire à la loi de 1905 et à son article 28 : « Il est interdit, à l'avenir, d'élever ou d'apposer aucun signe ou emblème religieux sur les monuments publics ou en quelque emplacement public que ce soit. » Ce simple rappel à la loi laïque a déclenché une tempête dans un bénitier.

À l'origine de la crèche, Philippe de Villiers, président du Conseil général de Vendée pendant vingt-deux ans, s'est dit « outré » par cette décision « totalitaire » : « La France est une terre chrétienne, cette décision relève

1. http://caselaw.findlaw.com/us-supreme-court/492/573.html

d'un laïcisme mortifère qui viole nos traditions et nos coutumes[1]. » La presse de droite et de nombreux sites nationalistes sont montés au créneau. Le FN, si prompt à parler à tort et à travers de laïcité, y a vu un déni de la « culture française »[2]. Robert Ménard, élu maire de Béziers grâce au FN, s'est empressé d'annoncer qu'il désobéirait à la loi. Il l'a fait en installant une crèche dans le hall de sa mairie. Pour ceux qui en doutaient encore, la vieille droite cléricale couve toujours sous l'apparente acceptation du principe de laïcité.

Quelques mois plus tard, alors que la crèche vient d'être démontée, l'arrêt de la cour administrative d'appel de Nantes « annule » la décision. Les juges estiment alors que la crèche s'inscrit « dans le cadre d'une tradition relative à la préparation de la fête familiale de Noël et ne revêt pas la nature d'un signe ou emblème religieux[3] ». Pur byzantisme, qui ouvre la porte à une laïcité à géométrie variable selon la tradition. Qualifier la crèche provençale de culturelle et patrimoniale, même en Vendée, c'est reconnaître sans le dire qu'une tradition confessionnelle est supérieure aux autres.

Levons tout de suite un malentendu. On peut être

1. « Un tribunal interdit la crèche de Noël au Conseil général de la Vendée », *Le Figaro*, 3 décembre 2014.

2. « Crèche de Noël interdite en Vendée : le département en émoi, Villiers "scandalisé" », *Le Parisien*, 3 décembre 2014.

3. « Vendée : la crèche de Noël autorisée », *Le Figaro*, 13 octobre 2015.

laïque et adorer les crèches de Noël. Surtout lorsqu'on a grandi en Provence, ce qui est mon cas. Je garde un souvenir tendre et ému de ces moments : les balades en forêt pour aller chercher la mousse, l'achat des santons au marché (les Rois mages étaient mes préférés), l'installation du village sur la cheminée... La loi de 1905 n'interdit à aucune famille de composer sa crèche, chez soi ou au marché. La question est ailleurs : faut-il les installer, sur fonds publics, dans nos maisons communes que sont les mairies ou les Conseils généraux ? La réponse est non.

En matière d'égalité des religions, il n'y a que deux chemins. Soit vous veillez à ne pas privilégier une religion sur une autre, soit vous les favorisez toutes et c'est la course aux dérogations. Après les crèches, les mairies pourraient offrir des réductions pour les moutons pour l'Aïd, construire des cabanes pour Souccot ou organiser des tours funéraires jaïns ? Cette religion exige d'exposer les cadavres en attendant que les vautours les dévorent. Un patrimoine culturel trop souvent ignoré... Plus sérieusement, il existe une solution permettant de se réunir autour d'une tradition sans en faire un outil de suprématie religieuse. Composer une crèche plus profane, mettant en scène un village provençal, avec des ânes et des enfants, un Père Noël, mais sans Jésus ou Marie... La crèche deviendrait alors vraiment culturelle et chacun pourrait se rassembler autour d'elle, même sur les places publiques. À l'image du sapin de Noël, ce symbole païen récupéré par les chrétiens, mais qui transcende les frontières religieuses. L'arbre de vie et les fêtes de fin d'année marquant surtout le passage à l'hiver. Pour le coup, vouloir purger l'espace public d'un sapin ou d'un santon, par peur de froisser les « autres cultes », relève de l'acculturation. Exactement comme le christianisme a su récupérer certaines fêtes païennes pour séduire, la République a bien le droit de séculariser certains rituels pour fêter l'appartenance commune.

Le clientélisme dangereux des élus locaux

Avec l'université, la mairie est sans doute le lieu qui œuvre le plus pour désarmer la laïcité. Moins par idéologie que par clientélisme. Des élus locaux de tous bords pensent devoir acheter la paix sociale en négociant avec les représentants les plus politiques des communautés religieuses, qui sont aussi souvent les plus intégristes. Les autres croyants s'organisant rarement sur la base de leur identité religieuse pour exiger de traiter avec les autorités.

À Saint-Denis, j'ai rencontré des militants communistes d'origine algérienne désespérés. Eux qui ont quitté l'Algérie à cause des islamistes, pour vivre dans un pays laïque, se sentent trahis par une mairie communiste privilégiant le dialogue avec des musulmans politiques réactionnaires. C'est dans une salle prêtée par la mairie de Saint-Denis et donc grâce à son maire, Didier Paillard, que se sont tenus les meetings les plus anti-*Charlie* et les plus antirépublicains de l'après-7 janvier[1]. Même politique à Gennevilliers, ville où est enterré Chérif Kouachi. Le maire communiste, Patrice Leclerc, a frappé fort. Pour les « un an » de l'attentat contre *Charlie Hebdo*, il a choisi de donner la parole à ses pires ennemis, le Collectif contre l'islamophobie, lors d'une conférence organisée dans sa ville, sans contradicteur... Ni grand monde d'ailleurs. Un vrai flop, uniquement destiné à flatter un public radical. Et une vraie trahison posthume de Charb, qui était si proche du Parti communiste. Ces deux villes, Saint-Denis et Gennevilliers, comptent parmi les pires exemples de complaisance envers le communautarisme religieux, mais il en existe bien d'autres, sans frontière de parti ou de couleur politique. Qu'il s'agisse de l'ancienne mairie écologiste de Bagnolet, du PS à Sarcelles, de la droite LR à Asnières, Aubervilliers, Aulnay-sous-Bois ou Corbeil-Essonnes. La liste est trop longue pour les citer toutes.

Presque tous les élus locaux marchent sur le corps de la loi de 1905 et son article 2 pour soutenir, directement ou indirectement, la construction de lieux

1. De ceux qui ont réuni les Indigènes de la République et Tariq Ramadan ou Sihame Assbague pour tonner contre l'état d'urgence et les lois antiterroristes.

de culte. L'excuse, on la connaît. L'islam doit rattraper son retard, il faut donc l'aider à construire des mosquées. Tout est faux dans ce prétexte antilaïque.

Depuis 1905, l'État ne reconnaît ni ne finance aucun culte. Il n'a pas à se soucier de donner le même nombre de lieux de culte à chaque religion. C'est l'affaire des croyants. S'ils sont suffisamment nombreux pour avoir besoin d'une salle de prière, ils sont assez nombreux pour se cotiser et en louer. La preuve, ils le font. Quelques chiffres parlants. En 1985, on recensait 900 salles de prière ou mosquées. Nous en sommes aujourd'hui à près de 2 500. Rien qu'entre 2004 et 2015, leur nombre a quasiment doublé. Jamais la France n'avait connu une telle reconfessionnalisation de son territoire. Entre les musulmans et les évangéliques, il s'ouvre une salle de prière en moyenne par semaine en France. Les évangéliques se débrouillent par eux-mêmes. Pourquoi les musulmans auraient-ils besoin d'être aidés par de l'argent public ? Alors qu'il n'y a jamais eu autant d'argent privé pour construire des mosquées...

De l'avis de tous les spécialistes, le rattrapage est largement opéré. S'il existe ici ou là des maires d'extrême droite pour mettre des bâtons dans les roues, partout ailleurs la construction de lieux de culte avance, à grands pas. Une fois rapporté au nombre de pratiquants (environ 3 millions de musulmans contre 11 millions de catholiques pratiquants), le ratio de lieux de culte musulmans par croyant est quasiment équivalent au ratio de lieux de culte catholiques[1]. Continuer à faire croire que l'islam doit rattraper son retard ou qu'il faut modifier la loi de 1905 pour l'aider relève de l'ignorance ou du discours clientéliste.

La réalité, c'est que tout le travail de laïcisation opéré, dans le sang et les larmes, par les grands hommes de la Troisième République est sur le point d'être mis à bas. Et l'on s'étonne que la France soit de nouveau déchirée, comme au bon vieux temps des guerres de religion ? Les maires n'ont-ils pas mieux à faire que d'y contribuer ? Faut-il vraiment céder des terrains par le biais d'un bail emphytéotique (location de très longue durée, presque à vie, contre une somme symbolique) pour encourager la construction de lieux de culte ? Ne serait-il pas plus judicieux de consacrer cette énergie et ces moyens à ériger des lieux qui rassemblent, comme des centres sociaux ou culturels ?

Rassembler suppose une politique autrement plus ambitieuse que le clientélisme religieux. Casser les ghettos dans le logement social. Veiller à ne pas autoriser le prosélytisme sonore des cloches ou des minarets en dehors des grandes fêtes. Faire sortir de terre des cimetières et des cérémonies funéraires républicaines. Pour que celui qui ne croit pas ne soit pas rattrapé par le marquage identitaire à sa mort, faute de rituel. Que chacun puisse être enterré selon son rite mais

1. Samuel Laurent, « Combien la France compte-t-elle de mosquées ? », Lemonde.fr, 8 avril 2015.

côte à côte, notamment dans le cas des couples mixtes. C'est en ayant la possibilité de mourir ensemble qu'on apprend aussi à vivre ensemble. Mais qui s'intéresse encore à cette symbolique ?

La République ne doit sous aucun prétexte financer le culte

Quand ils doivent justifier leurs petits arrangements avec la laïcité, certains élus locaux expliquent que c'est un moyen de « contrôle ». Faux. Pas plus que les prêtres constitutionnels n'ont jamais été légitimes aux yeux des fidèles, les imams installés par la République n'ont la moindre chance d'éviter la fronde des réfractaires. Une mosquée érigée grâce aux pouvoirs publics est une mosquée illégitime aux yeux des radicaux. Ils ne tarderont pas à y prendre le pouvoir pour renverser l'imam en le traitant de vendu à la République. Les lieux salafistes radicaux (une trentaine) ne veulent d'aucun financement public. En tuant la laïcité pour tenter de financer des mosquées, la République ne ferait qu'ajouter des lieux de culte à prendre. En échange de quoi la République aura trahi 1905 et détruit son pilier. Si l'État veut contrôler des caves ou des mosquées, il n'a qu'à surveiller les prêches et sévir en cas de sermons politiques ou antirépublicains. Nul besoin de payer pour se faire respecter.

Si la République voulait contrôler les financements

étrangers des lieux de culte sur son territoire, elle devrait le faire pour toutes les religions. Contrôler l'argent qui vient de Rome ou des États-Unis pour couvrir la France de chapelles chrétiennes exaltées. Interdire à Israël de financer des synagogues. C'est absurde et antilaïque. Mais c'est surtout mal comprendre la nature du danger.

Contrairement au discours simpliste et parfois xénophobe de certains politiques, le problème n'est pas que des mosquées soient liées à l'étranger. Certaines sont en effet financées grâce à la *zakat* (l'aumône) de princes saoudiens ou qataris, qui donnent sans compter, mais leur influence ne pèse pas autant qu'on l'imagine une fois ces lieux construits. De même, les imams parlant à peine le français ne sont pas toujours, loin de là, les plus radicaux. Le vrai danger vient des jeunes nés en France, ne parlant pas un mot d'arabe, et qui vont peu à la mosquée. Ils se bricolent une identité religieuse radicale via Internet. Si la République veut vraiment impulser un islam alternatif, elle peut le faire sans financer le culte.

Dominique de Villepin, du temps où il était ministre de l'Intérieur, avait posé les jalons d'une Fondation pour les œuvres de l'islam de France, indépendante mais sous tutelle de l'État, que Bernard Cazeneuve propose de transformer en Fondation pour l'islam. Intelligemment pilotée, par des serviteurs de l'État discrets, et non par des personnalités ayant une vocation représentative, elle pourrait servir de réceptacle républicain pour les dons venus de l'étranger avant de les répartir en direction des imams les plus respectueux de l'ordre républicain. Beaucoup de mécènes du Golfe seraient prêts à financer l'islam de France par ce biais si on leur garantit que l'argent n'ira pas à des intégristes… En les orientant vers cette fondation, la diplomatie peut trouver une solution qui arrange tout le monde et qui respecte la laïcité. À condition, encore une fois, de ne surtout pas confondre cette fondation purement technique et stratégique avec un lieu de représentation de l'islam, où se rejoueraient les guerres d'influence habituelles entre ambassades (Algérie, Maroc, Tunisie…) et sur qui les islamistes tenteront de faire pression.

La bonne distance des élus vis-à-vis du religieux

Sous la Troisième République, les grands républicains refusaient de participer à des cérémonies religieuses. Sans aller jusqu'au refus d'entrer dans une église, même pour un enterrement, les politiques incarnant la nation doivent veiller à ne pas se signer ou marquer un engagement confessionnel.

La République n'ignore pas les cultes pour autant. Il n'est pas choquant qu'un élu participe à des fêtes communautaires une fois de temps en temps, culturelles et religieuses, pour adresser un signal de bienveillance à ses administrés. À condition de ne pas en faire trop et de bien choisir ses interlocuteurs pour ne pas légitimer une vision intolérante et antirépublicaine du sacré. Manuel Valls aurait dû céder sa place à Rome au lieu d'assister, le 21 octobre 2012, comme ministre de l'Intérieur chargé des relations avec les cultes, à la béatification du père Berthieu... Un jésuite expulsé de France au moment des lois Ferry contre les congrégations. Ce jour-là, l'exemple de Clemenceau l'aurait mieux inspiré.

Un élu peut entrer dans un lieu de culte, mais il ne devrait pas y prendre la parole, même pour alerter contre le radicalisme religieux, ni porter aucun signe de soumission au rituel. Un cas très particulier s'est présenté au lendemain des attentats contre l'Hyper Cacher du 9 janvier 2015. Dans un pays traumatisé par l'explosion d'actes terroristes visant les Juifs, François Hollande et Manuel Valls ont voulu montrer la solidarité de toute la nation, qui a parfois manqué, en allant dans une synagogue pour rendre hommage aux victimes. Par respect pour les usages, ils ont porté une kippa. Les responsables religieux auraient dû les en dispenser. Pour les laisser incarner l'ensemble de la nation, justement.

Quelques semaines après les terribles attentats du 13 novembre, un homme portant une kippa s'est fait agresser au hachoir par un terroriste. Ému et sincèrement inquiet, le président du Consistoire israélite de Marseille a dit préférer que les Juifs ne portent pas de kippa plutôt que de se mettre en danger. Une déclaration responsable mais terriblement triste. Ne supportant pas que des Juifs puissent ne plus se sentir en sécurité dans les rues de France, des personnalités et des élus ont lancé l'idée de porter une kippa par solidarité. Le geste fait écho à celui de Christian X, roi du Danemark, qui menaça de porter l'étoile jaune si les Allemands l'imposaient à ses concitoyens. Par ce geste, en 1942, il sauva 95 % des Juifs danois de la déportation. Dans cet esprit, on peut comprendre que des élus aient voulu manifester leur solidarité, mais pas en portant une kippa dans les couloirs de l'Assemblée. Car dès le lendemain l'accusation du « deux poids, deux mesures », si prompt à servir l'antisémitisme, courait sur les réseaux sociaux : « Pourquoi une kippa et pas un voile quand une femme voilée se fait agresser ! »

En réalité, n'en déplaise aux professionnels de la compétition victimaire, les deux situations n'ont rien à voir. Des femmes voilées se font en effet insulter et parfois agresser, mais il s'agit d'actes isolés. Il n'existe pas de mouvement politique international appelant à tuer les femmes voilées. Contrairement au radicalisme islamiste et au terrorisme qui vise explicitement les Juifs et les tue sur notre sol, depuis des années, aucun attentat mortel n'a encore été commis. Cela viendra sûrement un jour. Les islamistes et l'extrême droite finiront bien par s'entendre pour créer un climat de guerre civile, mais nous n'y sommes pas encore. Même ce jour-là, ou en cas de crimes répétés, sur consigne d'une organisation raciste internationale, le meilleur moyen de se solidariser avec les victimes sera de porter un signe antiraciste, comme la petite main jaune de SOS-Racisme que la France a largement portée, et non de se solidariser avec un signe sexiste. La kippa est aussi un signe de soumission à Dieu mais les femmes peuvent la porter si elles le désirent. Tant que les hommes ne pourront pas porter le voile en islam, il reste destiné à marquer les êtres en fonction de leur sexe. Cela étant dit, ni le voile ni la kippa n'ont leur place à l'Assemblée.

Un jour, se posera la question de savoir si nous acceptons qu'une députée siège en voile ou qu'un député porte une kippa. Au rythme où vont la reconfessionnalisation et le populisme, il se trouvera bien un parti ou un politique assez fou pour s'y risquer. Pour le moment, la polémique reste cantonnée à l'échelon local. Le NPA est l'un des rares partis à avoir osé présenter une candidate voilée aux élections régionales de 2010. Il l'a payé très cher puisque cette provocation, clairement incompatible avec un programme se disant progressiste et féministe, a favorisé son implosion. Un maire de droite (LR) n'a pas suscité une telle émotion pour avoir nommé une déléguée voilée à l'enfance[1] à Argenteuil. Peut-être parce que

1. À l'origine de l'alerte sur les réseaux sociaux, l'adjoint au maire PS d'Avignon, Amine el-Khatmi, explique alors dans la presse : « Il y a un vrai malaise. Deux positions paraissent irréconciliables : les tenants d'une interprétation stricte de la laïcité et ceux qui tiennent une position plus "cool", ceux qui estiment qu'il faut prendre en compte les réalités du terrain. Il y a une vraie gêne à ce sujet, par

le voile correspond davantage à l'image qu'on se fait d'un parti conservateur, attaché à une vision traditionnelle de la famille, qu'à celle d'un parti censé prôner l'émancipation. Aussi parce que la droite ne hurle que lorsque la gauche piétine la laïcité…

Pour l'instant, cette pratique est donc tolérée. Qu'en sera-t-il le jour où une députée, censée représenter tous les Français, voudra siéger en voile à l'Assemblée ?

En Turquie, la première fois que des députés islamistes du parti AKP ont fait leur entrée en voile, ce fut un tollé. Quelques années plus tard, les islamistes sont devenus majoritaires et plus personne n'ose le contester. En revanche, les femmes n'ont toujours pas le droit de siéger en pantalon[1].

Au Québec, le dilemme est loin d'être réglé. En 2013, après la crise et le débat empoisonné sur les accommodements religieux, le Parti québécois, au pouvoir avec le gouvernement de Pauline Marois, a voulu édicter une « Charte des valeurs » réaffirmant quelques règles en matière de laïcité. Elle prévoyait d'interdire

peur d'être traité d'islamophobe. Il va falloir que la situation évolue dans un sens ou dans l'autre » (http://www.lefigaro.fr/politique/le-scan/2016/02/25/25001-20160225ARTFIG00055-argenteuil-le-voile-d-une-elue-lr-fait-polemique.php).

1. C'est le règlement de l'Assemblée turque. Lorsque Safak Pavey, députée laïque d'opposition, victime d'un grave accident qui a emporté une partie de ses jambes, a demandé à changer ce règlement pour ne pas siéger en jupe avec ses prothèses, on le lui a refusé. Voir Caroline Fourest et Fiammetta Venner, *L'Hiver turc*, « Envoyé spécial », 2014.

à tout personnel d'État, de garderie, d'école publique, d'université, de réseaux de santé ou de services sociaux de porter des « signes religieux facilement visibles et ayant un caractère démonstratif ». Un peu large mais partant d'une bonne intention, le projet a commis deux erreurs. S'appeler « Charte des valeurs » et non « Charte de la laïcité ». Et surtout donner le sentiment de ne pas être équitable. Car dans le même temps, le gouvernement s'est refusé à ôter le crucifix trônant en majesté au-dessus des débats de l'Assemblée. Considéré comme « patrimonial », il occupe cette place depuis 1936, depuis que Marc Duplessis, issu du Parti libéral, a voulu symboliser le retour d'alliance entre l'Église et l'État. Le Mouvement laïque québécois réclame depuis longtemps qu'il rejoigne une place réellement « patrimoniale »... au musée de l'Assemblée. Le Parti libéral s'y oppose, au nom d'une vision clairement chrétienne de la nation. Le Parti québécois aurait dû s'en démarquer et saisir cette occasion pour souligner l'exigence égalitaire de sa démarche. Faute de quoi, il a mécontenté à la fois les laïques et les multiculturalistes, avant de perdre les élections et de devoir enterrer le projet.

Du burkini à la plage aux horaires de piscine séparés

Les arrêtés pris par la mairie de Cannes et d'autres mairies du sud de la France pour interdire le burkini, juste après l'attentat de Nice, ont fait sourire outre-Manche et outre-Atlantique. En France aussi, beaucoup y ont vu une polémique dérisoire, preuve d'une focalisation aberrante sur l'islam. Il est vrai que la démarche interroge quand elle vient de maires se souciant des droits des femmes l'été, à la plage, mais soutenant les mouvements intégristes ayant retiré les enfants des écoles en raison de programmes voulant les sensibiliser aux stéréotypes de genre le reste de l'année... Ce qui reste le meilleur moyen de combattre la mode des burkinis, au lieu de l'interdire une fois l'âge adulte et l'été venus.

La plage n'est pas l'école. Les nageuses ne sont pas des élèves ni des mineures. Refuser qu'on se couvre la tête dans un lieu civique, d'éducation à la citoyenneté et à l'égalité, est une chose. Obliger quelqu'un à se dévoiler dans un lieu de plaisance est plus excessif, sauf bien sûr s'il s'agit d'une plage privée qui possède un règlement.

L'interdiction est plus justifiée dans les bassins de piscine où chacun est censé respecter une tenue réglementaire, relevant de la décence ou de l'hygiène. Les hommes, par exemple, n'ont pas le droit de se baigner en short long. Les femmes n'ont pas le droit de se baigner seins nus. Pourquoi ceux qui invoquent la religion seraient-ils les seuls à pouvoir obtenir des aménagements ?

En revanche, interdire le burkini à la plage, alors que d'autres s'y baignent habillés, n'est pas très cohérent, ni très efficace. Comme pour le voile à l'université, ceux qui croient pouvoir faire reculer la mode intégriste en l'interdisant partout se trompent. Ils obtiendront l'effet contraire à celui recherché : faciliter la propagande victimaire et donc la mode du burkini chez les plus jeunes ou les plus influençables.

Dans tous les cas, qu'on soit pour ou contre l'interdiction, rien ne justifie de faciliter cette propagande en se solidarisant avec ces signes régressifs et sexistes, comme s'il s'agissait d'objets sacrés ou de piliers de l'islam. Edwy Plenel a battu tous les records d'indécence en publiant sur Mediapart un article sur le burkini intitulé « Un vêtement comme les autres », puis en tweetant une photo de nageuses en costume de petits baigneurs datant de la Belle Époque, il y a plus d'un siècle, avec cette légende : « Bains de mer habillés en France (sans musulmanes). Liberté des corps = liberté des vêtures. » Ce qui revient à mettre un mouchoir sur un siècle de libération des femmes et des corps, Mai 68 et le MLF compris, pour défendre la réaction... Aucun progressiste ne peut soutenir le fait de couvrir le corps des femmes comme s'il s'agissait d'une « liberté » et non d'un retour en arrière sans trahir un profond machisme, en l'occurrence teinté d'orientalisme.

Toute personne un tantinet féministe ou simplement inquiète du radicalisme se sentirait mal à l'aise à l'idée de se baigner à côté d'une femme ou d'un groupe de femmes en burkini. Porter ce maillot intégriste sur la plage revient à dire aux autres qu'elles sont indécentes ou que votre semi-nudité les obsède. Fatigant. Quand on va à la mer, en règle générale, c'est pour se détendre, pas pour se prendre les problèmes psychologiques ou les convictions idéologiques des autres en pleine figure. Si quelqu'un est si mal à l'aise avec son corps et croit en la pudeur, il peut éviter de se baigner en public et choisir des espaces plus pudiques... Comme une piscine privée ou sa baignoire. Mais s'il n'a pas cette cohérence, il faut faire avec, comme souvent en démocratie.

Dans le cas des piscines privées, des associations peuvent louer des créneaux ou leurs infrastructures pour s'y baigner à leur guise. Qu'il s'agisse d'associations religieuses ou lesbiennes, burkinistes ou nudistes, chaque groupe a le droit de barboter entre soi, selon ses tenues préférées. Ce qui ne pose pas de problème à titre exceptionnel le devient en cas de créneau récurrent dans une piscine municipale. La mode intégriste ou nudiste n'a pas à y dicter sa vision du corps aux autres dans une infrastructure publique. Or c'est le cas lorsqu'une piscine municipale accepte d'aménager des horaires non mixtes pour des raisons de « pudeur », que ce soit à la demande de femmes juives ou musulmanes. Dans ce cas précis, le fait d'accepter cette dérogation envoie un signal : qu'il existe désormais des heures pour les femmes pudiques... Et donc des heures, impudiques, pour les autres. Même si les femmes exigeant ces créneaux mettent souvent en avant leurs rondeurs et leur complexe, céder à cette demande en pleine remontée de l'intégrisme facilite la mise en procès du corps de toutes les femmes.

Réintégrer l'Alsace et la Moselle

La question pourrait paraître accessoire dans ce monde chaotique. Elle ne l'est pas. L'intégrisme musulman recrute en attaquant la laïcité et ses faiblesses, ses incohérences, ses « deux poids, deux mesures ».

Renforcer la laïcité et sa cohérence, c'est nous protéger. En se montrant exigeant envers tous les cultes sur son territoire, c'est-à-dire dans tous ses départements. Il en va autrement des statuts dérogatoires accordés à des départements et territoires d'outre-mer comme la Guyane, où l'ordonnance royale de 1828 s'applique toujours et où le culte catholique est reconnu. Étant donné le lien post-colonial qui nous unit à ces territoires, c'est à eux de décider s'ils veulent ou non plus de laïcité. Depuis que Mayotte est devenue département français, les habitants ont le choix entre le statut personnel et le droit commun, et la sécularisation progresse à son rythme. Les cadis musulmans ne peuvent plus rendre la justice, sauf à titre consultatif. En métropole, il est temps de mettre un terme à ces anachronismes. La République ne sera pas « une et indivisible », ni réellement laïque, tant qu'elle n'appliquera pas la loi de 1905 en Alsace et en Moselle.

À quoi rime de s'opposer à l'idée de siéger en voile si l'on délibère sous un crucifix au Conseil général du Haut-Rhin ? Un jour, un conseiller général socialiste, Pierre Freyburger, l'a décroché et mis dans un sac, dans l'espoir d'ouvrir enfin le débat sur cette anomalie persistante : « Est-ce que les élus de droite accepteraient qu'on accroche un crucifix par exemple à l'Assemblée nationale[1] ? » Tollé à droite. Le président LR du Conseil général du Haut-Rhin a parlé de « vol du Christ ». Le crucifix est retourné se pendre sur les murs du Conseil général.

Comment demander à des élèves d'ôter leur voile pour aller en classe partout en France, y compris en Alsace et en Moselle, si ces mêmes écoles délivrent des cours de religion à l'école selon la confession des parents ? Comment leur parler d'égalité lorsque les musulmans ont récréation pendant que les autres suivent des cours de catholicisme, de protestantisme ou de judaïsme, car ce sont les seules religions reconnues et donc financées ? L'islam ne l'est toujours pas. Michel Seelig, qui a rédigé un livre très complet sur ce concordat, dénonce ces incohérences comme intenables : « Au déni de laïcité s'ajoute l'inégalité

1. http://www.francetvinfo.fr/politique/haut-rhin-un-elu-ps-decroche-un-crucifix-du-conseil-general_849189.html

de traitement érigée en règle[1]. » Comme toujours, il n'existe que deux chemins pour en sortir. Soit maintenir le concordat et alors il faudra subventionner des cours de religion musulmane (on imagine les polémiques si le contenu dérape). Soit appliquer la loi commune. La seconde solution est de loin la plus sage.

La République ne peut pas bâtir tout son modèle laïque sur l'interdiction de financer le culte et payer des ministres pour donner ces cours de religion en Alsace et en Moselle. Ces postes d'« enseignement religieux » sont même proposés au titre du CAPES réservé[2]. Pour enseigner quoi ? Une morale religieuse… Notée sur quels critères ? On se le demande en écoutant les récits ahurissants de certains enseignants, comme Anne Marquis, institutrice, qui se souvient de scènes absurdes : « Dans un secteur reculé de Moselle, j'ai eu l'occasion d'assister à un temps de prière au CP, avec une catéchiste. Les élèves, agglutinés autour d'une bougie allumée, scandaient : "Jésus, mets de la lumière sur…", chacun complétant la phrase avec des parties du corps, "mes lèvres, mon cœur, ma tête, mon zizi". » Ailleurs, dans la même école, une sœur demande aux élèves de faire bénir leurs cartables car « Jésus qui nous aime veut vous voir réussir à l'école »[3].

En théorie, les familles peuvent demander une

1. Michel Seelig, *Vous avez dit concordat ?*, *op. cit*, p. 38.
2. *ProChoix*, n° 13, janvier-février 2000.
3. « Impossible de décrocher le crucifix de ma classe », *ProChoix*, n° 13, janvier-février 2000, p. 28-29.

dispense pour ces cours, d'ailleurs en chute libre[1], mais il arrive qu'elles ne soient pas prises en compte. En 2000, une affaire fait scandale à Hagondange. Une mère de famille avait demandé à ce que sa fille ne suive pas de cours religieux, mais la demande, soi-disant mal remplie, n'a pas été enregistrée. Sa fille a donc été inscrite contre son gré au cours de religion et n'y est pas allée. Sa mère s'est vue menacée de ne plus percevoir ses allocations familiales pour « absentéisme ». De nombreuses organisations laïques demandent depuis des années, a minima, que l'ordre symbolique soit inversé : que ces cours deviennent facultatifs et non obligatoires (sauf dispense)[2]. La commission Stasi l'a recommandé. Même le timide Observatoire de la laïcité y est favorable. Le ministère de l'Éducation nationale y songe. Il faut franchir cette étape. Et aller plus loin.

Les organisations laïques demandent également depuis longtemps la suppression du délit de blasphème hérité du code pénal allemand : « Celui qui aura causé un scandale en blasphémant publiquement contre Dieu par des propos outrageants, ou aura publiquement outragé un des cultes chrétiens ou une communauté religieuse (...), ou les institutions ou cérémonies de

1. Le taux de participation des élèves du primaire est passé de 71 % en 2007 à 58 % en 2014. Dans le second degré, ils ne sont plus que 23 % en 2012.

2. La revue *ProChoix* le réclame depuis 2000, en même temps qu'elle a lancé une pétition contre le fait de mettre au « concours réservé » des postes d'enseignement religieux.

ces cultes ou qui, dans une église ou un autre lieu consacré à des assemblées religieuses, aura commis des actes injurieux et scandaleux, sera puni d'un emprisonnement de trois ans au plus. » Régulièrement, des organisations musulmanes menacent de se saisir de cet article 166 du code pénal pour interdire des journaux satiriques comme *Charlie Hebdo* en cas de dessins sur Mahomet[1]. La veille de l'attentat qui a frappé le journal, le 6 janvier 2015, les autorités alsaciennes des cultes reconnus, ainsi qu'un représentant du CRCM (Conseil régional du culte musulman), étaient auditionnés par l'Observatoire de la laïcité. Conjointement, ils ont proposé d'abolir ce « délit de blasphème » : « La République a suffisamment de moyens pour inviter au respect mutuel[2]. » Mais le président du CRCM, Eyup Sahin, est revenu sur ce souhait... après l'attentat. Il a même demandé l'« extension » du délit de blasphème à tout le territoire national. En cause ? La une de *Charlie* répondant au massacre. Un Mahomet qui pleure, tenant une pancarte « Je suis Charlie »,

1. Le 17 février 2014, la Ligue de défense judiciaire des musulmans, représentée par le très sulfureux Karim Achoui, portait plainte pour blasphème contre *Charlie*. Deux ans plus tôt, le 21 septembre 2012, Mohammed Moussaoui, président du CFCM, disait sur RFI « étudier la possibilité de porter plainte contre *Charlie Hebdo* » pour « volonté délibérée d'offenser » les musulmans. La même année, une association intégriste catholique, Avenir de la Culture, engageait une procédure contre la représentation à Strasbourg de la pièce de Romeo Castellucci, Sur *le concept du visage du fils de Dieu*.

2. Michel Seelig, *op. cit*, p. 111.

et dit « Tout est pardonné »… C'est décidément sur la République et non sur les représentants des cultes qu'il faut compter pour faire avancer la laïcité.

Le député communiste André Chassaigne a demandé à la garde des Sceaux d'abroger cet article 166. Christiane Taubira lui a répondu que même s'il n'a pas « été expressément abrogé par le législateur, cet article n'est aujourd'hui plus applicable sur notre territoire[1] ». Une première victoire symbolique. Mais l'article 166 n'est pas le seul à poser problème. L'article suivant, le 167, menace de poursuite celui qui « dans une église, aura par tapage ou désordre volontairement empêché ou troublé le culte ou certaines cérémonies du culte ». C'est à ce titre qu'Act-Up a été condamné à une amende de 4 000 francs en 1996, après être entré dans la cathédrale de Strasbourg pour dénoncer les propos violemment homophobes de son curé[2]. Il faut aussi le supprimer et que le droit commun s'applique enfin.

Ce ne sera pas facile. Le concordat est populaire en Alsace-Moselle, puisque ses partisans ont réussi à faire croire que l'abrogation du concordat irait forcément de pair avec la fin de l'ensemble du statut local alsacien-mosellan, avantageux en termes de Sécurité

1. Question publiée au *JO* le 23 juin 2015, p. 470. Réponse publiée au *JO* le 22 décembre 2015, p. 10618.

2. Mgr Elchinger avait déclaré : « La dimension morale de la société est une composante fondamentale de l'homme. L'évacuer, lui préférer la satisfaction des pulsions instinctives, c'est faire régresser l'homme vers l'animalité. »

sociale. Une propagande largement relayée par l'Institut du droit local, financé par l'État mais très orienté, et qui milite pour ce statut d'exception[1]. Il faut combattre cette propagande et cette exception par l'organisation d'un référendum et d'une consultation. La campagne sera rude, peut-être perdue d'avance. Mais elle permettra de clarifier les enjeux, et peut-être de convaincre les habitants d'Alsace-Moselle qu'on peut tout à fait appliquer la loi de 1905 sans toucher à la Sécurité sociale. Ils économiseront 60 millions par an (ce que coûte le concordat) en revenant dans la laïcité. Pourquoi ne pas allouer cette somme à des dépenses sociales ou culturelles pour continuer d'embellir cette région ?

Cette campagne pourrait surtout servir aussi à faire comprendre à nos compatriotes musulmans que l'exigence laïque avance et demande un effort à tous. Les politiques qui auront ce courage gagneront au plan national ce qu'ils perdront, provisoirement, sur le plan

1. À *ProChoix*, nous l'avons interrogé pour savoir ce qui justifiait, en droit, le CAPES de religion. Notre interlocuteur a successivement invoqué le concordat (aboli nationalement et qui ne concerne pas l'enseignement du religieux), la loi Falloux (qui ne concerne pas le secondaire), puis une obscure loi allemande dite 10a du Reich de 1873 pour justifier le financement de ces ministres du culte enseignant. Lire les articles consacrés à ce sujet dans *ProChoix*, n° 13, janvier-février 2000 : Jeanne Favret-Saada, « Mais ou est donc Or-ni-car ? », p. 30-31 ; Jeanne Favret-Saada et Fiammetta Venner, « Le statut scolaire local. Un vrai jeu de pistes », p. 32, suivi d'un entretien savoureux entre F. Venner et M. Sanders de l'Institut du droit local montrant le flou juridique de ce statut.

local : une élection contre une promesse éternelle. S'ils osaient avoir ce courage, on pourrait se dire que la République laïque, une et indivisible, n'est pas un mythe mais un rêve en marche, bien vivant.

CONCLUSION

La revanche intégriste est bien en marche. Elle n'apporte pas le réenchantement du monde tant promis, mais son lot habituel de misère, de repli et de violence.

Mondialisée, plus pernicieuse que le cléricalisme d'un seul pays, elle peut prendre le visage du minoritaire ou du dominant selon les contextes. Savoir jouer de la majorité dans les pays peu sécularisés et de la minorité dans les pays laïcisés. Tout est bon pour ne pas perdre ses privilèges ou retrouver de l'emprise. Au cœur des pays les plus doux et les plus généreux, le fanatisme frappe sans merci puis se pose en victime, sème la terreur puis se plaint d'être persécuté.

La folie des uns facilite la colère des autres. La domination masculine et culturelle étant leur racine commune, l'extrémisme monte de partout. Chacun feint de se combattre au nom d'une cause et d'un drapeau qui se veulent ennemis, mais se hâte d'un pas viril et martial vers une nouvelle guerre des identités religieuses qui marchera sur le dos, le cœur et les reins des femmes et de la laïcité.

Face aux théocrates, le camp des démocrates semble parfois désemparé et désarmé. Peu ont sonné l'alerte. D'autres se demandent toujours, même après les attentats, si la guerre est bien déclarée. Les débats sur la voie laïque à emprunter sont plus que légitimes et même nécessaires. La seule ligne rouge, inadmissible, consiste à nier le danger, voire à l'inverser, en faisant croire qu'il vient des laïques et non des fanatiques.

Non contents de n'avoir rien vu venir, ni justifié sans expliquer, les plus aveugles poursuivent leur œuvre d'intimidation intellectuelle. Au même moment, les héritiers de la droite cléricale, celle-là même qui a toujours combattu la laïcité, s'en saisissent pour mieux la trahir. Ceux-là voudraient en faire un glaive aveugle contre les musulmans, au lieu de rassembler contre tous les fanatismes. Marcher entre ces deux ravins exige de faire appeler au génie de la laïcité.

Elle n'a ni à s'ouvrir ni à se fermer, ni à s'accommoder ni à s'arc-bouter. Elle doit simplement rester fidèle à son histoire et à l'esprit de ses fondateurs : « Ni capitulation ni persécution », disait Ferdinand Buisson. La tentation de la capitulation existe. La tentation de la persécution existe aussi. Repoussant l'un et l'autre, la résistance passe par une ferme lucidité. Ne pas céder à la facilité de l'interdit antireligieux, qui faciliterait la propagande obscurantiste tout en affaiblissant notre démocratie. Privilégier une résistance peut-être plus discrète mais plus ambitieuse, qui ravivera la flamme de la République laïque dans les cœurs et les esprits.

La solution à tous nos problèmes n'est pas un énième débat sur l'interdiction du voile, mais de désamorcer la propagande antilaïque, de désenclaver les ghettos, de sauver l'école publique, de prouver l'ambition égalitaire de notre exigence envers toutes les religions. Ni « néo-laïcité », ni « catholicité ». Il nous faut relancer une véritable politique laïque sachant faire la part entre les espaces civiques et les espaces de liberté, avec fermeté, générosité et discernement. Comme nos aînés nous l'ont appris. Nous leur devons, à eux et à tant d'autres, une laïcité presque unique au monde. Une séparation équilibrée, ambitieuse, puissante et intelligente. Rendons-lui justice. C'est le meilleur service à nous rendre.

La laïcité n'est pas un glaive, mais un bouclier. Rien n'est plus urgent que d'éteindre les propagandes qui courent à son sujet, à l'étranger ou dans les cercles victimaires. Ce sont elles qui arment les tueurs et justifient leurs crimes. Que chacun prenne ses responsabilités. Est-ce bien le moment d'affaiblir le seul antidote qui marche et nous tient ensemble ? En le calomniant au profit d'un modèle américain qui a une autre histoire et court vers la désécularisation ? En prétendant qu'il doit s'adapter à ceux qui le menacent, s'ouvrir à ceux qui veulent justement le submerger ? En défigurant son histoire et celle de la loi sur les signes religieux à force d'ignorance et de se laisser manipuler ? Ces manipulations peuvent tuer. Nous et un équilibre centenaire. Si celui-ci meurt, nous n'en retrouverons pas d'autre. Au rythme où frappent les attentats, ce sera la laïcité ou le fascisme.

On veut nous faire croire que défendre la laïcité fait monter le racisme. C'est tout le contraire. Plus on délaisse la laïcité, plus l'alternative identitaire et son populisme xénophobe ont des chances de mettre le feu à l'Europe. Les minorités, plus que tout autre, ont intérêt à ce que la séparation l'emporte. Qu'elles la défendent, ici et sans tarder. Elle a besoin d'elles, d'eux, de tous, pour être comprise et résister.

La laïcité nous protège, protégeons-la. Elle nous permet de nous aimer. Aimons-la, passionnément, et faisons-la aimer.

REMERCIEMENTS

Ce livre doit beaucoup, comme toujours, à l'impulsion et au compagnonnage irremplaçable de Christophe Bataille et de Fiammetta Venner. Merci aussi à Jean-Paul Scot et à Gérard Delfau pour leur relecture amicale et leurs précieuses remarques.

TABLE

Composition et mise en pages
Nord Compo à Villeneuve-d'Ascq

Cet ouvrage a été imprimé par
CPI FIRMIN DIDOT
pour le compte des Éditions Grasset
en septembre 2016

Grasset s'engage pour
l'environnement en réduisant
l'empreinte carbone de ses livres.
Celle de cet exemplaire est de :
650 g éq. CO_2
Rendez-vous sur
www.grasset-durable.fr

PAPIER À BASE DE
FIBRES CERTIFIÉES

N° d'édition : 19584 – N° d'impression : 137264
Dépôt légal : octobre 2016
Imprimé en France